Ein guter Text kann uns die Augen öffnen und unsere Art, die Welt wahrzunehmen, für immer auf den Kopf stellen …

In diesem Buch sind einige der wichtigsten Vor- und Nachdenker unserer Zeit versammelt, die uns mit ihren Texten Hinweise und Antworten auf einige der drängendsten Fragen unserer Gegenwart liefern. Mit Beiträgen von Andreas Bernard, Jörg Blech, Klaus Brinkbäumer, Byung-Chul Han, Eva Horn, Bas Kast, Stefan Klein, Constanze Kurz und Frank Rieger, Nils Minkmar, Robert Pfaller, Stephan Rammler, Ortwin Renn und Uwe Walter.

Weitere Informationen, auch zu E-Book-Ausgaben, finden Sie bei www.fischerverlage.de

DENK MAL! 2016

ANREGUNGEN VON
ROBERT PFALLER
EVA HORN
STEFAN KLEIN
ANDREAS BERNARD
STEPHAN RAMMLER
u.a.

FISCHER Taschenbuch

FSC
www.fsc.org
MIX
Papier aus verantwortungsvollen Quellen
FSC® C083411

Erschienen bei FISCHER Taschenbuch
Frankfurt am Main, August 2015

Satz: Dörlemann Satz, Lemförde
Druck und Bindung: CPI books GmbH, Leck
Printed in Germany
ISBN 978-3-596-03398-0

INHALTSVERZEICHNIS

STEPHAN RAMMLER
»Von Ikarus lernen«

»Der wesentliche Unterschied einer Politik des ›Weiter wie bisher‹ zu einer Politik der Entschleunigung ist, dass die Politik der Entschleunigung auf freiwilliger Basis Verhältnisse herbeiführt, wie sie im ersteren Fall auftreten werden, allerdings plötzlich. Um im Bild des Verkehrs zu bleiben: Man kann am Ende einer Straße ein Fahrzeug dadurch zum Stehen bringen, dass man es mit voller Kraft auf eine Mauer auffahren lässt, oder dadurch, dass man rechtzeitig abbremst. Abbremsen bedarf der Voraussicht. Den Ereignissen freien Lauf zu lassen zeugt nicht von Intelligenz. Tollkühnheit kann sich ein Individuum leisten, aber nicht eine Gemeinschaft von Menschen. Das Ergebnis ist in beiden Fällen gleich: Das Fahrzeug kommt letztendlich zum Stehen.«

Walter Molt[1]

Die »Menge in der Enge« – dieses Bild beschreibt die aktuelle Situation am treffendsten: Immer mehr Menschen, die immer älter werden, leben auf immer engerem Raum, verbrauchen immer mehr Nahrungsmittel und Rohstoffe und erzeugen dabei immer mehr Emissionen. Durch die Konkurrenz um Ressourcen und durch die ungleiche Verteilung von Reichtum und Lebensrisiken werden zugleich auch die Grenzen der geopolitischen und kulturellen Tragfähigkeit erreicht. So weit eine Quintessenz aus den beschriebenen Zukunftstrends, die von den meisten Zukunftsforschern geteilt wird. Damit entsteht, trotz aller unbestreitbaren, vor allem technologischen Fortschritte in einzelnen Bereichen der Nachhaltigkeit, gegenwärtig eine so rasante Transformationsdynamik, dass die Welt in wenigen Jahrzehnten völlig anders aussehen könnte. Die Tore unkontrollierter Transformation öffnen sich dort, wo Risiken in konkrete, politisch und sozial nicht mehr kontrollierbare Gefährdungslagen umschlagen, wie es heute bereits vielerorts der Fall ist. In dieser Situation – so könnte man argumentieren – wäre die Systemfrage radikal zu stellen und wären ab sofort alle Handlungen und Entscheidungen an einer Art Zukunftsfähigkeits-Apriori auszurichten. Dieses ginge davon aus, dass der Systemwechsel hin zu einer zukunftsfähigen Gesellschaftsform prinzipiell machbar ist und dass sich jede weitere Entwicklung vor allem an diesem Ziel auszurichten hätte. Es basierte auf der Annahme von sozialer Lernfähigkeit, der Bereitschaft zu konzertiertem Handeln, der rechtzeitigen Verfügbarkeit von Technologie und der Voraussetzung, dass die wichtigsten Kipppunkte irreversibler Zerstörung der Ökosysteme nicht bereits hinter uns liegen. Diese selbst gewählte und auf das Ziel der Zukunftsfähigkeit ausgerichtete kulturelle Transformation wäre das Gegenteil der potentiell chaotischen Transformationsdynamik, die sich im Falle von Nichthandeln sehr wahrscheinlich einstellen wird. Es ginge um die Gestaltung einer neuen globalen Kultur des guten Lebens, um ein Transformationsdesign, das die wachstumsverliebte Moderne überwindet hin zu einer nachmodernen, wie auch immer zu benennenden Epoche.

Ziele und Kriterien nachhaltiger Mobilität

Nachhaltige Mobilität lässt sich definieren als die ökologisch verträgliche und sozial auch gegenüber kommenden Generationen gerechte Gestaltung und Gewährleistung der Erreichbarkeit von Einrichtungen und Kommunikationszugängen in einer globalen Gesellschaft. Für eine nachhaltige Mobilität sollten Effizienz-, Konsistenz- und Suffizienzstrategie – die drei Grundkonzepte zur Gestaltung von Nachhaltigkeit – in einem gleichberechtigten und ausgewogenen Verhältnis ineinandergreifen,[2] wobei mit Hilfe stetiger Produkt-, Nutzungs- und Systeminnovationen der Verkehrsträger einerseits, mit den Planungsinstrumenten einer integrierten Siedlungs- und Standortpolitik andererseits die Prozesse der Entstehung von Raumüberwindungsbedarf wie dessen tatsächliche Abwicklung in ökologischer, ökonomischer und sozialer Hinsicht beständig optimiert werden können. Wird nur die Effizienzstrategie eingesetzt, kommt es nach anfänglichen Entlastungen mittel- und langfristig zu Effekten der Überkompensation von ökologisch sinnvollen Einsparungen.

Welche große Bedeutung die Forderung einer integrierten, also auf alle drei Strategien zurückgreifenden Nachhaltigkeitspolitik in der Mobilität hat, lässt sich gut an der aktuellen Debatte um die Elektromobilität aufzeigen.

Die die Nachhaltigkeitspolitik nach wie vor dominierende *Effizienzstrategie* verfolgt das Ziel einer Entkopplung von Bedürfnisbefriedigung und Ressourcenaufwand durch technologische und organisatorische Optimierung von Produkten und Prozessabläufen. Beispiele hierfür sind in der Mobilität etwa die Optimierung von Motoren, Gewichtsreduktionen oder die telematische Verkehrsflussoptimierung. Die *Konsistenzstrategie* zielt vor allem auf einen klugen und effektiven Umgang mit Materialressourcen zur Verringerung der ökologischen Rucksäcke von Produkten und Infrastrukturen. Neue Materialtechnologien, Gestaltungsphilosophien und Produktionsweisen können zusammengreifen, um einmal verwendete Rohstoffe im maximalen Ausmaß nach dem Ablauf eines Produktlebenszyklus wieder in einen neuen Produktlebenszyklus zu überführen. Auch kollaborative Nutzungsphilosophien können den

Materialaufwand pro Serviceeinheit minimieren. Die *Suffizienzstrategie* zielt schließlich auf die Lebensstile, Konsumwünsche und Verhaltensweisen von Verbrauchern, wie das Verkehrsmittelwahlverhalten oder die Auswahl der Verkehrsziele, zum Beispiel bei Reisen. Entscheidungen für Wohnformen, etwa die Abwägung des relativ verkehrsarmen Wohnens in einem dicht gepackten urbanen Zusammenhang gegenüber dem strukturell verkehrsaufwendigeren Wohnen in einer suburbanen Eigenheimsiedlung fallen ebenfalls unter die Kategorie der Suffizienz.

Bezieht man diese Begrifflichkeiten nun auf die aktuelle Diskussion und innovationspolitische Praxis zur Elektrifizierung der Mobilität, so zeigt sich, dass hier bislang vor allem an der Effizienzstrategie festgehalten wird. Metaphorisch gesprochen, geht es nach einer hoffnungsfroh stimmenden und offenen Aufbruchsphase heute im Grunde darum, den neuen technologischen Wein des batterieelektrischen Fahrzeugs (und seiner verschiedenen Variationen) in die alten Schläuche der überkommenen und offenbar bislang nicht anzutastenden Nutzungskultur der privaten Massenmotorisierung zu gießen. Ging es in den konzeptionell breit angelegten Zielvisionen der Aufbruchsphase vor einigen Jahren durchaus noch um die umfassende energie- wie verkehrswirtschaftliche Integration der Elektromobilität als systemischen Gesamtzusammenhang aller Verkehrsträger, so steht heute vor allem das telematisch vernetzte und automatisierte Elektroauto im Privatbesitz im Vordergrund. Bei näherer Betrachtung wird deutlich, dass diese Engführung der neuen Technologie mit der alten Nutzungsform – insbesondere vor dem Hintergrund der Globalisierung des westlichen Motorisierungsmodells – hoch problematisch ist. Elektrofahrzeuge sind aufgrund der für Motor, Energiespeicher, Steuerung und Fahrzeugaufbau benötigten seltenen Metalle und Rohstoffe in der Herstellung enorm ressourcenaufwendig und werden der Konsistenzanforderung der nachhaltigen Mobilität bislang nicht gerecht. Nur durch den flächendeckenden, bislang aber eher noch für Nischenmärkte diskutierten Betrieb in den nutzungsoptimierten Anwendungskontexten einer Sharing-Kultur könnte die Materialintensität pro elektromobiler Serviceeinheit konsequent gesenkt werden. Kreislaufwirtschaftliche Produktions- und Rückführungssysteme werden bislang nicht diskutiert. Hinzu kommt, dass das Elektroauto seine Vorteile nur dann voll ausspielen kann, wenn es mit regenerativen Energien betrieben wird. Dieses würde die energiewirtschaftliche Integration über sogenannte Smart-Grid-Konzepte erfordern, die ebenfalls deutliche Veränderungen von Anspruch und Verhalten der Nutzer mit sich bringen würde. Weltweit betrachtet, ist allerdings eher ein Trend beobachtbar, Elektroautos mit dem jeweils vorherrschenden, meist auf Kohle oder Atomkraft basierenden Energiemix zu betreiben.

Beide Aspekte verweisen nun darauf, dass sich die Fortführung der bisherigen Philosophie der Produktinnovation (die der Effizienzstrategie zugeordnet werden kann) in der Elektromobilität zu einer Sackgasse entwickelt, die den Anforderungen der nachhaltigen Mobilität nicht gerecht wird. Nur durch die Kombination mit die Konsistenzanforderung adressierenden Nutzungsinnovationen und schließlich die Einbindung in die umfassende Systeminnovation eines intermodalen, also verkehrsträgerübergreifenden – und damit massive Verhaltensänderungen implizierenden – Mobilitätskonzeptes (dieses entspricht der Suffizienzstrategie) würde eine nachhaltige Elektromobilität entstehen.

Aufgrund der im historischen Teil beschriebenen fundamentalen Bedeutung der Mobilität für die moderne Gesellschaft wird die nachhaltige Mobilitätspolitik einer der wichtigsten Dreh-

und Angelpunkte einer solchen kulturellen Transformation sein. Angesichts dieser Ausgangslage gleichen die aktuellen mobilitätspolitischen Konzepte jedoch eher Wartungsmaßnahmen auf der Titanic als einer wirklichen Schubumkehr und Kursänderung, die sicher am Eisberg vorbeiführt. Die technologisch brillante, aber konzeptionell eher phantasielose Mobilitätsindustrie ist mit der Entwicklung völlig neuer Verkehrskonzepte gefordert, sieht sich aber in der Pfadabhängigkeit unserer Mobilitätskultur ebenso gefangen wie die Verkehrspolitik und große Teile der Verkehrswissenschaften. Man sollte aufräumen mit der Lebenslüge der kritischen Mobilitätsdiskurse, es ließe sich innerhalb des geltenden Entwicklungspfades allein mit Hilfe der Effizienzbestrebungen ökologischer Modernisierung etwas substantiell ändern. Alle Optimierungs- und Lenkungs-, Verflüssigungs- und Verlagerungskonzepte für den Verkehr – so sinnvoll sie im Einzelnen auch sein mögen – beheben den Umstand nicht, dass wir auf dem falschen Pfad sind, solange wir uns nur innerhalb des geltenden, rein wachstumsorientierten Gesellschaftsmodells bewegen. Wirklich nachhaltige Mobilität wird im großen Stile auch auf der bestmöglichen Vermeidung von Raumüberwindung basieren müssen, was im Kern die Frage nach unseren Lebensstilen und Bedürfnisniveaus und damit letztlich nach unserem Wohlstandskonzept stellt.

Der Blick in die Zukunft der Mobilität zeigt neben spannenden technologischen Entwicklungen wie der Digitalisierungsdynamik also vor allem, von welchen Grenzen und Herausforderungen sich Gestaltungskriterien einer nachhaltigen Mobilität ableiten lassen. Betrachtet man alle Trends und Treiber zusammen, so lassen sich die sich daraus ergebenden Anforderungen vor allem in vier Kriterien bündeln: Mobilitätslösungen der Zukunft sollten so schnell wie möglich den Pfad der fossilen Energienutzung verlassen, sie sollten eine geringstmögliche Materialintensität haben und verwendete Materialien in maximal möglichem Ausmaß wiederverwerten, sie sollten Menschen und Natur vor tödlichen Unfällen, dauerhaften körperlichen und seelischen Schäden und irreversiblen Verlusten an ökologischer Vielfalt schützen, und schließlich sollten sie robust sein gegenüber natürlichen Stressfaktoren, menschlichem und technologischem Versagen in komplexen Systemen oder gezielten militärischen wie terroristischen Attacken.

Erneuerbare Mobilität

Die einzige Möglichkeit, dauerhaft auf den Einsatz fossiler Treibstoffe in der Mobilität zu verzichten, sind Antriebssysteme auf der Basis regenerativer Energie. Mittel- bis langfristig ist die Elektrizität neben Wasserstoff das beste Speichermedium für regenerative Energie aus solaren und geothermischen Quellen und der Windkraft. Dementsprechend werden zukünftig vor allem elektrische Antriebe für Fahrzeuge in allen Verkehrssystemen zum Einsatz kommen. Zu unterscheiden ist hierbei zwischen batterieelektrischen, brennstoffzellenelektrischen und hybridelektrischen Antriebssystemen. Bislang ist nicht abzusehen, ob eine dieser Technologielinien dominant wird oder ob die Entwicklung aller drei Optionen zeitgleich vorangetrieben wird, was aus heutiger Sicht am sinnvollsten erscheint. Auch ist im Augenblick nicht genau abzusehen, welche Rolle Wasserstoff als Energiespeichermedium in der Mobilität spielen wird. Seine Einsatzchancen in Brennstoffzellen zur Stromproduktion für Elektroantriebe steigen mit der Verbesserung sicherer und zugleich platz- und gewichtsoptimierter Speichermöglichkeiten.

Insbesondere im Schwerlastbereich der Mobilität, also bei den Lkw-Transporten, dem Schiffsverkehr, der Landwirtschaft, dem Baugewerbe, der Industrie und der Luftfahrt ist der Ersatz von fossilen Treibstoffen durch regenerativ erzeugte Elektrizität schwierig. Während bei Schiffen mittelfristig brennstoffzellenelektrische Antriebe in Kombination mit neuartigen Drachenzugsystemen eine aussichtsreiche Entwicklungsperspektive bieten, könnte in den anderen Bereichen der Einsatz von regenerativ erzeugten Biokraftstoffen der zweiten und dritten Generation – etwa auf Algenbasis – eine Lösung sein. Voraussetzung ist allerdings, dass es bei ihrer Produktion nicht zur Konkurrenz mit der Nahrungsmittelerzeugung kommen darf.

Eine wichtige Bedingung dafür, möglichst viel regenerative Energie in das Mobilitätssystem zu bekommen, ist der Ausbau der kollektiven Verkehrssysteme – also E-Busse, Straßenbahnen, U- und S-Bahnen im urbanen Bereich und Fernbahn und Nachtzüge im regionalen und überregionalen Verkehr. Insofern hier ein flächendeckender und durchgängiger Betrieb mit Strom möglich ist, kann die Verlagerung von der Straße auf die Schiene und von der Luft auf das Wasser helfen, das Gesamtniveau dieser strukturell eher konversionsresistenten Verkehrsformen zu reduzieren. Damit würde die Menge des in diesen Bereichen dann noch nötigen Biokraftstoffs ebenso verringert wie der Ressourcenaufwand der im Straßenverkehr eingesetzten E-Fahrzeugflotte. Denn aufgrund der enormen Ressourcenintensität elektrischer Antriebssysteme und ihrer Energiespeicher ist es geboten, das Ausmaß individualisierter Transporte im Privat- und Geschäftsverkehr wie auch in der Güterlogistik generell zu reduzieren.

Eine technologische Transformation dieses Ausmaßes ist nicht von heute auf morgen zu bewältigen. Für die Übergangszeit sind die weitere Effizienzoptimierung bestehender Antriebs- und Fahrzeugsysteme (etwa über die weitere Verbesserung der Motorentechnologie) und der Einsatz von Gas – zum Beispiel im Schwerlastverkehr – Wege, um die Gesamtmenge der eingesetzten fossilen Ressourcen zu reduzieren bzw. deren spezifische Emissionslast immer weiter zu verkleinern. Schließlich sind die Reduzierung von Gewicht und Geschwindigkeit Möglichkeiten, den Aufwand der einzusetzenden fossilen Treibstoffe zu verringern. So kann eine Geschwindigkeitsdrosselung im Schiffsverkehr um nur wenige Prozent signifikant Treibstoff und Kosten sparen. Viele Reeder gehen deswegen diesen Weg und gleichen den Verlust an Ladekapazität durch den Einsatz zusätzlicher Schiffe aus. Insgesamt wäre eine Reduktion des Geschwindigkeitsniveaus über alle Verkehrsträger zur Verbrauchs- und Emissionsverringerung sofort umsetzbar. Ohne den Trend zum *Upsizing* im Automobilmarkt wären auch hier die realisierbaren Einsparungen aufgrund der enormen Fortschritte in der Motorentechnologie theoretisch viel größer, als sie es im Moment sind. Zum einen bringt die Anpassung der Assistenz- und Sicherheitstechnologie und der Aufbauauslegung der Fahrzeuge an hohe Endgeschwindigkeiten einen Teil des Gewichtszuwachses mit sich, zum anderen ist der Gewichtszuwachs, insbesondere im Bereich des *Sport and Utility Vehicle (SUV)*-Segments, einem Markt- und Designtrend geschuldet. Eine generelle, politisch forcierte Senkung des Geschwindigkeitsniveaus und damit der Sicherheitsanforderungen könnte hier gegebenenfalls dazu beitragen, auch den Trend zum Gewichtsanstieg und den damit immer verbundenen erhöhten Energieverbrauch zu verhindern.

Dematerialisierte Mobilität

Die Verkehrsnachfrage und mit ihr der Material- und Ressourcenverbrauch der Mobilität sind bereits heute enorm, werden in der Zukunft jedoch weiter stark ansteigen. Prinzipiell sind drei Wege denkbar, um diesen Anstieg in den Griff zu bekommen.

Erstens die Etablierung kreislaufwirtschaftlicher Produktionsprinzipien, bei denen die Schrott- und Abfallprodukte eines Produktlebenszyklus wieder zum Ausgangspunkt eines neuen Produktlebenszyklus werden. Eine solche Produktion »von der Wiege bis zur Wiege«[3], wie man sagt, wäre im Idealfall vollkommen in sich geschlossen und käme ohne oder mit einem sehr reduzierten Maß weiterer Ausbeutung von Primärressourcen aus. Allerdings setzt die Kreislaufwirtschaft die Etablierung eines vollkommen neuen Produktionsmodells voraus und ist insofern zunächst noch ein elegantes theoretisches Modell.

Zweitens können vermehrt Baustoffe, Farben und Textilia eingesetzt werden, die einer »solaren Chemie«[4] entstammen, also letztlich auf natürlichen Rohstoffen basieren und damit die Unabhängigkeit von der momentan allgegenwärtigen Petrochemie mit sich bringen.

Als Leitbild der Etablierung neuer Designphilosophien und Produktionsmethoden in der Verkehrsgüterindustrie können heute beide Ansätze dienen. Gerade die Automobilwirtschaft wird zukünftig wahrscheinlich gar nicht ohne sie auskommen, da im Zuge der Umstellung auf Elektromobilität (ganz gleich, ob batterie- oder brennstoffzellenbasiert) einerseits und den weiteren Trends zur digitalen Vernetzung und Automatisierung des Fahrzeugs andererseits enorm seltene, hochwertige und teure Rohstoffe zum Einsatz kommen, deren Zugang schon jetzt prekär ist.

Den dritten Weg zur *Dematerialisierung* der Mobilität bietet die Strategie der *Nutzungsinnovation*, also der möglichst effizienten Auslastung alles fahrenden Geräts auf allen Strecken und zu allen Zeiten. Die Tatsache, dass heute Pkws im Privatbesitz im Durchschnitt 23 Stunden am Tag nicht genutzt werden, ist letztlich ein betriebs- wie volkswirtschaftlich höchst irrationaler Luxus, der in der zukünftigen Mobilitätswelt so nicht weiter aufrechtzuerhalten sein wird. Alle Konzepte und Geschäftsmodelle der Mobilitätswirtschaft, die das Nutzen dem Besitzen vorziehen und die anteilige Nutzung eines Fahrzeuges ökonomisieren, sei es als Carsharing, Carpooling, Mitfahrzenrale etc., und damit die Auslastung des einzelnen Produktes erhöhen, minimieren zugleich – unter *ceteris paribus*-Bedingungen – den absoluten Produkt- und Materialaufwand der Mobilität.

Fahrzeuge konsequent auf diese Formen des kollaborativen Konsums und der »Shareeconomy« auszurichten würde auch bedeuten, neue Gestaltungsphilosophien und Produkteigenschaften zu entwickeln. Das Ziel wäre dann womöglich die Entwicklung extrem hochwertiger und auf permanente und langlebige Nutzung durch unterschiedliche Kunden ausgelegter Fahrzeuge statt – im Extremfall – kurzlebiger Niedrigpreis-Produkte, etwa für den chinesischen Low-Budget-Massenmarkt. Solche hochwertigen Fahrzeuge wären dann zu teuer für den durchschnittlichen Privatkunden und würden sich auch für die Automobilwirtschaft betriebswirtschaftlich nur in Kombination mit neuen Wertschöpfungskonzepten für Mobilitätsdienstleistungen rechnen.

Sichere Mobilität

Mangelnde Verkehrssicherheit ist weltweit vor allem ein Problem des Straßenverkehrs. Hier treffen unterschiedliche Verkehrsarten und die Ansprüche und Verhaltensweisen einer großen Menge von Verkehrsteilnehmern in sehr komplexer Weise aufeinander. Insofern ist die Frage der Verkehrssicherheit in erster Linie eine Frage der Verkehrskultur. Natürlich kann durch technologische Anstrengungen (Sicherheitsgurt, Assistenzsysteme, Fahrzeugdesign), durch planerische Konzepte (Fahrradstraßen, Shared Space, Spielstraßen, Gestaltung von Kreuzungen), ordnungsrechtliche Maßnahmen (Tempo-30-Zone, Tempolimit, Promillegrenzen für Blutalkohol) und hoheitliche Überwachung (Geschwindigkeits- und Alkoholkontrollen) bereits ein hohes Maß an Sicherheit erreicht werden; die Reichweite der genannten Maßnahmen ist allerdings noch gar nicht ausgeschöpft. Ein einheitliches und konsequentes Tempolimit auf der Autobahn könnte in Deutschland zum Beispiel dazu beitragen, sowohl Energie zu sparen als auch die Sicherheit zu erhöhen. Der eigentliche Schlüssel zur Verkehrssicherheit liegt allerdings in der Veränderung von inneren Einstellungen und Verhaltensmustern der einzelnen Verkehrsteilnehmer. Eine umfassende Mobilitätserziehung, die neben der Vermittlung von regelgerechten Verhaltensmaßstäben vor allem die zentrale Rolle subjektiver Kooperationsbereitschaft betont, kann hier eine wichtige Rolle spielen.

Der Blick in die Regionen nachholender Mobilisierung zeigt, dass die Zahl der Verkehrsopfer mit der Geschwindigkeit der Motorisierung steigt. Ein alternatives Verkehrssystem, das auf der Kombination von kollektiven Verkehrsträgern, Fahrradverkehr und temporeduzierter Mikromobilität (elektrobetriebene Klein- und Leichtfahrzeuge) basiert, ist nicht nur den zukünftig zu erwartenden Dichteverhältnissen der entstehenden urbanen Megazentren und ihrer prinzipiell problematischen Luftqualität angemessen, sondern wird auch mit einer massiven Verbesserung der Verkehrssicherheit einhergehen. Es wird sich zeigen, ob und wann die Bevölkerung, die Planer und Entscheider in diesen Regionen in der Lage sein werden, den jetzt eingeschlagenen Weg der Motorisierung zugunsten von alternativen Lösungen zu überspringen oder zumindest abzukürzen und damit auch in der Verkehrssicherheit einen großen Schritt zu tun.

Resiliente Mobilität

Resilienz bezeichnet die Widerstandsfähigkeit und Festigkeit eines Individuums, einer Gesellschaft oder einzelner ihrer Funktionssysteme gegenüber Störungen, Krisen und Katastrophen. Diese Fähigkeit sollte insbesondere für die Gestaltung zukünftiger Mobilitätssysteme aus verschiedenen Gründen eine wichtige Rolle spielen.

Erstens: Je abhängiger Gesellschaften von einem hohen Niveau an Mobilität und sicher planbaren Transportdienstleistungen sind, desto größer ist das Schadenspotential von Störfällen und Verzögerungen. In einer Zeit, in der der überwiegende Teil der Bevölkerung in der industrialisierten Welt sich mit Nahrungsmitteln und Gütern des täglichen Bedarfs über den Einzelhandel versorgt, statt sie selbst zu produzieren, können größere Versorgungskrisen schon in wenigen Tagen entstehen. Im Vergleich dazu war es vielleicht ärgerlich, aber in keiner Weise systemrelevant, wenn in einer bäuerlich-dörflichen Kultur von Selbstversorgern die Lieferung von Salzheringen, Zucker oder Kaffee mit einer Woche Verspätung eintraf.

Zweitens: Je feingliedriger, komplexer und (digital) vernetzter ein Verkehrssystem aufgebaut ist, desto größer ist das Risiko, dass sich externe oder interne Störfälle schnell im gesamten System fortsetzen und sich die Schadenswirkungen akkumulieren. Auf diese Weise können heute Bahnbetriebsstörungen in Süddeutschland mit ein wenig Pech schnell zu massiven und weit ausgreifenden Verspätungen in Norddeutschland führen, ein Kälteeinbruch in Chicago oder ein Vulkanausbruch in Indonesien den Flugverkehr in Europa tangieren.

Drittens: Ein Verkehrssystem ist umso verletzbarer, je größer das Ausmaß an digitaler Technologie ist, das zu seiner Betriebsführung eingesetzt wird. Als Weichen noch mechanisch gestellt wurden und der Straßenverkehr noch ohne Verkehrsleitsysteme auskam, war es deswegen natürlich auch nicht möglich, mit Hilfe von Software-Manipulationen von entfernter Stelle aus Störungen zu provozieren.

Alle drei Problemlagen betreffen unsere modernen Verkehrssysteme. Das wird in der weiteren Entwicklung dieser Systeme immer deutlicher werden. Verstärkend wirkt hierbei, dass die Vielfalt potentieller externer wie interner Störfaktoren beständig zunimmt. Klimabedingte Starkwetterereignisse, technisches wie menschliches Versagen in den hochkomplexen Abläufen der modernen Systemarchitekturen sowie Manipulationen und Hackerangriffe jeglicher Provenienz sind zu erwarten. Deswegen ist Resilienz heute eine Qualitätsanforderung an Verkehrssysteme, um Störfälle mit großem Schadenspotential zukünftig auszuschließen. Mögliche Lösungen sind der Aufbau robuster Infrastrukturen durch redundante Systemarchitekturen, die Ersatzmöglichkeiten, Vervielfältigung, Verlinkung, Spiegelung und den Erhalt mechanischer Steuerelemente ebenso einschließen wie besondere Systemkontrollen und den Einbau von Zeitpuffern.

Deutlich wird bei genauerer Betrachtung auch, dass die Störfallproblematik durch externe, nicht im Aufbau und dem Betrieb der Verkehrssysteme selbst liegende Anforderungen noch verschärft wird: so zum Beispiel durch eine engmaschige Just-in-time-Logistik, mit der eigentlich privatwirtschaftlich zu erbringende Lagerhaltungskosten in die Infrastrukturen verlagert und damit auf die Gemeinschaft externalisiert werden. Transportintensive Geschäftsmodelle mögen die einzelwirtschaftlichen Kosten minimieren, erhöhen aber die externen Kosten, die von der gesamten Gesellschaft getragen werden. Hier ist grundsätzlich zu fragen, ob solche Strukturen nicht zurückzufahren wären. Dadurch würden die Risiken für einzelne Unternehmen, letztlich aber auch für gesamte, in ihren Wertschöpfungsketten hochvernetzte Branchen wieder geringer. Zugleich würden Umweltkosten minimiert.

Die richtige Flughöhe finden

»Flieg nicht so hoch«, riet Dädalus seinem Sohn Ikarus. Doch berauscht vom Gefühl der grenzenlosen Freiheit und der Macht über die Elemente, verlor dieser rasch jegliche Demut und Vorsicht. Er überging die Warnung seines Vaters, flog zu nahe an die Sonne, und das Wachs seiner Schwingen schmolz. Der Ausgang der griechischen Sage ist bekannt. Wie Ikarus sind wir alle sehr gut darin, angesichts der Faszination der Mobilität ihre Schattenseiten auszublenden. Wir sind ambivalente Wesen zwischen Einsicht und Ignoranz. Wir wissen durchaus um die Gefahren der Mobilität, halten sie aber für beherrschbar, obwohl sie das immer weniger sind. Raumüberwindung ist aufwendig und in vielerlei Hinsicht unmittelbar wie mittelbar gefährlich, und je höher die Geschwindigkeit wird, mit der wir das System betreiben, desto höher wird letztlich auch das Risiko, das wir in Kauf nehmen. Die Ermöglichung von Mobilität an der einen Stelle ist letztlich immer erkauft durch Zerstörung von Lebensqualität an einer anderen Stelle. Ebendiese Botschaften stecken in der Sage von Ikarus, die den Wunsch nach Überwindung der organischen Beschränktheit des Menschen ebenso ausdrückt, wie sie als Ursprung aller technikkritischen Warnungen – verbunden mit der Warnung vor menschlicher Selbstüberschätzung – verstanden werden kann: Bedenke die Folgen. Du kannst fliegen, aber flieg nicht zu hoch. Fliege in angemessener Höhe.

Anmerkungen

1 Walter Molt: Das Prinzip der Beschleunigung, in: Politische Ökologie, Nr. 29/30 (1992), S. 82.
2 Vgl. Oliver Schwedes: Verkehrspolitik. Eine interdisziplinäre Einführung, Wiesbaden 2011, S. 23.
3 Michael Braungart/William McDonald (Hg.): Die nächste industrielle Revolution. Die *Cradle to Cradle*-Community, Hamburg 2009.
4 Hermann Fischer: Stoffwechsel. Auf dem Weg zu einer solaren Chemie des 21. Jahrhunderts, München 2012.

EVA HORN
»Zukunft als Katastrophe«

Seit die künftige Katastrophe nicht mehr Teil der Heilsgeschichte oder einer göttlichen Vorsehung ist, sondern nichts als ein plötzlicher und kontingenter Zusammenbruch alles Bestehenden, ist sie einerseits ein Spiegel der Erkenntnis, andererseits ein Gebot vorsorgenden Handelns. Der Mensch beschaut sich und seine Welt im erhellenden Blitz des Desasters, er beleuchtet seine Enden und Grenzen. Aber in dem Maße, wie er nun die Verantwortung für eine offene und gestaltbare Zukunft trägt, befindet er sich auch im permanenten, dringlichen Zustand der Sorge: Es gilt, künftige Übel zu erkennen und zu verhindern. Dabei hat die katastrophische Zukunft, nicht einfach ein »Zeitregime der Moderne« abgelöst, das in der aktiven, fortschritts- und hoffnungsfrohen Planung und Zukunftsgestaltung bestand.[1] Die Katastrophenszenarien sind vielmehr ein fortlaufender, pessimistischer Einspruch gegen eine Moderne des Zukunftsoptimismus, ihre dunkle Begleiterin seit Ende des 18. Jahrhunderts. Byrons und Malthus' Visionen wollen nichts anderes, als die optimistische Anthropologie der Aufklärung als blind und naiv zu kritisieren (während Grainville zumindest noch auf eine aufklärende Selbstkorrektur des Menschen setzt). Im Kalten Krieg enthüllen die Filme und Romane der atomaren Apokalypse unter der Stabilisierungslogik der MAD das obszöne Begehren nach der Selbstvernichtung. Die Abkühlungsszenarien des 19. Jahrhunderts konterkarieren sehr präzise den zeitgenössischen technischen Fortschritt auf der Basis von Wärme- und Drucktechnologien und imaginieren gegen die herrschende Evolutionstheorie ein Bild menschlicher *De*volution. Und das aktuelle Zerstörungsbild eines »Letzten Klimas« – sei es als globaler Winter oder eskalierende Erwärmung des Planeten – kommentiert die Instabilität einer Welt, die glaubt, die Natur des Menschen unabhängig von der Natur der Dinge denken zu können. Auch die Desaster der Technik erweisen sich bei näherer Betrachtung als exakte Inversionen technischer Sicherheit, wenn sie die komplexen Kopplungen technischer Systeme als potentielle »Verkettungen unglücklicher Umstände« umdeuten. – Ebenso präzise wie dramatisch zugespitzt kehrt das katastrophische Imaginäre die Hoffnung auf Zukunftsgestaltung um in das düstere Bild der jeweils schlimmsten Furcht einer Epoche. Die aktive und produktive Formierung der Zukunft, die so oft zur Signatur der Moderne erklärt worden ist, ist also nicht erst heute, sondern schon von ihren Anfängen an begleitet von einer insistierenden, nicht selten schrillen Gegenrede, die in der Zukunft die kommende Katastrophe erblickt. So erweist sich der Letzte Mensch nicht nur als Doppelfigur eines Opfers und Betrachters des Desasters, sondern als eine Figur, die in der Gegenwart gerade gegen das ewige »Vorwärts!« Einspruch erhebt, ein Spielverderber in der Morgenröte endlosen Fortschritts. Anders jedoch als der andere ewige Spielverderber, der Kulturkritiker, verweist der Letzte Mensch nicht auf eine alternative und *bessere* Form menschlicher Lebensgestaltung, sondern auf die blinden Flecken, das Nichtgewusste und Nichtbedachte eines Verhältnisses zur Zukunft, das diese als unendlichen, offenen Raum der Planung, Gestaltung, der Steigerung und des Wachstums betrachtet. Der Letzte Mensch sieht genau das, was die Gegenwart fatalerweise nicht bemerkt.

Das Spezifische der heutigen Situation ist also nicht so sehr der plötzliche Verlust einer mit Hoffnung und Fortschritt schwangeren Zukunft. Es ist vielmehr die Einsicht, dass genau in diesem Fortschritts- und Wachstumsprogramm die Katastrophe verborgen liegen könnte. Die Gegenwart fühlt sich auf ein Desaster zutreiben, das sich als ein *tipping point* vielfältiger, scheinbar harmloser, kaum wahrnehmbarer Tendenzen und Handlungsformen erweisen könnte. Sie erwartet das Kippen einer Situation, die dem Anschein nach immer »so weiter« gehen könnte. Eine Situation jedoch, in der die Zukunft nicht mehr so sehr gestaltet als vielmehr zunehmend für die Gegenwart vernutzt wird. Das Unheimliche daran ist, dass niemand weiß, wann ein *tipping point* erreicht ist, wie lange ein System belastbar ist, wo seine Bruchstellen liegen. All das zeigt sich erst im Kollaps. *Ex post* wird man gewusst haben, dass eine Grenze erreicht worden ist, die man nicht zur Kenntnis genommen hat. Anders als noch im Kalten Krieg ist daher das Spezifische gegenwärtiger Katastrophenerwartungen nicht nur ihre Unerwartbarkeit, sondern auch das Diffuse ihrer Szenarien: »Tsunami, Wassermangel, Lawine, Großfeuer, Stromausfall, Seuche, Zusammenbruch des Staates, Zusammenbruch des GPS-Systems«, wie *National Geographic* mit schöner Beliebigkeit listet – hinzuzufügen wären Überbevölkerung, Meteoriteneinschlag, nuklearer Winter, technische Großunfälle, Nahrungsknappheit, irreparabler Ausfall elektronischer Systeme, Umweltvergiftung, globale Erwärmung etc. Ihr wohl triftigstes Szenario ist darum eine »Katastrophe ohne Ereignis« – oder genauer: eine Katastrophe mit vielfältigen, unabsehbaren, dispersen und widersprüchlichen Desasterereignissen wie die Folgen des Klimawandels, die diejenigen am schlimmsten treffen werden, die ihn nicht verursacht haben. Das gegenwärtige Zeitgefühl spürt eine »Metakrise« auf sich zukommen, deren schwer überschaubare Faktoren sich unerkannt und unauffällig zu einem Desaster verknüpfen und aufaddieren, das seinerseits in diffuse Bilder zerfällt.[2] Genau darum sind die aktuellen Katastrophenszenarien so unterschiedlich und sogar teilweise so umstritten, wie wir gesehen haben. Vor allem aber sind sie so unheimlich und unabsehbar wie jene rätselhaften »Verkettungen unglücklicher Ereignisse« in der Großtechnik oder die unabsehbaren Langzeitfolgen und Nebeneffekte von fast allem, was wir gegenwärtig nutzen und konsumieren. Die »Metakrise« der Gegenwart ist ein Phänomen der Latenz: ein lauerndes, verstecktes und unerkennbares Geschehen, das sich möglicherweise nicht großen Ereignissen oder spektakulären Entscheidungen verdankt (wie der berühmte »Knopfdruck«, der den Nuklearkrieg startet), sondern winzigen alltäglichen Handlungen und Unterlassungen, unwesentlichen Innovationen, vernachlässigten Nebeneffekten und einfach dem schieren quantitativem Anwachsen bestimmter Praktiken und Technologien (wie Auto fahren oder Wälder roden).

Genau in dieser Latenz, so meine ich, liegt der Grund dafür, dass wir uns gegenwärtig so gern mit Katastrophen, aber auch den Möglichkeiten der Vorbereitung und Resilienz gegen kommende Desaster beschäftigen. Es scheint, als gäbe es geradezu ein Bedürfnis nach immer neuen apokalyptischen und postapokalyptischen Szenarien in Wissenschaft, Literatur, Film und Kunst. Die Fiktionen geben der latenten, unfassbaren Bedrohung durch künftige Katastrophen greifbare Formen, Bilder und Narrative – Szenarien also, die eine mögliche Zukunft analysierbar, konkret, antizipierbar und gegebenenfalls auch politisch operativ machen. Einher geht dieses seltsame Vergnügen an katastrophischen Gegenständen jedoch mit einer bemerkenswerten Ratlosigkeit über die Möglichkeiten des Handelns. Das Starren auf die Katastrophe scheint weniger zu aktivieren, als von der schwierigen individuellen und kollektiven Aufgabe zu entlasten, angesichts dieser Katastrophe zu *handeln* – von der kollektiven Revolte gegen eine Politik des ungebremsten Ressourcenverbrauchs über das individuell tugendhafte Fahrradfahren und Wassersparen bis hin zum ganz privaten Bau eines überschwemmungssicheren, mit Lebensmitteln gefüllten Schutzraums. Angesichts der »Katastrophe ohne Katastrophe« ist es schwer, überhaupt zu bestimmen, was ein sinnvolles »Sorgen« für die Zukunft sein könnte. Prävention klassischen Stils braucht – das weiß schon Kafkas Tier – eine greifbare Bedrohung und ein Subjekt des vorsorgenden Handelns. Aber es gibt kein klar bestimmbares Subjekt eines solchen Handelns, außer Abstrakta wie »die Industrienationen«, »der Kapitalismus«, »der Mensch als Spezies« oder gar »der kinetische Expressionismus«.[3] Oder möglicherweise wir alle, die wir heizen, reisen, konsumieren? So gefasst, sind die Akteure entweder zu groß oder zu klein, um handlungsfähig zu sein. Bruno Latour hat diese seltsame Rolle des Menschen als zugleich *Akteur und Opfer* in der Katastrophe als Problem einer *»réflexivité aveugle«* beschrieben:

> Die Wasser der Sintflut kommen nicht von oben, um die Sünden der Menschen zu ertränken; vielmehr sind es die sündigen Menschen selbst, deren vielfältige Handlungsweisen die sündigen Menschen ertränken. Durch einen betäubenden Effekt blinder Reflexivität (*réflexivité aveugle*) bringen wir das Ende der Zeiten über uns selbst. Jeder von uns – je nachdem, ob wir reich oder arm, einflussreich oder mittellos, verschwenderisch oder asketisch sind – ist zugleich unschuldiges Opfer, Übeltäter und Racheengel.[4]

Genau dies ist die neue Position des Letzten Menschen: Er ist zugleich Akteur, Opfer und Betrachter eines Katastrophengeschehens, *das er hat kommen sehen,* aber nicht erkannt hat. Günther Anders hatte der Moderne eine »Apokalypse-Blindheit« bescheinigt, die darin besteht, die Folgen des eigenen

Handelns weder sehen noch vorstellen zu können: »Wir werfen weiter, als wir Kurzsichtige sehen können.«[5] Die gegenwärtige Haltung dagegen ist durchaus nicht blind, sondern genau jene »blinde Reflexivität«, die es immer schon gewusst hat, aber keine Ahnung hat, was hier und jetzt zu tun wäre. Die nicht weiß, dass überhaupt etwas zu tun wäre, was über die gemütlichen kleinen Gesten des Fahrradfahrens, Energiesparlampen-Benutzens, Kurzduschens und Elektrogeräte-Reparierens hinausginge, wie die zahllosen Ratgeber für »350 Wege, die Erde zu retten« suggerieren. Die Aufgabe würde überhaupt erst einmal darin bestehen, eine politische Einheit zu konstituieren, die in der Lage wäre, die Verantwortlichkeit für den sich wandelnden Zustand des Planeten zu übernehmen. Der mächtige Mensch des Anthropozäns muss sich darüber verständigen, dass er auch der ohnmächtige Letzte Mensch zu sein droht – aber dies in einer Situation, in der Handeln und Erleiden, Macht und Ohnmacht, Wissen und Nichtwissen von der Katastrophe kaum voneinander zu unterscheiden sind.

Genau darum sind wir auf den Raum der Imagination angewiesen – und zwar nicht einen Raum fix hergezauberter »erfinderischer« Lösungen, sondern der präzisen Ausmalung all dessen, was wir am meisten fürchten. Eine Imagination, die die Bruchstellen der Wirklichkeit ausleuchtet, in der wir leben. Die Frage ist dabei allerdings, wie die Fiktionen und Szenarien des katastrophischen Imaginären genutzt und gelesen werden. Vordergründig gibt es dafür zwei einfache Modi der Lektüre: Einerseits können Katastrophenfiktionen als hochgradig wirksame, alarmistische Narrative verstanden werden, die im Verweis auf das kommende Desaster eine Dringlichkeit des Handelns fordern, die alle weiteren Reflexionen und Bedenken suspendiert. Andererseits lassen sie sich als Formen einer Beschäftigung mit der Katastrophe konsumieren, die von jeder weiterführenden Konsequenz gerade *entlastet.* Mit Blick auf das Material, das wir betrachtet haben, spricht viel für die erste, mobilisierende Funktion: Katastrophenfiktionen greifen die jeweils akutesten Befürchtungen einer Epoche auf und sehen sich dabei als dringliche Intervention oder »*cautionary tale*«. Oder sie werden nicht selten zumindest gern so verstanden, wenn etwa Cormac McCarthys Roman *The Road* als »Öko-Roman« verbucht wird. Das heißt jedoch nicht, dass sie dabei stets ähnliche Intentionen verfolgen: Nevil Shutes melancholische Atomtod-Allegorie *On the Beach*, Stanley Kubriks *Dr. Strangelove* und Sidney Lumets *Fail-Safe* wenden sich als aktive Einsprüche gegen die Politik der atomaren Abschreckung; Leo Szilards Erzählungen oder Kahns Szenarien dagegen sind ernstgemeinte Vorschläge zu ihrer Stabilisierung. Emmerichs Blockbuster *The Day After Tomorrow* versteht sich ebenso wie Al Gores Aufklärungsfilm *An Inconvenient Truth* als nachdrückliche Warnung vor einem menschengemachten Klimawandel – während umgekehrt Michael Crichtons Roman *State of Fear* aus dem gleichen Jahr ein polemisches Plädoyer des Klimaskeptizismus ist. Auch wenn ihre politischen Stoßrichtungen also diametral entgegengesetzt sind, so ist ihnen allen ihr aktivistisches und alarmistisches Potential gemeinsam. In ihnen zeigt sich exemplarisch ein Appellcharakter katastrophischer Fiktionen: Sie wollen warnen, kritisieren oder auch lächerlich machen; sie wollen zu Tätigkeit (oder auch Untätigkeit) aufrufen; sie wollen die Sicht der Dinge durch eine exemplarische Erzählung verändern. Oder sie lassen sich zumindest als solche alarmistischen Appelle lesen. Am deutlichsten und zugleich problematischsten wird dieser aktionistische Effekt in zwei Kernbegriffen des Katastrophismus: dem »Ernstfall« und der »Prävention«. Der Verweis auf die drohende große Katastrophe rechtfertigt die beschriebenen »tragischen Entscheidungen« ebenso wie das Gebot einer radikalen Vernichtung von »Feinden« und ermöglicht so die Verschiebung oder Aufhebung ethischer und politischer Handlungsnormen im Hinweis auf den absoluten Notstand. Und er rechtfertigt jenen präventiven oder präemptiven Aktionismus im Namen der »Sicherheit«, der in Filmen wie Spielbergs *Minority Report* oder in Grusins Überlegungen zur ›*premediation*‹ seziert wird. Wie die Prophezeiungen, die ihre Adressaten zum unmittelbaren Handeln aufrufen, kann das katastrophische Imaginäre so in Handlungsgebote und Appelle übersetzt werden, denen es gerade durch die Schrillheit seiner Szenarien eine scheinbare Alternativlosigkeit verleiht. Im antizipierten Desaster, so die Überzeugung des aktionistischen Diskurses, zeigt sich ein unter der Oberfläche unserer Zivilisation liegendes »Reales«, auf das wir uns einstellen müssen, auch wenn es noch lange nicht sichtbar ist. In der (vielleicht allzu kurzen, vielleicht gemütlich langen) Spanne zwischen der Imagination und der Manifestation dieses Realen liegt der Zeit- und Handlungsdruck, den Katastrophenimaginationen ausüben.

Gegenwärtig spricht allerdings vieles für die zweite, handlungsentlastende Funktion des katastrophischen Imaginären. Wir konsumieren Desasterszenarien und Desasterwissen, aber das tun wir weitgehend mit einer Haltung des Zuschauers.[6] Mit anderen Worten: Wir *lassen untergehen*. Denn die Desaster stoßen ja *anderen* zu, mal heldenhaften Filmhelden oder armen Collegeprofessoren, mal gesichtslosen Opfern wie den Anrainern von Kernreaktoren, fernen Inselvölkern oder Landschaften. In den Katastrophenfiktionen kann man sich mit diesen *anderen* identifizieren, man kann so erfahren, was es z. B. heißt, mit Will Smith der Letzte Mensch zu sein oder wenigstens – bei DeLillo – ein chemieverseuchter Professor. Man kann so die Reflexivität eines Blicks *aus der Zukunft zurück*, eine Perspektive nach der Katastrophe einnehmen, sei es durch eine wissenschaftliche Prognose, sei es in der Stellvertretung durch einen fiktiven Letzten Menschen, der *gewusst haben wird*, wie alles zugrunde gegangen ist. Aber diese ›Erfahrung‹ geschieht in einem

Raum, den wir säuberlich trennen von dem Raum, in dem wir leben, Entscheidungen treffen, Pläne machen. Es ist *ein anderer*, der in dieser Zukunft untergeht – selbst wenn ich weiß, dass das, was mir da vorgeführt wird, auch meine Zukunft sein kann. Slavoj Žižek und Robert Pfaller haben für diesen Mechanismus den Begriff »Interpassivität« vorgeschlagen.[7] Interpassivität bedeutet, ein Wissen, eine Erfahrung oder einen Glauben an einen anderen zu delegieren, ihn »erfahren zu lassen«, was man selbst nicht erfahren will (oder kann oder darf), ihn »glauben zu lassen«, was man selbst vorgeben möchte, nicht zu glauben. Interpassivität hat nicht selten mit einer theatralen Situation des Beobachtens und der Stellvertretung zu tun, eine Stellvertretung des Handelns, des Empfindens oder des Glaubens: Das »canned laughter« in amerikanischen Sitcoms oder der kommentierende Chor in der Tragödie wären Beispiele. Im imaginierten oder prognostizierten Katastrophenszenario – man verzeihe das Wortspiel – *lässt man einen anderen dran glauben*. Das verschafft den Wissens- und Reflexionsvorteil der Alarmbereitschaft – und zugleich eine ganz praktische Distanzierung von allen Konsequenzen dieser Einsicht. Denn die sympathischen Kleinfamilien oder kernigen Amerikaner, mit denen man sich bei Emmerich und anderen identifizieren darf, überleben ja am Ende doch. Gerade diejenigen Szenarien, in denen der Untergang der Menschheit im Hintergrund einer rührenden Rettungs- und Familienzusammenführungsgeschichte stattfindet, laden zu dieser interpassiven Haltung ein – oder trainieren sie sogar.[8] Am deutlichsten aber wird sie den seltsam irrealen aktuellen Fiktionen einer ›Erde ohne Menschen‹ eines Glavinic oder Weisman: Sie bieten den gemütlichen Blick in eine Katastrophe ohne Katastrophe, ein Verschwinden des Menschen ohne Blutvergießen – *jedenfalls nicht für mich.*

Dabei verkennen beide Lesarten – die alarmistisch-mobilisierende wie die interpassiv-entlastende – allerdings jene epistemische Stärke der katastrophischen Imagination, die ich versucht habe, ins Zentrum meiner Lektüren zu stellen: ihre analytische, erhellende Kraft. Die intensive Aktualität der hier betrachteten Katastrophenszenarien besteht weder in ihrem Plädoyer für dieses oder jenes noch in der stellvertretenden ästhetischen Untergangserfahrung, die sie bieten, sondern in der Einsicht, die sie vermitteln: Sie greifen zeitgenössisches Krisenwissen auf – von der Ökonomie über die Optionen nuklearer Vernichtung bis zur Klimaforschung und Sicherheitswissenschaft – und setzen es in »dichte Beschreibungen« möglicher Desaster um, Szenarien, an denen sich die Belastbarkeit sozialer Institutionen ebenso studieren lässt wie die Risiken allzu enger technischer Kopplungen. Die fiktiven Katastrophen sind Experimentalanordnungen. So ermöglichen es die desolaten Welten, die Byron oder Beckett, Kubrick und Lumet, Wells oder Ballard, McCarthy, DeLillo, Kafka oder Gilliam entwerfen, ein Desaster gleichermaßen von innen – aus der Perspektive eines Betroffenen – und von außen – vom Standpunkt eines reflektierenden Beobachters – auszuleuchten. Sie ermöglichen zu zeigen, was von diesen jeweiligen Standpunkten sichtbar wird – und was genau durch diesen Blick verborgen wird. Sie führen vor, welches die Erkenntnisbedingungen und die kognitiven Schemata sind, die den Blick in den Abgrund des Desasters strukturieren. Dadurch eröffnen sie nicht zuletzt einen Blick auf die Kontingenz und Willkür im Inneren jener scheinbar schicksalhaften Notwendigkeiten, die im Angesicht des Desasters so oft beschworen werden. Sie ermöglichen es, zu begreifen, dass dieses Desaster vielleicht doch nicht so unvermeidlich war, wie es sich präsentiert. Dass es nur einer winzigen Verschiebung des Blicks bedurft hätte, um es aufzuhalten oder im »Ernstfall« andere Entscheidungen zu treffen. Die fiktive Experimentalanordnung der Katastrophe verweist in ihrem Kern immer auf eine Einsicht, eine Erkenntnis, deren Bitterkeit darin liegt, dass sie zu spät kommt – aber nicht zu spät hätte kommen *müssen.*

Wenn Herman Kahn über Szenarien sagt, sie seien »*aids to the imagination*«, Werkzeuge für das Vorstellungsvermögen, dann lässt sich das auch über Texte, Filme, Bilder und Figuren sagen. Sie sind nicht nur Werkzeuge der Vorstellungskraft, sondern auch *Werkzeuge des Denkens.* Oder jedenfalls könnten sie so genutzt werden. Und zwar in einer ganz präzisen Weise: Sie könnten uns helfen, jene »blinde Reflexivität« (Latour) oder auch reflexive Blindheit zu überwinden, die alles immer schon weiß, aber nicht geneigt ist, dieses Wissen auch in die eigene Wirklichkeit zu integrieren. Genau diese Haltung hat der französische Philosoph Jean-Pierre Dupuy als das Kernproblem des gegenwärtigen Verhältnisses zu drohenden – technischen, ökologischen, ökonomischen, klimatischen – Gefahren beschrieben:

> Angenommen, wir sind sicher oder fast sicher, dass die Katastrophe vor uns liegt, [...]. Das Problem ist, dass *wir das nicht glauben.* Wir glauben nicht, was wir wissen. Was unsere Vorsichtigkeit herausfordert, ist nicht der Mangel an Wissen darüber, wie die Katastrophe in der Zukunft wirksam werden wird, sondern die Tatsache, dass diese Wirksamkeit nicht glaubwürdig ist. [...] Alles weist darauf hin, dass wir unsere gegenwärtige Entwicklung nicht endlos werden ausdehnen können, weder räumlich noch zeitlich. Aber all das in Frage zu stellen, was wir mit dem Fortschritt in Verbindung zu bringen gelernt haben, hätte so phänomenale Folgen, dass wir das nicht glauben, von dem wir doch wissen, dass es der Fall ist. Es gibt hier keine Unsicherheit, oder jedenfalls nur sehr wenig. Unsicherheit ist bestenfalls ein Alibi. Aber sie ist kein Hindernis, ganz sicher nicht.[9]

Dupuys Plädoyer für einen »aufgeklärten Katastrophismus« fordert, dass wir das, was wir wissen, auch *glauben* müssten, d. h., es zum integralen Teil unserer Lebenswelt machten. Es ginge darum, das möglicherweise Drohende nicht nur als Hypothese, sondern als *Gegebenheit* zu studieren: so wie eine Prophezeiung, die sagt, was kommen *wird*, nicht was kommen *könnte*. Genau durch diese Gegebenheit – oder den *Glauben* an die Prophezeiung – aber kann diese zum Instrument ihrer eigenen Verhinderung werden: »Wenn wir der Zukunft eine Realität, eine Tatsächlichkeit geben könnten, die gleichwertig wäre mit der, die wir der Gegenwart unterstellen, dann hätten wir es geschafft.«[10] Das erfordert, dass eine mögliche Bedrohung glaubhaft, greifbar, konkret vorstellbar wird – nicht als mögliche, sondern als *gegebene* Zukunft. »Die Zukunft«, schreibt Jorge Luis Borges, »ist unvermeidlich, präzise; aber es mag sein, daß sie nicht zustande kommt. Gott lauert in den Intervallen.«[11] Die Zukunft als gegebene schildern: Genau dies leisten Fiktionen. Sie stellen etwas Imaginiertes so *vor Augen*, dass es als gegenwärtige Situation erfahrbar wird, fixiert und überzeugend wie eine »Erinnerung an die Zukunft«.[12] Aber sie machen auch durchsichtig, unter welchen Bedingungen dieser Blick auf die Zukunft möglich wird, was also die Voraussetzungen einer Erkenntnis der Zukunft und damit auch die Voraussetzungen eines Handelns in der Gegenwart wären. Diese Reflexivität unterscheidet die besseren der Texte und Filme von rein alarmistischen Szenarien, die Handlungsgebote vortragen oder mit Hinweis auf den ominösen »Ernstfall« rechtfertigen. Die luzidesten unter ihnen werfen daher einen *tragischen* Blick auf diese Zukunft: Es ist ein Blick, der in der Katastrophe nicht nur die Zerstörung von Gütern und Werten liest, sondern die grundlegende Zerstörung einer menschlichen Natur, die sich ihre eigene Grundlage entzogen hat. Ein Blick, der gewusst haben wird, dass wir diese Zukunft nicht verhindert haben.

Anmerkungen

1 Vgl. Aleida Assmann: Ist die Zeit aus den Fugen? Aufstieg und Fall des Zeitregimes der Moderne, München: Hanser 2013, und Harald Welzer: Selbst denken. Eine Anleitung zum Widerstand, Frankfurt am Main: S. Fischer 2013.

2 Harald Welzer und Claus Leggewie: Das Ende der Welt, wie wir sie kannten: Klima, Zukunft und die Chancen der Demokratie, Frankfurt am Main: S. Fischer 2009.

3 Zum »kinetischen Expressionismus« s. Peter Sloterdijk: Wie groß ist »groß«?, in: Paul J. Crutzen u.a.: Das Raumschiff Erde hat keinen Notausgang, Frankfurt am Main: Suhrkamp 2011, S. 93–110.

4 Bruno Latour: Si tu viens à perdre la Terre, à quoi te sers de sauver ton âme?, online: http://www.bruno-latour.fr/sites/default/files/109ECOTHEO-FR.pdf, Übersetzung EH.

5 Günther Anders: Die Antiquiertheit des Menschen. Über die Seele im Zeitalter der zweiten industriellen Revolution [1956], Bd. 1, München: Beck 1961, S. 283.

6 So Thomas Macho in: Thomas Macho/Kathrin Röggla: Das Blinzeln der letzten Menschen. Interview, Literaturen 3/2010, S. 41–44, S. 42.

7 Slavoj Žižek: The Interpassive Subject, online: www.egs.edu/faculty/slavoj-zizek/articles/the-interpassive-subject/; Robert Pfaller: Einleitung, in: Ders. (Hg.): Interpassivität. Studien über delegiertes Genießen, Berlin/New York: Springer 2000, S. 1–11.

8 Diese Lektüre habe ich selbst für die zahlreichen Klimakatastrophen-Szenarien in Literatur und Kino vorgeschlagen in Eva Horn: Das Wetter von übermorgen. Kleine Imaginationsgeschichte der Klimakatastrophe, in: Merkur. Zeitschrift für europäisches Denken, Dez. 2012, 1091–1106. Ich denke heute aber, dass diese Perspektive die Intensität und Luzidität des katastrophischen Imaginären verkennt.

9 Jean-Pierre Dupuy: Pour un catastrophisme éclairé. Quand l'impossible est certain, Paris: Seuil 2002, S. 141 f. und 144 f. Übersetzung EH.

10 Dupuy, S. 163.

11 Jorge Luis Borges: Die Schöpfung und P. H. Gosse, in: Inquisitionen. Essays, übers. v. Karl August Horst, Gisbert Haefs, Frankfurt am Main: S. Fischer 1992, S. 34.

12 Dupuy, S. 193.

ORTWIN RENN

»Warum wir uns vor den systemischen Risiken fürchten, uns aber nicht von ihnen einschüchtern lassen sollten«

Den Deutschen wird gerne nachgesagt, dass sie passionierte Bedenkenträger seien. Egal, wie gut es ihnen gehe und welche Vorteile man ihnen gewähre, sie fänden immer ein Haar in der Suppe. Johannes Gross hat diese Auffassung in einem Beitrag des *FAZ Magazins* folgendermaßen karikiert: »Als die ersten Menschen sich aufrichteten, um auf zwei Beinen zu gehen, ist gleich ein Deutscher hinzugeeilt, um dringlich zu warnen: Das sei gefährlich, es drohe der Sturz, besonders bei Kindern und Alten; vor allem sei es unsolidarisch gegen die übrigen Vierbeiner, auch theologisch bedenklich, denn es wende das Menschengesicht ab von der Erde, dem mütterlichen Grund.«[1] Auch Kurt Tucholski hatte nur Spott für die Bedenkenträger übrig. »Wenn einer nichts hat – Bedenken hat er.«[2]

Haben wir nicht das Recht nach all dem, was wir erreicht haben, uns zufrieden zurückzulehnen und den Entwicklungen, so wie sie bislang abgelaufen sind, weiterhin unser Vertrauen zu schenken? Wie so oft ist die Antwort auf diese Frage »Jein«. Wir dürfen als Mitglieder unserer Gesellschaft wie der Weltgemeinschaft zweifellos stolz darauf sein, dass wir es geschafft haben, trotz erheblichen Bevölkerungswachstums die Lebensverhältnisse der Menschen insgesamt verbessert und ihre Lebenschancen erhöht zu haben. So weit, so gut. Sehen wir uns aber die weltweiten ökologischen, ökonomischen und soziokulturellen Wandlungserscheinungen näher an, dann sollte uns das Gefühl der Selbstgerechtigkeit und Selbstgefälligkeit schnell verlassen. Denn leider verstecken sich hinter vielen der positiven Entwicklungen, die wir zu Recht zunächst hervorgehoben haben, eine Reihe von versteckten Risiken, die wir oft nicht genügend beachten und bei denen wir nach wie vor zu wenig tun, um sie effektiv zu begrenzen.

Diese schleichenden und die Wohlfahrt der Menschen bedrohenden Risiken haben wir mit dem Begriff der systemischen Risiken belegt.[3] Das Attribut »systemisch« bedeutet dabei, dass die Risiken globale Auswirkungen haben können, mit vielen Funktionsbereichen von Wirtschaft und Gesellschaft eng vernetzt sind, häufig stochastische und nichtlineare Ursache-Wirkungsketten aufweisen und in der Regel schleichend voranschreiten, so dass wir sie entweder nicht frühzeitig erkennen oder nicht genügend ernst nehmen. Beispiele für diese systemischen Risiken sind die globalen ökologischen Gefährdungen durch den Mangel an Süßwasser zur Sicherung der Ernährungsgrundlage, die zunehmende Belastung unserer Umwelt durch Ressourcenverbrauch und Abfallerzeugung und die Klimaänderungen durch menschlich verursachte Emissionen und Flächennutzung. Im ökonomischen Bereich bedrohen uns systemische Risiken durch die Entkopplung der Finanzwirtschaft vom realen wirtschaftlichen Geschehen, das Fehlen gegenseitiger Kontrolle und Überwachung *(checks and balances)* sowie Steuerungsdefizite in Wirtschaft und Politik.[4] Im soziokulturellen Bereich sind es vor allem die Risiken der materiellen und sozialen Ungleichheit, der Multiplikatoreffekt von willentlich herbeigeführten Katastrophen, die menschlich verursachten Unsicherheiten sowie der Verlust an Identität, Sinn und Geborgenheit, die sich zu einem explosiven Gemisch verbinden und sich dann zu einer folgerichtigen Entwicklungslinie von Verzweiflung, Wut, Fanatismus und Aktionismus bis hin zum Terrorismus verdichten.[5]

Viele Institutionen haben in den letzten Jahren versucht, umfassende Listen der systemischen Risiken aufzustellen und sie nach Wahrscheinlichkeit und Ausmaß ihres Schadenspotentials zu ordnen. An erster Stelle steht die umfangreiche und methodisch sehr aufwendige Untersuchung des World Economic Forums (WEF), das jedes Jahr eine Liste der besonders bedrohlichen systemischen Risiken auf der Basis von Experteninterviews und statistischen Analysen aufstellt. Ähnliche Listen werden von der OECD, der Swiss Re, der Bertelsmann Stiftung und der World-Risk-Initiative aufgestellt.[6] Bei allen Unterschieden in der Vorgehensweise und in der Form der Listenbildung sind die Resultate erstaunlich ähnlich: Raubbau an den natürlichen Ressourcen, Übernahme riskanter Aktivitäten aufgrund von Selbstüberschätzung und mangelnde Resilienz der jeweiligen Funktionsbereiche für ungewöhnliche und als unwahrscheinlich eingeschätzte Ereignisse belegen in ihren unterschiedlichen Ausprägungen die Spitzenplätze der Risikolisten. Interessant ist dabei die zentrale Position der Steuerungsdefizite *(governance deficits)*. Je komplexer und undurchschaubarer die Beziehungen und Vernetzungen in der globalen Welt werden, desto schwieriger ist es, Ordnungssysteme zu erstellen oder aufrechtzuerhalten, denen es gelingt, mit vertretbarem Aufwand Chancen zu verbessern und Risiken zu begrenzen. Schon heute sind die herkömmlichen Instrumente politischer Steuerung überfordert. Mit dem neuen Schlagwort »Good Governance« werden daher Bestrebungen angesprochen, die den konventionellen politischen Entscheidungsträgern aus Parlament und Regierung, Akteure aus der Privatwirtschaft, den Wissensinstitutionen und der Zivilgesellschaft an die Seite stellen.[7] Leider wird das Potential dieser verschiedenen Zuträger von Steuerungsleistungen noch zu wenig effektiv genutzt, um greifbare

Erfolge bei der Bekämpfung systemischer Risiken vorweisen zu können.

Was steht denn nun auf dem Spiel? Systemische Risiken sind Bedrohungen, die wegen ihres globalen und vernetzten Charakters zu multiplen Kaskaden von Auswirkungen führen können, die grenz- und funktionsübergreifend Schäden hervorrufen. Die jüngst abgelaufene Bankenkrise und die darauf folgende Schuldenkrise in der Europäischen Union zeigen deutlich, wie aus einer eher unspektakulären Ursache, nämlich der Überbewertung von Hypotheken in den USA, eine weltweite Finanz- und Wirtschaftskrise entstehen konnte.[8] Denn alle diese finanziellen Risiken waren eng miteinander vernetzt, so dass auch ein kleinerer Ausfall von Hypothekenzahlungen zu einer Lawine an Folgeausfällen geführt hat. Ähnliche Überlegungen lassen sich auch für andere systemische Risiken anstellen: Wenn wir es beispielsweise nicht schaffen, die menschlich ausgelösten Emissionen von Treibhausgasen effektiv zu begrenzen, kommt es mit großer Wahrscheinlichkeit zu erheblichen Verschiebungen der Klimazonen auf der Welt. Dies wird wiederum Ernährungsengpässe, Ausbreitung neuer Krankheiten und Migrationsbewegungen in großem Ausmaß nach sich ziehen.[9] Ganze Inselketten könnten im Meer versinken und Völkerwanderungen im großen Stil verursachen. Dass dies alles ohne schwerwiegende Erschütterungen in Bezug auf die Leistungsfähigkeit und Vertrauenswürdigkeit politischer und wirtschaftlicher Ordnungssysteme erfolgen wird, glauben nicht einmal die Optimisten. Letztes Beispiel: Im Rahmen der sozialen und kulturellen Risiken führt die zunehmende Unzufriedenheit mit ungerechten Vermögens- und Machtverhältnissen zu sozialer Unzufriedenheit bis hin zu aggressiven Handlungen, wie sozialem Aufruhr, Fanatismus und Terrorismus.[10] Diese drei Beispiele sollen hier genügen, um die Dimensionen der Schadensvielfalt und der Schadenshöhe aufzuzeigen.

Auf diese systemischen Bedrohungen unserer Welt reagieren wir häufig mit zwei Mustern: zum einen mit einer sich oft bis zur Groteske steigernden Katastrophenrhetorik und zum andern mit einem Achselzucken über die Unvermeidbarkeit von komplexen Risiken, an denen man selbst wenig ändern könne. Beide Reaktionsmuster führen zur Lähmung und zu einer Kapitulation vor diesen Risiken.[11] Sie spiegeln Faustregeln und Mechanismen der Urteilsbildung wider.[12] Wenn wir unser Verhalten umstellen müssen, nehmen wir lieber die Strategie des Achselzuckens und bedauern »zähneknirschend«, dass wir als Individuen an diesen globalen Bedrohungen einfach nichts Entscheidendes ändern können. Gelingt es uns dagegen, die Schuld auf andere abzuschieben oder suchen wir einen geeigneten Sündenbock für die sich bereits abzeichnenden Symptome dieser Risiken, dann ist uns keine apokalyptische Vision schrecklich genug, um die drohenden Katastrophen zu beschreiben. Beide Muster sind den systemischen Risiken nicht angemessen. Vielmehr noch: Sie sind direkt kontraproduktiv. Sie tragen dazu bei, dass wir nichts tun. Bleiben wir zunächst einmal bei der ersten Reaktionsform, der zumindest rhetorisch überhöhten Beschwörung von Katastrophen apokalyptischen Ausmaßes.

Mythos Apokalypse

Solch apokalyptische Visionen kommen meist in drei Varianten in der öffentlichen Diskussion zum Tragen. Die erste Variante lautet: Die Interventionen des Menschen in den Naturhaushalt hätten ein solches Ausmaß erreicht, dass die langfristige Überlebensfähigkeit der Natur in Frage gestellt sei. Diese These wird in vielfacher Weise durch Appelle wie »Rettet die Natur« in die Öffentlichkeit getragen.[13] Selbst der Brundtland-Bericht ist von dieser Rhetorik nicht ganz frei, wie das folgende Zitat zeigt: »Wir haben heute viele dieser Schwellenwerte fast erreicht; daher müssen wir uns das Risiko vor Augen halten, dass wir das Überleben des Lebens auf der ganzen Welt gefährden.«[14] Ganze Umweltinitiativen haben sich dieser Aufgabe des Überlebenskampfes verschrieben. Obwohl sie wahrscheinlich das Richtige im Sinn haben, verkennt die These von der Gefährdung der Natur die Grundlagen unserer Existenz innerhalb der Natur. Nicht die Natur ist gefährdet, sondern, wenn überhaupt, der Mensch sowie die Elemente, die Menschen in der Natur schätzen und benötigen. Selbst der größte atomare Vernichtungskrieg wird es nicht schaffen, die lebende Natur, d. h. die Fortsetzung von Leben auf der Erde (in welcher Form auch immer), auszulöschen.[15] Die Natur hat schon wesentlich schlimmere Katastrophen überlebt als die »Dummheit« der Menschen. Die Menschheit wird wesentlich früher aussterben, als es ihr gelingen mag, die Natur zu zerstören.

Die Notwendigkeit einer ökologischen Wende kann also nicht durch einen drohenden Kollaps der Natur begründet werden.[16] Die Natur wird weiterexistieren, möglicherweise in einer anderen Form – mit oder ohne Menschen. Das Interesse der Menschen an der Vielfalt der Natur, am Fortbestand natürlicher Kreisläufe, am Erhalt bestimmter Natur- und Landschaftsformen ist nicht aus einer der Natur innewohnenden Logik abzuleiten. Dieses Interesse speist sich vielmehr aus kulturell bestimmten Nutzungsansprüchen, aus unseren kulturell vermittelten Wertvorstellungen und ästhetischen Prinzipien.[17] Die historische Umweltforschung hat uns deutlich gezeigt, dass die kulturellen Zuschreibungen zu Objekten in der Natur, also die Bestimmung der natürlichen Elemente, die in der Natur als erhaltenswert und wertvoll gelten sollen, über die Jahrhunderte stetigen Schwankungen unterlagen. So wurden viele Kräuter, die wir heute achtlos als »Unkraut« ausreißen, in mittelalterlichen Klostergärten wegen ihres Duftes oder anderer bevorzugter Eigenschaften liebevoll gepflegt.[18] Selbstverständlich kann das Interesse an bestimmten Elementen der Natur aus der (naturwissenschaftlich erworbenen) Erkenntnis über den potentiellen Beitrag zum Erhalt natürlicher Kreisläufe genährt werden, es gibt aber keine naturwissenschaftlich begründete oder begründbare Lehre vom Erhalt der Natur. Was erhaltenswert ist, lässt sich nur durch ein kulturalistisches, d.h. von unseren Deutungsmustern her bestimmtes Verständnis von menschlichen Werten und Normen in Bezug auf Natur und Umwelt erschließen.[19]

Damit kommen wir zur zweiten Variante der apokalyptischen Visionen. Diese lautet: Mit der Gefährdung der Natur geht eine Gefährdung der Menschheit einher. Nachhaltige Politik heißt, die Überlebensfähigkeit und damit die Zukunftsfähigkeit der Menschheit zum Angelpunkt des politischen Handelns zu machen. Auch hier ist wieder Vorsicht angebracht. Als ich noch in den USA das Institut für Friedens- und Konfliktforschung leitete, musste ich mich intensiv mit Horrorszenarien einer atomaren Katastrophe auseinandersetzen.[20] Diese Szenarien gehen von einem völlig ungehemmten und entfesselten Atomkrieg aus. Selbst unter diesen apokalyptischen Bedingungen gibt es nur wenige Szenarien, bei denen die Menschheit als Spezies komplett ausgelöscht würde. Zwar erfolgt eine drastische Reduzierung der Menschheit, und die natürlichen Lebensgrundlagen würden durch atomare Verseuchung und Zerstörung weitgehend vernichtet, dies erfolgt aber nicht in dem Ausmaß, dass Menschen und Tiere keine Nahrung mehr finden könnten.

Diese Einsicht gilt erst recht für schleichende Katastrophen, wie etwa den Klimawandel, Finanzkrisen und Identitätsverluste. Die Menschheit als Ganzes steht hier nicht auf dem Spiel. Und für Deutschland sind alle diese systemischen Risiken nicht existenzbedrohend.[21] Sie werden, falls es zu den mit den Risiken verbundenen Krisen kommt, unsere Lebensqualität zweifellos dramatisch beeinträchtigen und möglicherweise sogar den Trend zur höheren Lebenserwartung durchbrechen. Aber sie werden nicht das ganze Land in Elend und Not stürzen. Auch die Finanz- und Schuldenkrise hat bislang kein Land wirtschaftlich ruiniert.[22] Den Griechen geht es jetzt objektiv schlechter als vorher, und viele erleben mangelnde Leistungen etwa im Gesundheitssystem oder in der Altenversorgung. Aber Hunger und Chaos sind ausgeblieben und werden sich aller Voraussicht nach auch in Zukunft nicht einstellen. Selbst wenn ein Land finanziell in den Konkurs abrutscht, wie Argentinien, ist es nicht am Ende. Nach einer schweren, aber auch heilsamen Durststrecke kann es sich wieder wie Phoenix aus der Asche erheben. Das sollte von uns nicht als Beruhigungsmedizin verstanden werden, sondern im Gegenteil als eine Ermunterung, etwas zu tun, denn die Aufgaben, die wir zu bewältigen haben, sind nicht unlösbar und der Preis des Scheiterns überschaubar. Abwarten und Tee trinken ist also gerade nicht angesagt, wohl aber ein ausreichendes Maß an Besonnenheit und Gelassenheit.

Dass Menschen auch die schlimmsten systemischen Risiken überstehen können, ist aber nicht mein wesentliches Argument. Mein Problem mit dieser Vision der Apokalypse rührt daher, dass die vermeintliche Überlebensfähigkeit des Menschen in den Mittelpunkt der Betrachtungen um den Umgang mit systemischen Risiken gestellt wird, anstatt die Qualität des Überlebens zum Angelpunkt zu machen.[23] Wenn man sich um das Überleben der Menschheit Sorgen macht, dann sind letztlich alle Mittel, die wir zur Abwendung dieser Katastrophe zur Verfügung haben, moralisch gerechtfertigt. Hat man nur das Überleben der Spezies Mensch im Blickfeld, dann würden »drastische« Maßnahmen der Bevölkerungskontrolle völlig ausreichen (etwa Entzug von Medizin, Zwang zur Geburtenkontrolle). Denn es gibt keinen Zweifel daran, dass die offenkundige Übernutzung der Natur als Ressourcenspender und Abfallreservoir des Menschen direkt mit der Bevölkerungsdichte zusammenhängt. Auch der verschwenderische Umgang mit der Natur bliebe global gesehen weitgehend folgenlos, sofern es nur wenige Menschen auf der Erde gäbe. Aus diesen Überlegungen folgt, dass wir uns nicht von der Sorge um die Überlebensfähigkeit der Menschheit leiten lassen sollten. Diese ist erstens kaum in Gefahr, und sie verdeckt zweitens die im Postulat der Nachhaltigkeit enthaltene Aufgabe, künftigen Generationen nicht nur das Überleben, sondern vor allem ein Leben unter humanen menschenwürdigen Bedingungen zu gewähren. Diese humanen Bedingungen im Einzelnen festzulegen ist wiederum eine besondere Kulturleistung, in der wissenschaftliche Forschung und praktische Ethik Hand in Hand gehen müssen.[24]

Mythos Grenzen des Wachstums

Aber ist nicht die Tragfähigkeit der Erde begrenzt? Was nützt es, hehre Ziele für ein humanes Leben zu formulieren, wenn die Menschen die Erde bereits so bevölkert haben, dass die Mehrzahl auch beim besten Willen aller Beteiligten ein auf humanen Prinzipien beruhendes Leben nicht führen kann? Ist ein humanes Fortleben überhaupt ohne drastische Begrenzung von Bevölkerung und individuellem Konsum vorstellbar? Mit diesen Fragen berühren wir schon die dritte Variante der apokalyptischen Visionen. Sie lautete: Die natürlichen Reserven sind begrenzt. Diese Begrenzungen sind dem Menschen vorgegeben und müssen demgemäß akzeptiert werden. Eine auf Nachhaltigkeit bedachte Politik muss diese Grenzen einhalten.

Träfe diese These zu, dann wäre es in der Tat sinnlos, allgemeingültige Kriterien für ein menschenwürdiges Leben aufzustellen, da wir alle in einer Sackgasse gefangen wären.[25] Die Situation wäre trostlos: Jede Ressource, die einige von uns nutzen, fehlt den anderen für die Verwirklichung ihrer Ziele. Wenn einige satt sein wollen, müssen andere zwangsweise hungern. Möchten einige sich gegen Kälte, Regen und andere Unwillen der Natur schützen, müssen andere dafür obdachlos sein. Denn, so die These, die Ressourcen sind absolut begrenzt, und es gibt mehr Anwärter, die auf die Ressourcen angewiesen sind, als uns an Ressourcen insgesamt zur Verfügung stehen. Also kämpft jede, so gut sie kann, um einen möglichst großen Anteil am Ressourcenkuchen zu ergattern, und lässt die anderen dafür leer ausgehen.

Wie wohl nicht anders zu erwarten, halte ich auch diese dritte Vision für zumindest irreführend, in ihrem Absolutheitsanspruch sogar für falsch. Nicht etwa deshalb, weil die »Wahrheit« so schlimm sei, dass man sie besser durch Optimismus verdrängen sollte, sondern weil die dritte These ein völlig statisches Bild des Verhältnisses von Mensch und Natur entwirft, das weder für die Vergangenheit gegolten hat noch für die Gegenwart zutrifft.

Das Verhältnis von Mensch und natürlicher Umwelt wird durch die dynamische Tragekapazität bestimmt.[26] Unter dem Begriff der Tragekapazität versteht man in der Ökologie »die maximale Zahl von Individuen einer Spezies, die eine bestimmte Umwelt auf Dauer erhalten kann (maximal nachhaltige Populationsgröße)«.[27] Während die Tragekapazität für Tiere und Pflanzen eine exogene, von ihnen selbst nicht beeinflussbare Größe darstellt, kann der Mensch die für ihn geltende Tragekapazität durch die Umgestaltung der Natur in produktive Umwelt (Kulturlandschaften) bis zu einem bestimmten Grade mit beeinflussen. Deshalb bezeichnen wir sie als »dynamisch«.

Die Tragekapazität der Erde ist zwar in ihrer absoluten Grenze von ökologischen Bedingungen bestimmt, unterhalb dieser Grenze ist sie aber von den Produktionsbedingungen abhängig.[28] Die Tragekapazität der Erde für den Menschen ist eine Funktion der ökologischen Ausgangslage (Klima, Boden, Vegetation) und der Produktionsverhältnisse. Beide Größen müssen parallel betrachtet werden.[29]

Wie in Teil 3 ausführlich geschildert, hat sich die Tragekapazität für den Menschen gegenüber dem Neolithikum vertausendfacht und wächst weiter parallel mit neuen Veränderungen der Produktionsbedingungen.[30] Hinter dieser enormen Leistung der menschlichen Kultur stehen die fünf »prometheischen Innovationen«[31]:

- die Beherrschung des Feuers
- die Einführung der Land- und Viehwirtschaft (Ackerbau und Züchtung)
- die Verwandlung von Wärme aus fossilen Energieträgern in mechanische Energie (Beispiel Dampfmaschine)
- die industrielle Massenproduktion mit Arbeitsteilung und effizienzsteigernden Organisationsformen sowie
- der Ersatz von materiellen Produkten durch Information (Beispiele: Videokonferenz, E-Books, E-Mail statt Briefe, Überweisungen statt die Übergabe von Münzen und Banknoten).

Allerdings mehren sich die Anzeichen dafür, dass trotz beschleunigter Innovationen zur Anpassung der Produktionsbedingungen an die Menschheitsentwicklung die globale Tragekapazität nicht mehr mit dem Wachstum der Menschheit weltweit und dem steigenden Konsumniveau Schritt halten kann.[32] Bevölkerungswachstum und Konsumhunger übersteigen die Fähigkeit der menschlichen Kultur, die Fortschritte bei den Produktionsbedingungen mit den zunehmenden Nutzungsansprüchen der Menschheit an die Natur in Einklang zu bringen. In den Entwicklungsländern wächst die Bevölkerung, in den entwickelten Ländern der Konsumhunger schneller als die durch technischen Fortschritt und Organisationswandel ausgelöste Erhöhung der Produktivität. Zurzeit ist die notwendige Balance, das erforderliche Gleichgewicht zwischen Nutzungsrate und Nutzeneffizienz, gestört. Dies ist das Grunddilemma der heutigen Umweltsituation.[33] Bevölkerung und Konsumhunger wachsen erstens schneller, als wir Verfahren und Vorsorgemaßnahmen entwickeln und einsetzen können, um die damit einhergehende Beanspruchung der natürlichen Umwelt auszugleichen. Die systemischen Risiken sind zweitens globaler Natur und bedrohen aufgrund der vielfältigen Vernetzungen potentiell alle Menschen. Die Auswirkungen menschlicher Eingriffe greifen drittens tiefer in die natürlichen Kreisläufe ein als in der Vergangenheit, und diese Eingriffe erfolgen viertens im Zeitraffereffekt.[34]

Die dritte Variante der apokalyptischen Visionen ist also nicht grundsätzlich falsch, sofern man sie auf die heutige Situation bezieht, in der die Menschheit die aktuelle Tragekapazität der Erde auf Kosten der möglichen Nutzung der Umwelt durch künftige Generationen überschritten hat. Anders aber als die ursprüngliche Variante dieser Vision nahelegt, können wir viel zur Verbesserung der Lage beitragen. Wir sind nicht darauf angewiesen, uns auf Verteilungskriege einzustellen und unseren Besitzstand zu wahren. Wir können zum einen die Ansprüche an die Naturnutzung runterschrauben (durch Maßnahmen der freiwilligen Bevölkerungskontrolle und durch Reduktion des individuellen Konsums), zum anderen aber die Produktivität der Umweltnutzung weiter verbessern, um durch Maßnahmen der Effizienzsteigerung und durch technische bzw. organisatorische Innovationen den Nutzen pro Einheit »Umwelt« stetig zu erhöhen.[35] Die Reduzierung der Ansprüche bei den reichen Ländern und die Verbesserung der Ökoeffizienz sind zwei gleichzeitig zu verfolgende Strategien. Mit ihrer Hilfe kann man dem heutigen Dilemma der begrenzten Ressourcen bei gleichzeitigem Wachstum der Bevölkerung und des individuellen Anspruchsniveaus entkommen und auch unter der Bedingung der heutigen Bevölkerungsdichte das Ziel einer Entwicklung zu einer dauerhaft produktiven Wirtschaftsstruktur und zu konstanten humanen Lebensverhältnissen für alle beibehalten.[36] Dabei muss man sich aber im Klaren sein, dass diese Doppelstrategie einen ordnungspolitischen Spagat darstellt: Ökoeffizienz heißt mehr Marktwirtschaft unter Einbeziehung der Umweltkosten, Reduktion des Konsums bedeutet mehr öffentliche Steuerung. Mehr Effizienz umfasst eine bessere Nutzung der Naturreserven, sie kann aber auch zu einer geringeren Resilienz gegenüber anderen systemischen Risiken führen. Wie man diesen Spagat durchhalten kann, darauf werde ich noch später im vierten Teil zu sprechen kommen.

Kurzum: Die These, wir liefen ungebremst einer Katastrophe apokalyptischen Ausmaßes entgegen, entbehrt der sachlichen Fundierung. Wenn überhaupt Apokalypse angesagt ist, dann wäre es die Kollision eines großen Meteoriten mit der Erde. Diese Bedrohung ist leider wahrscheinlicher, als wir es gern wahrhaben wollen.[37] Aber alles, was Menschen heute an Zerstörung und systemischen Risiken auslösen können, wird weder die Natur als Ganzes gefährden noch die Menschheit ausrotten und auch nicht die Handlungsfähigkeit der Weltgemeinschaft außer Kraft setzen. Die Bedrohungen durch systemische Risiken sind real, aber nicht hoffnungslos.

Diese Einsicht ist auch eine wichtige Antwort auf die genau gegenteilige Reaktion in der Öffentlichkeit auf systemische Risiken: Achselzucken und Verharmlosung.[38] Die trügerische Hoffnung, dass sich schon im Lauf der Zeit von alleine eine Lösung finden werde und dass alles weniger schlimm ausfällt als heute vermutet, ist nicht nur blauäugig, sondern verfehlt auch die grundsätzliche Erkenntnis, dass systemische Risiken keine unabwendbaren Schicksalsschläge sind, sondern Folgen von menschlichen Handlungen.[39] Leider neigen wir dazu, diese Bedrohungen, wenn sie uns nicht passen, aus unserem Sichtfeld zu verbannen. Dass uns das so gut gelingt, hängt zum einen von den Faustregeln der individuellen Urteilsbildung, zum anderen von vier kollektiven Verhaltensmustern ab, mit denen wir systemische Risiken wahrnehmen, bewerten und steuern. Es sind die Allmendefalle, die Effizienzfalle, die Hybrisfalle und die Autonomiefalle.[40]

Da viele der systemischen Risiken auf Güter bezogen sind, die das öffentliche Wohl insgesamt betreffen, wie gute Umweltqualität, Funktionsfähigkeit der wirtschaftlichen und politischen Abläufe, öffentliche Sicherheit, Steuerungsfähigkeit kollektiver Prozesse und Vertrauen in die Leistungsfähigkeit gesellschaftlicher Institutionen, treten alle Probleme, die mit öffentlichen Gütern verbunden sind, auch bei den systemischen Risiken zutage. Öffentliche Güter, die von allen genutzt werden können, ohne dass diese selbst dazu einen Beitrag leisten müssen, werden entweder übernutzt oder erst gar nicht angeboten, weil jeder darauf hofft, dass der jeweils andere dafür zahlen wird.[41] Im Endeffekt tut es dann keiner. Möglichkeiten, um das Allmendedilemma zu überwinden, bestehen darin, mithilfe von Eigentumsrechten Verantwortlichkeiten zu schaffen, globale Regeln der Zuständigkeiten und Verantwortlichkeiten festzulegen und/oder im Rahmen kooperativer Entscheidungsfindung zu freiwilligen Selbstverpflichtungen zu kommen. Im Rahmen der systemischen Risiken sind alle diese drei Steuerungsprozesse schwer in Gang zu setzen. Da sich die Schäden erst in Zukunft entfalten werden und sich der Verlauf von Systemzusammenbrüchen wegen der nichtlinearen Zusammenhänge schwer vorhersagen lässt, gibt es kaum Anreize, im Vorfeld von Krisen Ressourcen zu deren Vermeidung einzusetzen. Jeder Einzelne hat auch das Gefühl, nur marginal zu den Risiken beizutragen, was wiederum die Motivation zum Handeln erlahmen lässt. Auf kollektiver Ebene der Staaten kommt keine Vereinbarung zustande, weil jeder hofft, als Freifahrer in die Vorzüge der ausgehandelten Bestimmungen zu kommen, ohne sich selbst an den Kosten zu beteiligen. So entsteht ein Teufelskreis von strategischem Manövrieren und gegenseitiger Lähmung.[42]

Die Wirksamkeit dieses Teufelskreises wird durch die anderen Fallen unterstützt. Mit zunehmender Effizienzausrichtung steigt die Verwundbarkeit unserer Institutionen und Infrastrukturen, weil große zentrale Einrichtungen mit entsprechend hoher Vernetzungsdichte in der Regel kostengünstiger Leistungen anbieten können als viele dezentrale, autonome Einheiten. Diese Entwicklung zu immer mehr Effizienz (Effizienzfalle) geht aber auf Kosten höherer Verwundbarkeit, so dass im Krisenfall eine Kaskade von Schäden zu erwarten ist.[43] Die Finanzkrise ist dafür ein passendes Beispiel.[44] Verstärkt wird diese Verwundbarkeit durch die Hybrisfalle, die uns mehr Zuversicht in die Leistungsfähigkeit unseres Wissens, unserer Technik und unserer Organisationsformen verspricht, als wir dies realistisch erwarten dürfen. Schließlich sorgt die Autonomiefalle dafür, dass wir in jedem der Funktionsbereiche Industrie, Finanzen, Umwelt oder soziale Absicherung die jeweils partielle Leistung zu optimieren versuchen. Dabei verlieren wir aus den Augen, dass mit jeder einseitigen Optimierung Folgekosten in anderen Funktionsbereichen anfallen, die in der Regel nicht bedacht oder auch unterschätzt werden. So kann es, wie der Soziologe Ulrich Beck an vielen Beispielen nachgewiesen hat, dazu kommen, dass im Rahmen eines Funktionsbereiches sinnvolle und wirksame Maßnahmen zu vielen und schwerwiegenden negativen Nebenfolgen in anderen Bereichen führen, die den erwünschten Haupteffekt bei weitem überdecken.[45]

Risiken gesellschaftlicher Modernisierung

Ein beherztes Eingreifen gegen die Bedrohungen durch systemische Risiken scheitert nicht nur an den mangelnden Anreizen, wenn es um öffentliche und vor allem globalöffentliche Güter geht, auch die sozialen und kulturellen Entwicklungen, die wir mit dem Begriff der Modernisierung verbinden, tragen zu einer Verstärkung systemischer Risiken bei und behindern eine effektive Steuerung.[46] Sosehr wir die Prozesse der Individualisierung, Pluralisierung und Differenzierung schätzen und deren Früchte genießen, so sehr haben sie aber auch neue Zeitbomben hervorgerufen: die Ausbildung einer neuen explosiven Form von sozialer Ungleichheit, die Potenzierung der Auswirkungen von absichtlich destruktiven Handlungen aufgrund von Technisierung, Virtualisierung und Vernetzung und nicht zuletzt die Bedrohung der eigenen Identität und die damit verbundenen gegensätzlichen Reaktionsmuster des Fatalismus und des Fanatismus.[47]

Wir leben in einer Welt, die zunehmend Wert auf individuelle Lebensplanung und eigene Entfaltung legt. Jeder möchte nach eigener Fasson nicht nur selig, sondern auch glücklich werden. Die moderne Industrie- und Dienstleistungsgesellschaft hat die Möglichkeiten der Individualisierung geschaffen mit ihren unbestreitbaren Vorteilen, aber auch ihren Problemen.[48] Pluralisierung von Werten und Normen sowie Säkularisierung der Weltbilder sind dabei wichtige Kennzeichen dieser Entwicklung. Durch die Pluralisierung gibt es mehr Auswahlmöglichkeiten für individuelle Lebensentwürfe; denn die heutige Gesellschaft bietet eine bis dahin unerreichte Vielfalt an Lebensstilen und Orientierungsmustern. Die Kehrseite besteht allerdings aus Orientierungslosigkeit und situationsgebundener Zersplitterung in Lebensabschnitte und Lebensbereiche. Die Säkularisierung und das Aufgeben von kulturell oder sozial vorgegebenen Sinndeutungen befreien den Einzelnen aus seiner kulturellen Unmündigkeit und schaffen gleichzeitig seelische Leere und Mangel an Geborgenheit. Individualisierung, Pluralisierung und Säkularisierung zusammen potenzieren die Fülle menschlicher Entfaltungsmöglichkeiten, eröffnen zusätzliche Handlungsoptionen und vermehren die materiellen und ideellen Lebensgrundlagen.[49]

Doch all dies hat seinen Preis: Die natürlichen Grundlagen unserer Überlebensfähigkeit sind gefährdet, die Effizienz der Produktion wird durch häufig sinnentleerte und entfremdete Arbeits- und Lebensbedingungen erkauft und die einheitliche Persönlichkeit durch Rollenverhalten je nach segmentiertem Funktionsbereich (Arbeit, Heim, Freizeit) fragmentiert. Individualismus und authentisches Leben werden zwar großgeschrieben, aber gleichzeitig besteht ein großes Bedürfnis nach kollektiver oder sozialer Geborgenheit.[50] Wenn dies nicht gestillt wird, baut sich eine Mischung aus Unbehagen, Wut und Aggression auf, die sich ihre Ventile in Form fanatischer Bewegungen und terroristischer Übergriffe suchen wird.[51]

Die Zuversicht, dass es unseren Kindern und Kindeskindern im Schnitt besser gehen werde als uns, ist brüchig geworden. Noch steht es in den Sternen, ob das kommende Zeitalter eine weitere Verbesserung der Lebensqualität für den überwiegenden Teil der Menschheit bringen wird oder ob die systemischen Bedrohungen uns zwingen werden, von einem Krisenmanagement zum nächsten zu hetzen. Es liegt an uns, und zwar an jedem Einzelnen von uns, ebenso wie an den kollektiv wirksamen Organen der wirtschaftlichen und politischen Steuerung, ob und inwieweit wir mit den systemischen Risiken fertig werden können.

Anmerkungen

1 Zitiert nach: http://moeglichmacher.wordpress.com/2007/10/24/zitate-spruche-und-gedons-teil-1-von-vielen/, zugegriffen am 15. April 2013.

2 Zitiert nach: http://www.textlog.de/tucholsky-theater-kulissen.html, zugegriffen am 15. April 2013.

3 Zur Definition von systemischen Risiken siehe: S. L. Schwarcz (2008): Systemic Risk, in: The Georgetown Law Journal, 97 (1): 193–249. G. Kaufman und K. E. Scott (2003): What is Systemic Risk, and Do Bank Regulators Retard or Contribute to It?, in: The Independent Review, 7 (3): 371–391. Vgl. Auch unseren Aufsatz: O. Renn und F. Keil (2009): Was ist das Systemische an systemischen Risiken? GAIA, 18 (2): 97 ff.

4 Independent Commission on Population and Quality of Life (1998): Visionen für eine bessere Lebensqualität, Basel: Birkhäuser, S. 31–90; German Advisory Council on Global Change (WBGU) (2011): World in Transition. A Social Contract for Sustainability. Berlin: WBGU, S. 31–65; J. Diamond (2006): Kollaps. Warum Gesellschaften überleben und untergehen, Frankfurt am Main: Fischer, S. 600–612.

5 Siehe U. Beck (1997): Was ist Globalisierung, Frankfurt am Main: Suhrkamp, S. 73 ff., S. 127 ff., S. 164 ff. und 198 ff.

6 Hier die Originalquellen: World Economic Forum: Global Risks 2013. 7. Auflage. WEF: Genf; OECD (2012): Global Shocks: Improving Risk Governance. OECD Paris; OECD (2003), Emerging Risks in the

21st Century. An Agenda for Action. OECD Paris. S. 49 ff.; Swiss Re (2012): Identifying Emerging Risks. Zuerich (http://www.swissre.com/rethinking/emerging–risks/emerging–risks.html, zugegriffen am 15. April 2013); R. Löfstedt (Hrsg.) (2003): Riskworld, in: Risk Research, 6 (1–4): 289–619. J. Arpe, H. Glockner, H. Hauschild, T. Petersen, A. Schaich und T. Volkmann (2012): Die ökonomischen Risiken der Globalisierung. Ergebnisse einer Experten- und einer Bürgerbefragung. Global Choices, 1, Bertelsmann Stiftung. Gütersloh: Media and More.

7 T. G. Weiss (2000). Governance, Good Governance and Global Governance: Conceptual and Actual Challenges, in: Third World Quarterly, 21(5), 795–814.

8 S. Thurner (2012): Systemic Financial Risk. OECD Reviews of Risk Management Policies. OECD: Paris, hier vor allem S. 59.

9 Weltweite Auswirkungen siehe: National Research Council (2010): Advancing the Science of Climate Change. The National Academies Press: Washington, D. C. Für Deutschland siehe: F.-W. Gerstengarbe und H. Welzer (Hrsg.) (2013): Zwei Grad mehr in Deutschland. Wie der Klimawandel unseren Alltag verändern wird, Frankfurt am Main: Fischer, S. 81 ff.

10 Thurner (2012), a. a. O., S. 73 f.

11 Siehe dazu: B. Witzer (2011): Risikointelligenz, Berlin: Econ, S. 23.

12 Gut zusammengefasst in: G. Gigernezer (2013): Risiko. Wie man die richtigen Entscheidungen trifft, München: Bertelsmann, S. 94 ff.; D. Kahneman (2011): Schnelles Denken – Langsames Denken, München: Siedler, S. 139 ff. Sowie: D. Ropeik (2010): How Risky Is It Really? Why Our Fears Don't Always Match the Facts. New York: Mc Graw Hill, S. 23 ff.

13 Auch seriöse Wissenschaftler benutzen gerne diese Rhetorik, obwohl sie in meinen Augen die wirkliche Situation eher verschleiert als klarstellt. Vgl. dazu: S. Preuss (2001): Umweltkatastrophe Mensch. Kröning: Asanger Roland Verlag. G. R. Taylor (1991): Das Selbstmordprogramm. Zukunft oder Untergang der Menschheit, Frankfurt am Main: Fischer. Oder: L. R. Brown, C. Flavin und S. Postel (1991): Saving the Planet. How to Shape an Environmentally Sustainable Global Economy. New York und London: Norton. Schließlich noch der an Hybris grenzende Titel »Ist die Schöpfung noch zu retten?«, als ob der Mensch die Macht besäße, die Schöpfung zu vernichten. Der Inhalt des ansonsten lesenswerten Buches ist wesentlich

differenzierter, als der Titel vermuten lässt. Vgl. P. Schmitz (1985): Ist die Schöpfung noch zu retten? Umweltkrise und christliche Verantwortung. Würzburg: Echter.

14 Aus: V. Hauff (Hrg.) (1987): Unsere gemeinsame Zukunft. Der Bericht der Weltkommission für Umwelt und Entwicklung. Köln: Greven, S. 37.

15 Siehe zur Zerstörungskraft von Atombomben: M. Kaldor und J. P. Robinson (1978): War, in: C. Freeman und M. Jahoda (Hrsg.): World Futures. Oxford: M. Robinson, S. 242–379, hier S. 353 f. Sowie: J. Thompson (1986): Nukleare Bedrohung. München/Weinheim: Psychologische Verlags-Union, S. 31 ff.

16 Siehe: O. Renn (1996): Ökologisch denken – sozial handeln: Die Realisierbarkeit einer nachhaltigen Entwicklung und die Rolle der Kultur- und Sozialwissenschaften, in: H. G. Kastenholz, K.-H. Erdmann und M. Wolff (Hrsg.): Nachhaltige Entwicklung. Zukunftscchancen für Mensch und Umwelt. Berlin: Springer, S. 79–118.

17 B. Glaeser (1992): Natur in der Krise? Ein kulturelles Missverständnis, in: B. Glaeser und P. Teherani-Krönner (Hrsg.): Humanökologie und Naturökologie. Grundlagen, Ansätze, Praxis. Berlin: Springer, S. 49–70, hier S. 61 f.

18 Vgl. dazu die Beispiele in: W. Janssen (1986): Mittelalterliche Gartenkultur. Nahrung und Rekreation. In: B. Herrmann (Hrsg.): Mensch und Umwelt im Mittelalter. Stuttgart: Deutsche Verlags-Anstalt, S. 224–243.

19 Vgl. dazu die Ausführungen in: Akademie der Wissenschaften zu Berlin (1992): Umweltstandards. Berlin: De Gruyter, S. 24 ff.

20 Vgl. zur Debatte um die Folgen von Nuklearkriegen den Sammelband: H. M. Levine und D. Carlton (Hrsg.) (1986): The Nuclear Arms Race Debated. New York: McGraw-Hill. Einen kurzen Überblick findet man in: D. P. Barash (1991): Introduction to Peace Studies. Belmont: Wadsworth. S. 106–131, vor allem S. 122 f. über die Auswirkungen eines nuklearen Winters.

21 Siehe das Worst- and Best-case Szenario des Klimawandels in Deutschland in: B. Sommer und S. Wessels (2013): Deutschland 2040: Zwei Varianten der Zukunft, in: F.-W. Gerstengarbe und H. Welzer (Hrsg.) (2013): Zwei Grad mehr in Deutschland. Wie der Klimawandel unseren Alltag verändern wird. Frankfurt am Main: Fischer, S. 273–291.

22 Insolvenzen von ganzen Staaten sind zwar bitter für die betroffenen

Menschen, aber ein solcher wirtschaftlicher Zusammenbruch ist durchaus zu verkraften. Siehe: von Petersdorff (2013): Ein Staatsbankrott ist halb so schlimm, in: Frankfurter Allgemeine Zeitung, 15.3.2010, http://www.faz.net/aktuell/wirtschaft/europas-schulden krise/krise-in-griechenland-ein-staatsbankrott-ist-halb-so-schlimm-1954994.html, zugegriffen am 15. April 2013. Siehe auch die Übersicht in: C.M. Reinhart und K.S. Rogoff (2009): This Time is Different: A Panoramic View of Eight Centuries of Financial Crises. Harvard University, Boston: Institute of Economics.

23 Auf die Notwendigkeit, anstelle des Überlebens der Menschheit die Ermöglichung der Lebensqualität für künftige Generationen in den Mittelpunkt zu stellen, weist vor allem die Sozialökologin Elisabeth F. Moran hin: Siehe E.F. Moran (2006): People and Nature. Introduction to Human Ecological Relations. Malden, USA: Blackwell, S. 150ff.

24 Der Philosoph Jürgen Mittelstraß hat die Notwendigkeit einer gleichgewichtigen Entwicklung von wissenschaftlicher Rationalität und praktischer Vernunft als wesentliche Bedingung für die Bewältigung der Umweltkrise herausgestellt. Siehe: J. Mittelstraß (1990): Science and the Environment – Challenges, Risks, and the Future, in: European Journal of Clinical Pharmacology, 38: 1–4.

25 Zu einer solch pessimistischen Sichtweise der Ressourcenbasis auf der Basis des Entropie-Gesetzes neigt z. B. der Mitbegründer der ökologischen Ökonomie, Nicholas Georgescu-Roegen. Für ihn bedeutet jedes heutige Wirtschaften eine Verringerung der Entfaltungsmöglichkeiten zukünftiger Generationen. Vgl. N. Georgescu-Roegen (1971): The Entropy Law and the Economic Process. Cambridge, USA: Cambridge University Press, S. 13ff. Dagegen geht beispielsweise John Rawls davon aus, dass es aufgrund der ständigen Zunahme gesellschaftlichen Reichtums (sog. Künstliche Kapital) jeder Generation besser gegangen sei als der vorhergehenden. Im Prinzip ist damit jeder Verzicht der heutigen Generation zugunsten der künftigen Generationen eine Umverteilung von Arm nach Reich. Vgl. J. Rawls (2003): Gerechtigkeit als Fairness: Ein Neuentwurf. Herausgeber: E. Kelly. Frankfurt am Main: Suhrkamp, S. 247ff.

26 R. Münz und A.F. Reiterer (2007): Wie schnell wächst die Zahl der Menschen? Weltbevölkerung und weltweite Migration. Frankfurt am Main: Fischer, S. 51ff.

27 H. Mohr (1995): Qualitatives Wachstum. Lösung für die Zukunft.

Stuttgart und Wien: Weitbrecht, S. 53. Vgl. auch G. C. Daily und P. R. Ehrlich (1992): Population, Sustainability, and Earth's Carrying Capacity, in: BioScience 42:761–771.

28 Siehe: S. Postel (1994): Carrying Capacity: Earth's Bottom Line, in: L. Brown (Hrsg.), State of the World 1994. New York: Norton, S. 3–21. Dennoch gibt es klare Hinweise auf absolute Grenzen der Naturnutzung. Robert Goodland geht davon aus, dass die Humanwirtschaft bereits etwa 40 Prozent der Nettoprimärproduktion von Energie aus irdischer Photosynthese verbraucht. Diese Rate ist nicht beliebig steigerbar. Vgl. R. Goodland (1992): Die These: Die Welt stößt an Grenzen, in: R. Goodland, H. Daly, S. El Serafy und B. von Droste (Hrsg.): Nach dem Brundtland-Bericht: Umweltverträgliche wirtschaftliche Entwicklung. Bonn: Economica, S. 15–28, hier S. 17. Vgl. auch die ähnlichen Überlegungen zu absoluten Grenzen bei: P. M. Vitousek, P. R. Ehrlich, A. H. Ehrlich und P. A. Matson: Human Appropriation of the Products of Photosynthesis, in: Bioscience 36: 368–373, hier 371, bei J. Diamond (2011): Kollaps: Warum Gesellschaften überleben oder untergehen. Frankfurt am Main: Fischer, S. 635 ff. und bei: H. Mohr (1995): Qualitatives Wachstum. Lösung für die Zukunft. Stuttgart und Wien: Weitbrecht, S. 57.

29 Die einzelnen Wirtschaftsformen weisen relativ große Streubreiten auf. Dies liegt daran, dass die agraische Produktivität stark von der Bodenqualität und dem Klima abhängt. Für industrielle Wirtschaftsformen ist dagegen die Bandbreite geringer und repräsentiert eher unterschiedliche Reifegrade der Industrialisierung. Zu den Quellen vgl. C. Clark und M. Haswell (1970): The Economics of Subsistence Agriculture. 4. Auflage. London: Macmillan, S. 267 ff.; A. Sherratt (1982): Plough and Pastoralism: Aspects of the Secondary Products Revolution, in: I. Hodder, G. Isaac und N. Hammond (Hrsg.): Patterns of the Past. Cambridge: Cambridge University Press, S. 261–305; A. Goudie (1989): The Changing Human Impact, in: L. Friday und R. Laskey (Hrsg.): The Fragile Environment. Cambridge, USA: Cambridge University Press, S. 1–21, hier vor allem S. 16 ff.

30 Damit geht natürlich ein entsprechender Ressourcen- und Energieverbrauch einher. Thomas Kesselring rechnet mit einem 105-fachen Energieverbrauch des durchschnittlichen Bürgers eines Industrielandes im Vergleich mit dem Energieverbrauch eines Angehörigen der Jäger- und Sammlerkulturen. Vgl. T. Kesselring (1994): Ökologie

Global: Die Auswirkungen von Wirtschaftswachstum, Bevölkerungswachstum und zunehmendem Nord-Süd-Gefälle auf die Umwelt, in: Humboldt Studienzentrum, Universität Ulm (Hrsg.): Ökologie aus philosophischer Sicht. Schriftenreihe des Humboldt Studienzentrums, Band 8, S. 39–76, hier S. 51. Auch der Ökonom Bruno Fritsch kommt bei seinen Berechnungen auf einen Faktor 100 zwischen Sammler-und-Jäger-Kulturen und der Industriegesellschaft. Aus: B. Fritsch (1992): Ökologie und Konsensfindung: Neue Chancen und Risiken, in: Sandoz Rheinfonds (Hrsg.): Verhandlungen des Symposiums vom 3.–4. September 1992. Basel: Sandoz, S. 9–22, hier S. 12.

31 Dieser Begriff der prometheischen Innovationen geht auf den Ökonomen Georgescu-Roegen zurück. Er hebt drei »prometheische Innovationen« hervor: die Beherrschung des Feuers, die Landwirtschaft und die Dampfmaschine. Ich habe die Massenproduktion auf der Basis von Fordismus und Taylorismus sowie die Ersetzung von Produkten durch Informationen noch hinzugesetzt. Quelle: N. Piper (1993): Vor uns der Niedergang. Nicholas Georgescu-Roegen untersuchte die natürlichen Grenzen für die Wirtschaft. In: Die Zeit, 9 (26.2.1993), S. 97 ff., http://www.zeit.de/1993/09/vor-uns-der-niedergang/seite-4, zugegriffen am 15. April 2013. Siehe dazu auch O. Renn (2014): Das Risikoparadox. Warum wir uns vor dem Falschen fürchten. Frankfurt am Main: Fischer, Kap. 4.2 in Teil III.

32 Siehe Diamond (2006), a.a.O., S. 631 f. Vgl. auch: K.M. Leisinger (1994): Bevölkerungsdruck in Entwicklungsländern und Umweltverschleiß in Industrieländern als Haupthindernisse für eine zukunftsfähige globale Entwicklung, in: GAIA, 3: 131–143 oder auch H. Birg (1994): Weltbevölkerung, Entwicklung, Umwelt. Dimensionen eines globalen Dilemmas, in: Aus Politik und Zeitgeschehen, B35–36: 21–35.

33 Auf die Tatsache der Begrenztheit der natürlichen Ressourcen und der zunehmenden Kluft zwischen dem Grad der Naturnutzung und der Erhöhung der Ökoeffizienz weist eindringlich William R. Catton in seinem Buch hin. Vgl.: W. R. Catton (1980): Overshoot: The Ecological Basis of Revolutionary Change. Urbana, USA: University of Illinois Press.

34 Vgl. J. Randers (2012): 2052. Eine globale Prognose für die nächsten 40 Jahre. Der neue Bericht an den Club of Rome. München: Oekom, S. 177 ff.

35 Diese Doppelstrategie: Ökoeffizienz erhöhen und Nutzungsansprüche senken, findet sich in den meisten Abhandlungen zur nachhaltigen Entwicklung, obgleich Ökonomen der neoklassischen Schule in der Regel die Senkung der Nutzenansprüche, wenn überhaupt, dann nur auf der Basis von freiwilliger Einsicht akzeptieren. Vgl. die systematische Zusammenfassung der Empfehlungen verschiedener internationaler Studien in: Independent Commission on Population and Quality of Life (1998): Visionen für eine bessere Lebensqualität. Basel: Birkhäuser, S. 93 ff. Oder in: R. Repetto, R. (1985): Agenda for Action, in: R. Repetto (Hrsg.): The Global Possible: Resources, Development, and the New Century. New Haven: Yale University Press, S. 496–519. Im deutschen Sprachraum vor allem: E. U. von Weizsäcker (1992): Erdpolitik. Ökologische Realpolitik an der Schwelle zum Jahrhundert der Umwelt. 3. Auflage. Darmstadt: Wissenschaftliche Buchgesellschaft, S. 139 ff. Sowie: J. Huber (1995): Nachhaltige Entwicklung durch Suffizienz, Effizienz und Konsistenz, in: P. Fritz, J. Huber und H.-W. Levi (Hrsg.): Nachhaltigkeit in naturwissenschaftlicher und sozialwissenschaftlicher Perspektive. Stuttgart: Hirzel, S. 31–46.

36 Siehe: F. J. Radermacher (2005): Balance oder Zerstörung. Ökosoziale Marktwirtschaft als Schlüssel zu einer weltweiten nachhaltigen Entwicklung. Wien: Ökosoziales Forum und Hamburg: Global Marshall Plan Initiative, S. 23 f. Sowie Radermacher und Beyer (2007): Welt mit Zukunft. Überleben im 21. Jahrhundert. Hamburg: Murmann, S. 146 ff.

37 Siehe: C. R. Chapman (1994): Impacts on the Earth by Asteroids and Comets – Assessing the Hazard. Nature, 367: 33–40; doi:10.1038/367033a0. Etwas populärer siehe: http://www.pressebox.de/pressemitteilung/wer-weiss-was-gmbh/EinMeteoriteneinschlag-ist-jederzeitmoeglich/boxid/227719, zugegriffen am 15. April 2013.

38 In diese Richting argumentieren: B. Lomborg (2002): Apocalypse No! Wie sich die menschlichen Lebensgrundlagen wirklich entwickeln. Lüneburg: Zu Klampen. Sowie: A. Reichmuth (2010): Immer wieder Weltuntergang. Ökoszenarien hinterfragt. Münster: LiT Verlag.

39 B. Witzer (2011): Risikointelligenz. Berlin: Econ, S. 32. Brigitte Ritzer spricht in Anlehnung an Douglas Copland von »Now Denial«, also von der Verdrängung der Gefahren und der Verschiebung auf spätere Zeiten, wo man angeblich die Muße habe, sich darüber Gedanken zu machen.

40 Siehe O. Renn (2014): Das Risikoparadox. Warum wir uns vor dem Falschen fürchten. Frankfurt am Main: Fischer, Kap. 5.2 bis 5.4 in Teil III.

41 Der Begriff der Tragödie der Allmende geht auf den amerikanischen Autor Garret Hardin zurück. Siehe: G. Hardin (1968): The Tragedy of the Commons, in: Science, 162 (3859): 1243–1248. Siehe auch die späteren Ergänzungen dazu in: E. Ostrom, J. Burger, C. B. Field, R. B. Norgaard und D. Policansky (1999): Revisiting the Commons: Local Lessons, Global Challenges, in: Science, 284: 278–282. Bei genauerem Hinsehen ist auch nicht das Gemeineigentum das Problem, sondern der offene Zugang zu den Ressourcen (open access). Siehe: T. Eggertsson (2003): Open Access Versus Common Property, in: T. L. Anderson und F. S. McChesney (Hrsg.): Property Rights: Cooperation, Conflict, and Law. Princeton, USA: Princeton University Press, S. 73–89, hier S. 75 f.

42 Siehe Moran (2006), a. a. O., S. 121 ff.

43 Siehe: A. V. Gheorghe und D. V. Vamanu (2004): Complexity Induced Vulnerability. International Journal of Critical Infrastructures, 1(1), 76–84.

44 Thurner (2012), a. a. O., S. 49 f.

45 U. Beck (1996): Das Zeitalter der Nebenfolgen und die Politisierung der Moderne, in: U. Beck, A. Giddens und S. Lash (Hrsg.): Reflexive Modernisierung. Frankfurt am Main: Suhrkamp, S. 19–112, hier vor allem S. 45 ff.

46 Beck (1997), a. a. O., S. 33 ff.

47 »Idealistic thinkers have embraced the utopianism of civil society, not only as a regulating idea, or norm, but as a possible expression of the social whole. They have argued that it is possible to create a social system that is thoroughly civil, solidaristic, altruistic, and inclusive; a social system, in other words, homologous with civil society itself. They have dismissed the economic world as the world of necessity, one from which normative ideas of reciprocity are excluded tout court. They have rejected the political world as inherently bureaucratic and instrumental, as resting always and anywhere on domination alone. These ›systems‹ are conceived as inherently uncivil, as colonizers of the life world of a solidarity sphere that is doomed because of its vulnerability to spheres of a more material kind … To avoid the idealist fallacy, we must recognize that civil society is always nested in the practical worlds of uncivil spheres, and we must study the com-

promises and fragmentations, the ›real‹ rather then merely idealized civil society, that results.« Aus: J. C. Alexander (2013): The Dark Side of Modernity. Cambridge, UK: Polity, S. 125–126. Besonders pessimistisch über die negativen Auswirkungen der Modernisierung siehe: A. Touraine (2005): A New Paradigm for Understanding Today's World. Cambridge, UK: Polity, S. 9ff und S. 63 ff. Zur Gewalt siehe: E. Zimmermann (2011): Globalisierung und Terrorismus, in: T. Mayer, R. Meyer, L. Miliopoulos, H. P. Ohly und E. Weede (Hrsg.): Globalisierung im Fokus von Politik, Wirtschaft, Gesellschaft. Wiesbaden: VS Verlag für Sozialwissenschaften, S. 183–198.

48 H. van der Loo und W. van Reijen (1992): Modernisierung. Projekt und Paradox. München: DTV, S. 194 f.

49 G. Schulze (2000): Die Erlebnisgesellschaft: Kultursoziologie der Gegenwart. 8. Auflage. Frankfurt am Main: Campus, S. 75. Siehe auch: P. V. Zima (2001): Moderne/Postmoderne. Tübingen: A. Francke. UTB, S. 100.

50 Vgl. H. Keupp (1994): Ambivalenzen postmoderner Identität, in: U. Beck und E. Beck-Gernsheim (Hrsg.): Riskante Freiheiten. Frankfurt am Main: Suhrkamp, S. 336–350.

51 P. Iadociola und A. Shupe (2013): Violence, Inequality and Human Freedom. Dritte Auflage. Lanham, USA: Rowman & Littlefield, S. 451 ff.

UWE WALTER

»Hellenische Krisen«

Eine Archäologie

Griechen haben die Krise erfunden. Das klingt zunächst nach einem müden Kalauer, doch wer tiefer bohrt, stößt auf Figuren, die unser Denken bis heute beeinflussen. Beginnen wir mit einem Blick ins Wörterbuch. Das Wort *krisis*, abgeleitet vom Verb *krinein* (davon auch Kritik und Kriterium), bedeutet zunächst Trennung, Scheidung, auch Streit, im Spezielleren dann Auswahl, etwa bei der Zusammenstellung eines Gremiums, sowie schließlich Entscheidung durch einen Urteilsspruch oder auf dem Schlachtfeld. Mitgedacht ist also stets eine neue, mitunter schärfere Formierung aus der Dissoziation heraus; das unterscheidet die Krise vom bloßen Niedergang oder Verfall – die Zerstörung kann Voraussetzung für neue Schöpfungen sein. Diese Perspektive steckt nach der Lehre der klassischen Ökonomie im Begriff der konjunkturellen Krise, aus der die Wirtschaft erneuert und gestärkt hervorgeht. Auch die soziologische Definition impliziert eine solche Option, wenn sie Krise als einen Zustand bestimmt, in dem unter Zeitdruck schwerwiegende Anpassungen vorzunehmen und Strukturen zu verändern sind, um ein System wieder in einen gewissen Einklang mit seiner Umwelt zu bringen.

Die Logik des Krisenbegriffs widerrät also der Entropie. Eine darauf ruhende Figuration scheint dem Denken der antiken

Griechen und ihrer Sicht auf die Welt generell früh eigentümlich gewesen zu sein. Es unterscheidet sie von Kulturen, denen Einheit und Harmonie der Güter höchste waren, wie von solchen, die langwierig mehrere Optionen auszuhandeln und zu einem Konsens zu bringen suchten. Der englische Althistoriker Paul Cartledge hat dieses polare Muster in seinem schönen Buch *The Greeks. A Portrait of Self and Others* durchbuchstabiert: ja/nein, für/wider, wir/die anderen, Griechen/Barbaren, Männer/Frauen, Bürger/Fremde, Freie/Sklaven, Götter/Menschen. Die offenkundigen wie die historisch nachweisbaren Nachteile und Kosten eines solchen binären, auf Entscheidung drängenden Denkhabitus aufzuweisen erforderte mehr als eine dickleibige Studie; der unverächtliche Gewinn lässt sich indes mit Egon Flaig auf den Punkt bringen: die Ermöglichung des Intellektuellen. Griechische Dichter und Denker zitierten, antworteten, widersprachen einander. Diese agonale, wettkampfmäßige Art und Weise des Austausches produziert einen analytischen Denkstil, der zugleich tendenziell polemisch, auf Angriff und Verteidigung angelegt ist. Er drängt dazu, Argumente nicht anzudeuten, sondern auszuführen. Die dadurch gewonnene Klarheit und Ausdrücklichkeit fördert eine intellektuelle Haltung. Techniken des Widerlegens und Begründens entwickelten sich in Hellas nicht zuletzt deshalb stärker als anderswo, weil sie an markanten Orten auftraten: in den Diskussionen der Gelehrten, aber auch in Rede und Gegenrede auf der Theaterbühne, im Wechselspiel von Ankläger und Angeklagtem vor dem Geschworenengericht, in den politischen Debatten, die wenigstens in Athen immer auf einen Beschlussantrag hinausliefen, für oder gegen den geworben wurde, bevor am Ende die Mehrheit der Bürger über Annahme oder Ablehnung abstimmte. In diesem Sinne nennt Aristoteles die Gerechtigkeit einen auf die politische Gemeinschaft bezogenen Wert und zugleich die Entscheidung *(krisis)* über das Gerechte; der Bürger musste demnach zugleich Geschworenenrichter sein können. In der Wissenschaft liegt bei einer solchen Konstellation die Ausbildung von Disziplinarität, also von gattungsspezifischen Regeln der Auseinandersetzung, nahe. »Wenn Wissenschaft bedeutet, Sachverhalte systematisch gemäß ihrer spezifischen Logik innerhalb eines abgegrenzten Gebietes zu durchdenken, dann ist sie in der griechischen Kultur entstanden, deutlich zu sehen bei Mathematik und Philosophie und Historie.«

Flaig hätte auch die Medizin nennen können, die sich im fünften vorchristlichen Jahrhundert zu einer eigenen Disziplin ausbildete. Ihr verdanken wir einen Krisenbegriff, wie er auch heute gelegentlich aufgerufen wird, um die angebliche Aufblähung und Beliebigkeit des Wortgebrauchs zu kritisieren. In der hippokratischen Medizin gehören Krise und Prognose eng zusammen: Der Arzt sucht aus den Symptomen einer Krankheit Vorhersagen über ihren künftigen Verlauf abzuleiten, um die körpereigenen Heilungskräfte durch geeignete Maßnahmen zu unterstützen. Auch dieser Prozess lässt sich angesichts der begrenzten Zahl der Möglichkeiten des Ausgangs leicht zuspitzen; die Krisis ist zumal bei schweren fieberhaften Erkrankungen demnach die Entscheidung, ob der Kranke stirbt oder wieder gesund wird. Die griechischen Ärzte verbanden diese Art von Krisis mit bestimmten Tagen im Krankheitsverlauf, nicht selten einem Siebenerschema folgend; dem Konzept eignet also eine Punktualität – nicht der Prozess, sondern der Moment wird betont. Aber auch die auf den ersten Blick so begriffswidrige »Dauerkrise« unserer Zeit kann sich auf einen den Alten geläufigen medizinischen Befund berufen: Nur die perfekte Krise führt zu einer völligen Gesundung, während die imperfekte mögliche Rückfälle einschließt – die chronische Krankheit war in der Welt.

Die Idee einer längeren zeitlichen Ausdehnung der Krise kann freilich auch auf das Neue Testament zurückgeführt werden: Solange das Jüngste Gericht noch nicht da ist, steht die *krisis* über den ganzen Kosmos noch aus (Johannes 5,28 f.; 12,31). Der Begriff gewinnt so eine zeitliche Spannung, indem durch die Verkündigung Jesu die letzte Entscheidung schon gefällt, aber realiter noch nicht eingetroffen und auch noch nicht vollständig sichtbar ist. Daraus entsteht in der Neuzeit ein prozessuales Krisenmodell, das in Geschichtsphilosophien, aber auch Historiographien tiefe Spuren hinterlassen hat. In diesem Sinne konnte, um ein Beispiel zu geben, die Krise der römischen Republik hundert Jahre dauern, in denen es in der Tat immer wieder gute Phasen und durchaus Chancen zur Besserung gab, aber auch neue und heftigere Fieberschübe, die am Ende zum Tod führten – und zugleich Raum schufen für eine neue, krisenfestere Form von Herrschaft und Regierung.

In die Neuzeit tradiert wurde das hippokratische Krisenkonzept durch den Arzt Galēn aus Pergamon, der in der römischen Kaiserzeit das medizinische Wissen der Antike bündelte und es so rezipierbar machte. So kam die Krise auch ins Lateinische und später in die Nationalsprachen. *Zedlers Universallexikon* führte Kritik und Krise wieder zusammen; es bestimmte »Crisis« als »Kampff der Natur«, die sich selbst zu helfen bemüht sei, sowie als das ärztliche Urteil über die Anzeichen der Genesung oder des Absterbens, aber auch allgemein als »Beurtheilung, Verstand, Nachsinnen, dahero sagt man, der Mensch hat keine Crisin, das ist, er kann von keiner Sache urtheilen«. Generell ist die Begriffsgeschichte verzwickt, weil »Krise« von Anfang an verschiedenen Sachbereichen angehörte und dann zusätzlich auf weitere Felder ausgedehnt, zudem punktuell wie prozessual verstanden werden konnte. »Aufgrund seiner metaphorischen Vieldeutigkeit und Dehnbarkeit«, so bilanziert Reinhart Koselleck, »beginnt der Begriff zu schillern. Er dringt in die Alltagssprache ein und wird zum Schlagwort. In unserem Jahrhundert gibt es kaum einen Lebensbereich, der nicht mit

Hilfe dieses Ausdrucks seine entscheidungsträchtigen Akzente erhielte.«

Auch jenseits der Begriffsgeschichte marschieren die Hellenen vorneweg. Die *Ilias* Homers beginnt mit einer Krise. Zehn Jahre schon belagert ein Heer aus Achaiern, übers Meer aus Griechenland gekommen, die Stadt Troja in Kleinasien. Zehn Jahre kämpfen, töten, Hinterhalte legen, plündern – die Krieger tun, was sie immer tun und am besten können. Dann tritt ein trojanischer Priester auf und verlangt die Rückgabe seiner kürzlich geraubten Tochter, ohne Erfolg, denn Agamemnon, der Anführer der Achaier, denkt nicht daran, sie herauszugeben. Der Priester bittet also seinen Gott Apollon um Hilfe; dieser überschüttet die Achaier mit todbringenden Seuchenpfeilen. Schließlich lenkt Agamemnon ein und gibt das Mädchen heraus, worauf die Seuche endet. Doch will er seine Stellung nicht durch dieses Nachgeben gefährden und fordert eine Kompensation aus dem eigenen Lager: eine andere Gefangene, die sich im Besitz ausgerechnet des stärksten Kämpfers, Achilles, befindet. Dieser muss zornig-zähneknirschend nachgeben, weigert sich aber, künftig auch nur noch einen Finger für Agamemnon und dessen Mitstreiter zu rühren. Die versuchen dort weiterzumachen, wo sie aufgehört haben, aber es gelingt ihnen nichts mehr. Die akute Krise im Heer, scheinbar überwunden, frisst sich weiter; die Anführer sind zerstritten, die Kommunikation gestört, der Gehorsam erkennbar in Frage gestellt. Ohne dass der Begriff fiele, weist die Geschichte wesentliche Merkmale einer Krise auf, wie sie Soziologen definieren: Konflikte brechen auf; zuvor gemeinsam geteilte Routinen, Werte und Dispositionen bieten auf einmal keine Gewähr mehr für ein Gedeihen, sie werden vielmehr als gefährdet und zugleich gefährlich, weil dysfunktional wahrgenommen. Die Ursachen der Krise sind komplex und vielfältig; niemand hat sie als Ganze absichtlich herbeigeführt, niemand kann allein dafür verantwortlich gemacht werden. Niemand handelt offenkundig wider jede Erwartung, jeder kann mehr oder minder gute Gründe für sein Tun anführen. Die Krise ist das für die Akteure überraschende Ergebnis unbeabsichtigter Folgen individuellen Handelns in einer komplexen und kontingenten Situation. Sie kann in ihrer aktuellen Amplitude bewältigt werden, führt aber zu so »chronischen« gravierenden Verschiebungen im Gefüge, zu Misstrauen, Verunsicherung und Legitimationsverlust, dass weitere krisenhafte Zuspitzungen unvermeidlich erscheinen.

Zum historischen Begriff der Krise gehört seit Jacob Burckhardt die kataraktartige Beschleunigung. In seinen Vorlesungen über das Studium der Geschichte, die 1905 als *Weltgeschichtliche Betrachtungen* publiziert wurden, findet sich ein Kapitel »Die geschichtlichen Krisen«, in dem es heißt: »Der Weltprozeß gerät plötzlich in furchtbare Schnelligkeit; Entwicklungen, die sonst Jahrhunderte brauchen, scheinen in Monaten und Wochen wie flüchtige Phantome vorüberzugehen und damit erledigt zu sein.« Früheren Diagnostikern, von denen schon Rousseau Krise in einem Atemzug mit Revolutionen genannt hatte, fühlte sich Burckhardt verbunden. Kaum überraschend: Es war wieder ein antiker Grieche, bei dem er fündig wurde. Dabei bestand Burckhardt zum Glück nicht darauf, die Analyse eines solchen Geschehensgeflechts mit einem entsprechend komplexen Begriff von Krise belegt zu sehen. Es genügte, die Sache durchschaut zu sehen. Der athenische Geschichtsschreiber Thukydides habe in seinem Werk über den Peloponnesischen Krieg »der Welt den großen Dienst geleistet zu zeigen, bis zu welchem Grade eine Krisis sich wahrheitsliebend schildern läßt«.

Längst hat man erkannt, wie sehr der Denkstil dieses »Krisenhistorikers« (W. Schadewaldt) von der zeitgenössischen Medizin beeinflusst wurde. Diagnose und Prognose gehören zusammen; ein solcher Leser werde sein Werk für nützlich befinden, so Thukydides (1,23,4), der klare Erkenntnis des Vergangenen erstrebe und damit auch des Künftigen, das wieder einmal nach der menschlichen Natur so oder ähnlich eintreten werde. Das Gesamtgeschehen des fast dreißig Jahre, von 431 bis 404 v. Chr., währenden Krieges zwischen Athen und Sparta samt ihren jeweiligen Verbündeten bezeichnet der Zeitgenosse und Mitakteur als »größte Erschütterung für die Hellenen und einen Teil der Barbaren, ja sozusagen für den überwiegenden Teil der Menschheit«. Die Krise als Verdichtung und Beschleunigung ist bei ihm in beispielhaften Vignetten repräsentiert. Zu diesen gehört die berühmte Schilderung der Seuche in Athen (2,47–54). Sie überforderte alle verfügbaren Handlungs- und Bewältigungsroutinen. Der Geschichtsschreiber spekuliert nicht über die Ursachen der Krankheit, sondern »will nur beschreiben, wie sie verlief; die Merkmale, bei deren Beachtung man die Krankheit bei einem neuerlichen Auftreten sicher erkennen könnte, wenn man schon etwas von ihr weiß«. Die Krisis hatte sich in seinen eigenen Körper eingeschrieben, war Thukydides doch einst selbst erkrankt und hatte überlebt. Ausgiebig, mit klinischer Nüchternheit und daher umso erschütternder, schildert er die Symptome dieser nie dagewesenen Heimsuchung; dabei erscheinen die sozialen Folgen beinahe noch schlimmer als die hohe Sterblichkeit. Auf den Straßen und in den Tempeln lagen die Leichen; die noch Lebenden »waren völlig überwältigt vom Leid und ratlos, was aus ihnen werden sollte; sie kehrten sich nicht mehr um göttliches und menschliches Gebot«, sondern warfen ihre Toten auf fremde Scheiterhaufen und zündeten sie an. Die Seuche brachte eine saturnalische Stimmung hervor, 1750 Jahre vor Boccaccios *Decamerone*: »Auch sonst war die Pest für Athen der Anfang der Sittenlosigkeit. Leichter erfrechte sich jetzt mancher zu Taten, an die er vorher nur im Geheimen gedacht hatte, da man den raschen Wandel sah zwischen den Reichen, die plötzlich starben, und den früher Besitzlosen, die nun mit einem Mal deren Hab und Gut besaßen.« Genuss für den Moment habe das Streben nach edlen Zielen abgelöst.

Nun hat Thukydides die tatsächlichen Auswirkungen der Seuche gewiss stark übertrieben. Nicht zufällig findet sich die Schilderung in seinem Werk direkt im Anschluss an das Loblied, das Perikles in der Gefallenenrede auf die Ordnung und das Lebensgefühl der Athener angestimmt hatte. Athen führte nach dem Abklingen der Seuche den Krieg energisch weiter, eskalierte ihn sogar und stand mehr als einmal kurz vor dem Sieg. Aber die Mortalitätsquote und die Frage, wer nun die Kriegsschiffe bemannen sollte, waren dem Chronisten gar nicht das Wichtigste. Thukydides benötigte die antithetische Fügung von Gefallenenrede und Seuchenschilderung, um historisch erklären zu können, warum sich die Politik Athens nach den ersten Kriegsjahren (und nach dem Tod des Perikles, der durch die Seuche sein Leben verlor) so markant veränderte und – dies seine These – letztlich zur Niederlage führte (2,65). Die akute Krise, so seine verallgemeinerbare Diagnose, kann überwunden werden, aber ihre materiellen wie vor allem mentalen Folgen machen es nicht selten unmöglich, dort und so wieder anzuknüpfen, wo man zuvor den Faden fallengelassen hatte.

Beschleunigung, Eskalation, problematische Neuformierung: Diese Eckpfeiler einer Krisendiagnose kennzeichnen ein anderes Meisterstück in Thukydides' Werk: die Analyse des Bürgerkrieges auf Korkyra (heute Korfu). Dort hatten sich zwei Parteien ineinander verkeilt und den Konflikt ausgeweitet, indem sie sich mächtige rivalisierende Verbündete von außen gesucht hatten. Es kam zu schlimmen Exzessen; »jede Todesart wurde üblich und, wie es gern unter solchen Bedingungen vorkommt, es gab nichts, was es nicht gab, ja noch Extremeres« (3,81,5). Thukydides verallgemeinert den Befund: Der Krieg sei stets ein harter Lehrmeister und gleiche die Leidenschaften den

Gegebenheiten des Augenblicks an. Aber was macht die Zerrüttung von Wohlstand und guten Sitten zur Krise?

Es ist die Kreativität im Negativen, die zu neuen Formationen führt, sowohl durch einen »bisher ungeahnten Scharfsinn im Ausklügeln von Anschlägen und maßloser Rache« als auch im Umprägen von Begriffen: »Unüberlegte Tollkühnheit galt als aufopfernde Tapferkeit, vorausdenkendes Zaudern als aufgeputzte Feigheit, Besonnenheit als Deckmantel der Ängstlichkeit, alles bedenkende Klugheit als alles lähmende Trägheit« (3,82,3 f.). Wilde Leidenschaft, Habsucht, Parteigeist – sie alle fanden schöne Vokabeln, durch die sie in Größe umgewandelt wurden. Die hier zum ersten Mal beobachtete Labilität bis dahin konstitutiver politischer, ethischer oder ökonomischer Begriffe und das Bemühen, sie nach Bedarf neu zu prägen, gehört seitdem zum festen Inventar einer wirklichen Krise – bis hin zur aktuellen Schuldenkrise, in der das Konzept der Schulden selbst radikal in Frage gestellt wird. Die Option einer Gesundung ohne radikalste Maßnahmen aber ist in einem solchen Szenario beinahe zum Verschwinden gebracht.

Wenn Historiker – nicht nur Althistoriker – vergangene Krisen untersuchten, stand oftmals eine pessimistische Einschätzung der eigenen Zeit Pate. Die Selbstbehauptung alteuropäischer Form gegen die seit 1789 wühlende Revolution war Kern der geschichtlichen Krisis, wie sie Jacob Burckhardt in den Mittelpunkt seines Denkens und Fürchtens stellte, und im zwanzigsten Jahrhundert stand Krise nicht selten für Niedergang und Verfall einer selbstvergessenen, nicht länger wehrhaften westlichen Ordnung und Kultur. Von links war Krisendiagnostik ebenfalls Gesellschaftskritik, nur gleichsam von der anderen, zukünftigen Seite des historischen Prozesses her. In der DDR erschien 1974 ein Sammelwerk zu Krisen in griechischen Stadtstaaten, in Bochum gab es eine Ringvorlesung *Krisen in der An-*

tike. Aber das Vordringen des Schlagworts führte dialektischlistig auch dazu, Begriff und Sache schärfer anzuschauen. So waren sich Althistoriker in einer Frage lange Zeit weitgehend einig gewesen: Nach dem Peloponnesischen Krieg befand sich Griechenland in einer tiefgreifenden politischen, ökonomischen und geistigen Krise. Inzwischen hat man zu differenzieren gelernt – es kommt eben auch hier auf die Perspektive des Betrachters an. Von einer allgemeinen Krise der Polis spricht heute niemand mehr. Allerdings veränderten sich in der Tat die Rahmenbedingungen und Spielräume der Außenpolitik durch Machtverschiebungen und neue Akteure. Eine Krise der demokratischen Ordnung in Athen ist ebenfalls nicht zu erkennen, im Gegenteil: Die Athener trafen institutionelle Vorkehrungen, um den Entscheidungsprozess gegen erratische Ausschläge in Krisensituationen zu wappnen und die Finanzen auf eine festere Grundlage auch ohne Zuflüsse von außen zu stellen. Heute würde man von notwendigen Strukturreformen sprechen. Auch ließ das Engagement der Bürger nicht nach und trat keine dauerhafte Polarisierung in politische Lager ein; freilich gewannen die Wohlhabenden nun größeres Gewicht in den öffentlichen Angelegenheiten. In der Wirtschaft waren die Kriegsschäden überraschend schnell wieder beseitigt worden, da das Netzwerk aus Handel und Geldverkehr weitgehend intakt geblieben war. Die Reichen zeigten nun sogar eher, was sie hatten, privat wie in Leistungen für das Gemeinwesen. Allerdings bildeten unterbeschäftigte Söldner und enteignete Verbannte aus zahlreichen Städten vielerorts ein sichtbares, noch dazu potentiell Gewalt ausstrahlendes Prekariat.

Vor allem aber wurde der Blick der modernen Historiker lange gelenkt von wortgewaltigen Autoren des vierten vorchristlichen Jahrhunderts, die ihrer Gegenwart ein denkbar schlechtes Zeugnis ausstellten und die ›gute alte Zeit‹ in leuchtenden Farben zeichneten. Die Redner, deren Texte nunmehr erhalten sind, wussten von athenischen Bürgern zu berichten, die durch die Zeitläufte von Krieg, Umsturz und Bürgerkrieg ihren Besitz verloren hatten; andere hatten sich bereichern können. Nicht zufällig lautete das beschworene Schlagwort der Zeit nunmehr *homonoia*, was mit »Eintracht« oder »Konsens« übersetzt werden kann. Warum er aus dem traditionellen Bürgersein ausstieg und sich der Kopfgeburt ganz anderer Ordnungen zuwandte, begründete Platon autobiographisch mit dem pauschalen Urteil, alle Staaten würden insgesamt schlecht regiert. Aber auch ein Mann wie der biedere Xenophon erblickte nach einer weiteren blutigen Schlacht um die Vorherrschaft in Hellas nichts als den Vorhang zu und alle Fragen offen.

Statistische Daten gibt es für die Antike nicht. Anders in unserer Zeit – wenn den Zahlen denn zu trauen ist, was im Fall von Griechenland nach den Erfahrungen der letzten Jahre indes schwerfällt. Aber selbst wenn BSP, Arbeitslosenquote und Durchschnittseinkommen eine klare Aussage bieten mögen, so bleibt doch, wie mir scheint, für die Zeiten nach dem großen Krieg zwischen Athen und Sparta wie nach dem Beinahe-Crash von Euro, Banken und Staatsfinanzen ein Befund gültig: Krise, ja, immer – aber für wen genau und in Relation zu welcher ›guten alten Zeit‹?

Literaturverzeichnis

Paul Cartledge: Die Griechen und wir, Stuttgart/Weimar: Metzler 1998.

Egon Flaig: »Unsere fremd gewordene Antike. Warum wir ihr mehr verdanken, als wir noch wahrhaben wollen.« Neue Zürcher Zeitung Nr. 232 v. 6. Okt. 2001, S. 85.

Reinhart Koselleck: Krise, in: Geschichtliche Grundbegriffe. Historisches Lexikon zur politisch-sozialen Sprache in Deutschland. Bd. 3. Stuttgart: Klett-Cotta 1982, S. 617–650.

Jacob Burckhardt: Aesthetik der bildenden Kunst. Über das Studium der Geschichte. Mit dem Text der »Weltgeschichtlichen Betrachtungen« in der Fassung von 1905. Aus dem Nachlaß herausgegeben von Peter Ganz (Werke. Kritische Gesamtausgabe, Bd. 10). München/Basel: C. H. Beck/Schwabe 2000.

Thukydides: Der Peloponnesische Krieg. Übersetzt und herausgegeben von Helmuth Vretska und Werner Rinner, Stuttgart: Reclam 2000.

Walter Eder (Hrsg.): Die athenische Demokratie im 4. Jahrhundert v. Chr. Vollendung oder Verfall einer Verfassungsform? Stuttgart: Steiner 1995.

STEFAN KLEIN
»Nehmen und Geben«

Ich rate euch, nicht einer, sondern viele zu sein. Seid der Hausbesitzer und der Obdachlose, der Bauer und der Spatz, der das Samenkorn pickt, noch bevor die Erde es aufnimmt. Seid der Spender, der aus Dankbarkeit gibt, und der Empfänger, der stolz und in Anerkennung nimmt.

Khalil Gibran

Warum gelingt es oft nicht, gemeinsame Sache zu machen, selbst wenn dies zum Vorteil aller Beteiligten wäre? Mit einer kleinen Geschichte brachte Jean-Jacques Rousseau, der französische Philosoph der Aufklärung, unsere Schwierigkeiten mit der Kooperation auf den Punkt:[1] In grauer Vorzeit zogen ein paar Jäger aus, um gemeinsam einen Hirsch zu stellen. Nun lief aber ein Hase über den Weg. Dieses kleine Tier konnte jeder allein erlegen und für sich behalten. Doch damit wäre die fette Beute, der Hirsch, verscheucht.

Würden Sie schießen? Wer Rousseaus Hirschjagd zu weit hergeholt findet, sehe sich nur die Querelen einer ganz normalen Partnerschaft an: Eine Frau und ein Mann leben zusammen und sind eingespannt in ihren Berufen; nennen wir sie Eva und Adam. Kochen und Essen zählen zu ihren gemeinsamen Vergnügen, wäre da nur nicht der leidige Einkauf. Natürlich wäre die Sache halb so schlimm, würde sich das Paar die Besorgungen teilen. Noch angenehmer allerdings wäre es für Adam, wenn seine Frau allein den Supermarkt, den Fleischer und den Gemüsestand abklapperte. Also erscheint er nicht zum vereinbarten Treffen. Eva ist jedoch ebenfalls verlockt, sich zu drücken und darauf zu setzen, dass Adams Sehnsucht nach frischem Gemüse und einem Stück Fleisch seine Trägheit besiegt. Weil jeder weiß, dass auf den anderen kein Verlass ist, enden sie mit für beide schlechtem Ergebnis: Keiner kauft ein. Und wieder verbringen sie den Abend missmutig über einer Tiefkühlpizza.

Vom Herunterbringen des Mülls bis hin zur Sorge um die gemeinsamen Kinder steckt jede Partnerschaft voll solcher Konflikte. Nur zwei völlig selbstlose Wesen würden alle Aufgaben ohne Streit und Ärger erledigen. Alle anderen kämpfen mit der ständigen Versuchung, sich zu entziehen. Ebenso weiß jeder von Rousseaus Hirschjägern, dass sein Kollege versucht ist, sich den Hasen zu holen. Und bevor ihn der andere erwischt und der Rest der Truppe ohne Mittagessen nach Hause kommt, wird er vernünftigerweise selbst auf das Tier schießen – obwohl ihm natürlich bewusst ist, dass er damit auf die bessere Beute verzichtet.

Rousseau hat damit ein weiteres Hindernis für gemeinsames Handeln erkannt. Während nach Charles Darwins Vorstellungen der edle Krieger, der sich selbst aufopfert, in der Evolution zwangsläufig den Kürzeren ziehen muss, würden die Hirschjäger durch Zusammenarbeit eigentlich jeweils ihre Aussichten auf Nachkommenschaft erhöhen. Und trotzdem siegt auch unter ihnen der Egoismus – mit dem Resultat, dass alle verlieren. Denn selbst der Jäger, der am schnellsten schießt und den Hasen ergattert, muss sich ja mit einer vergleichsweise kümmerlichen Beute begnügen.

Bei unserem Paar hingegen kommt derjenige, der sich verweigert, mit etwas Glück sogar ohne Kosten davon. Wenn nämlich Eva weiß, dass Adam um nichts in der Welt einen Supermarkt betreten wird, ihr selbst aber das Einkaufen immer noch erträglicher erscheint als die Tiefkühlpizza, wird sie zähneknirschend die Lebensmittel besorgen. Ist Adam also nur entschlossen genug, kann er sich vor der unangenehmen Aufgabe vollständig drücken und bekommt trotzdem sein Essen. Denn wenn Eva aus Prinzip den Kühlschrank leer lässt, schadet sie sich schließlich auch selbst. Umgekehrt gilt dasselbe: Gelingt es Eva, ihrem Mann glaubhaft zu machen, dass sie keinesfalls einkaufen will, wird er es tun. Das ist der Stoff, aus dem Nervenkriege bestehen.

Natürlich werden beide einander Beziehungsunfähigkeit und Charakterfehler vorwerfen. (Schließlich wissen beide für ihr Verhalten gute Gründe zu nennen: Hat er nicht im Büro viel mehr Stress als sie? Und hat sie nicht die letzten drei Mal die Tüten allein geschleppt?) In Wirklichkeit aber besteht kein Anlass, sich gegenseitig zum Besuch beim Therapeuten zu raten. Beide Partner folgen, ohne es zu wissen, nur einer unerbittlichen Logik: Wer das beste Ergebnis für sich erzielen will, muss es auf das Schlimmste ankommen lassen. Wer hingegen dieses Risiko scheut, nimmt in Kauf, ausgenutzt zu werden.

Das Leben als Spiel

Legte man von all den Romanen, Dramen, Gedichten, Gesetzesbänden, auch den psychologischen Abhandlungen, in denen die Menschen die Probleme ihres Zusammenlebens behandeln, jeweils nur ein einziges Exemplar auf einen Stapel, so würde dieser Turm bis weit in den Weltraum ragen. Die obersten Bücher würden sogar den Mond berühren, so sehr beschäftigen uns unsere Hoffnungen auf Gemeinschaft und Liebe, unsere Angst vor Verrat.[2]

Umso eindrucksvoller ist John von Neumanns Verdienst. Denn so unglaublich es klingt: Diesem ungarischen Mathematiker ist es gelungen, eine Formel zu finden, mit der sich das Grundmotiv aller Konflikte der Menschen und sogar der Tiere ausdrücken lässt. Den Stoff der ganzen Weltliteratur hat er gewissermaßen auf einen Nenner gebracht.

Bis von Neumann im Jahr 1928 begann, sich über menschliche Beziehungen Gedanken zu machen, sah man in der Macht der Leidenschaften die wesentliche Ursache für unsere Streitereien: Liegt es doch auf der Hand, dass sich jedes Problem am besten mit einer vernünftigen Einigung aus der Welt schaffen lässt. John von Neumann indes erkannte, dass der Weg zu solch einer rationalen Lösung häufig verbaut ist – und zwar nicht nur, weil uns starke Gefühle daran hindern, ruhig Blut zu bewahren. Wut und Gier, Angriffslust und Eifersucht mögen zwar eine Übereinkunft zusätzlich erschweren, vor allem aber verstellen sie den Blick auf unsere wahren Beweggründe. Selbst hinter vordergründig so emotionalen Ereignissen wie sexueller Verführung und Ehekrach steht laut John von Neumann nämlich strategisches Kalkül. Diese Einsicht war damals visionär. Denn auf ihrer Grundlage sollten von Neumanns Schüler einen Weg entdecken, selbst perfekte Egoisten zum Miteinander zu motivieren.

Ohne Zweifel war der 1903 geborene John von Neumann einer der brillantesten Geister seiner Generation. (Er selbst hielt sich für den brillantesten Menschen überhaupt.) Schon bevor er die Schule besuchte, soll er die Gäste seines Budapester Elternhauses damit amüsiert haben, dass er Witze auf Altgriechisch erzählte und ganze Spalten aus dem Telefonbuch auswendig aufsagen konnte. Mit 23 Jahren lehrte er bereits an der Berliner Universität. Dort klärte er nicht nur einige zentrale Fragen der mathematischen Logik, sondern lieferte auch der sich damals entwickelnden Quantenphysik ihr mathematisches Fundament. Nur zwei Jahre später veröffentlichte er einen Aufsatz, den er harmlos mit »Theorie der Gesellschaftsspiele« betitelte.

In Wirklichkeit verstand von Neumann das ganze Leben als Spiel. Wer darin bestehen wolle, müsse die bestmöglichen Züge herausfinden. Und wie beim Schach oder beim Poker komme es darauf an, dem Gegner in Gedanken voraus zu sein. Denn nur, wer in seiner Entscheidung die möglichen nächsten Züge des anderen einkalkuliert, kann optimal wählen.

Optimal heißt nach der Spieltheorie, das Beste für sich selbst herauszuholen. Weil bei der eingangs geschilderten Hirschjagd jeder Teilnehmer mit dem Verrat der anderen rechnen muss, kann die Lösung nur darin bestehen, selbst auf den Hasen zu schießen. Die Vernunft steht der Kooperation also entgegen, und die Idee, gemeinsam den Hirsch zu verspeisen, ist Illusion. Und obwohl unser Paar am besten seine Einkäufe gemeinsam erledigen würde, können sich Adam und Eva auf einen gefüllten Kühlschrank keine Hoffnungen machen – jedenfalls solange beide nach rein logischen Gesichtspunkten handeln. Sobald einer seine Bereitschaft, die Besorgungen zu erledigen, bekundet, muss er ja einkalkulieren, dass ihn der andere versetzt. »Die Klage, dass die Menschen eigennützig und verräterisch sind, ist so dumm, wie es dumm wäre, darüber zu jammern, dass ein Magnetfeld nur in einem elektrischen Wirbelfeld zunehmen kann«, pflegte von Neumann zu sagen. »Beides sind Naturgesetze.«

Bedeutsam wurde die Spieltheorie, weil sie sich auf alle erdenklichen Probleme des menschlichen Zusammenlebens anwenden lässt. Das tägliche Chaos im Berufsverkehr etwa lässt sich damit genauso analysieren wie die Reibereien in der Ehe von Adam und Eva. Natürlich käme jeder Pendler viel schneller nach Hause, würden alle einen Bus benutzen, statt mit ihren Autos die Straße zu blockieren. Aber aus der schlechten Lösung gibt es kein Entrinnen. Sollten nämlich Einzelne das öffentliche Verkehrsmittel nehmen, so wären sie noch länger unterwegs, denn auch der Bus stünde im Stau. Und selbst wenn alle auf den

Bus umstiegen, wären sofort die Ersten versucht, es doch wieder mit dem Auto auf der nun leeren Straße zu probieren. Wie ein Ball stets an den tiefsten Punkt einer Schüssel rollt, so unweigerlich bewegt sich auch das Miteinander der Menschen in einen Zustand der Balance – und allzu oft stellt sich dieser als ein Gleichgewicht des Schreckens heraus. Das ist die bittere Lehre der Spieltheorie.

Mit ihrer Hilfe können auch Soziologen erklären, wie Gesellschaften zusammenhalten oder zerfallen – und warum das Gemeinwohl solch ein zerbrechliches Gut ist. Wirtschaftswissenschaftlern offenbart die Spieltheorie, warum Angestellte so oft keine üppigeren Gehälter und Firmen keine höheren Preise durchsetzen können, obwohl sie jeweils alle dieses gemeinsame Interesse haben. Und Biologen untersuchen mit demselben Ansatz die Kämpfe und Symbiosen in der Natur.[3] So eignet sich die Spieltheorie, um alle Wissenschaften, die von Beziehungen zwischen Lebewesen handeln, zu einen.

Auch in der Politik hinterließ John von Neumann – verheerende – Spuren. Nachdem er 1930 in die USA ausgewandert war, beteiligte er sich führend am Bau der ersten Atombombe in der Wüste von Los Alamos und plante ihren Einsatz über dem schon so gut wie besiegten Kaiserreich Japan. Noch heute liegt in der Bibliothek des US-Kongresses der Zettel, auf dem von Neumann handschriftlich die Ziele notierte: Kyoto, Hiroshima, Yokohama, Kokura. Dichter Nebel bewahrte Kokura vor der Zerstörung; stattdessen fiel die zweite Bombe auf Nagasaki.

Nach dem Krieg hatte der Zyniker, den Peter Sellers als »Dr. Seltsam« verewigte, ein halbes Dutzend Beraterverträge für die Armee, Geheimdienste und die Regierung in Washington inne. Seine Empfehlungen prägten die amerikanische Militärstrategie auf Jahrzehnte. In einer Zeit, in der die Supermächte einander mit Interkontinentalraketen bedrohten und jede Verständigung ausgeschlossen erschien, nahm von Neumann seine Spieltheorie wörtlich. Da er Rechtsempfinden und Mitleid für Illusionen hielt, die Menschen jederzeit aufgeben würden, sobald ihnen das nützte, drängte er Washington im Jahr 1950 zum Erstschlag: Der Atomkrieg sei ohnehin unvermeidlich; besser also, man beginne ihn selbst. Aus einem Interview mit der Zeitschrift *Life* werden folgende Sätze von ihm zitiert: »Wenn Sie sagen, warum wir sie morgen bombardieren sollen, frage ich, warum nicht heute? Wenn Sie sagen, warum nicht heute um fünf Uhr, frage ich, warum nicht um eins?«[4]

Die Logik der Verweigerung

Zweifellos konnten sich die amerikanischen Strategen kurz nach dem Zweiten Weltkrieg einen Vorteil davon versprechen, die Sowjetunion zu bombardieren. Warum aber unterließen sie es, warum blieb der Welt ein Atomkrieg erspart? Ebenso könnte man fragen, warum nur 40 Prozent aller in Deutschland geschlossenen Ehen vor dem Scheidungsrichter enden. Nach der Spieltheorie von Neumanns (der seiner zweiten Frau Klari übrigens bis zum Tod treu blieb) müsste das Zusammenleben von Mann und Frau grundsätzlich zum Scheitern verdammt sein.

Die Antwort ist, dass der Mathematiker aus Budapest zwar eine wichtige, aber nicht die ganze Wahrheit erkannt hatte. Zu den Ersten, die dies begriffen, gehörte der geniale Mathematiker John Nash, den Kinogänger als Held des Hollywood-Films »A Beautiful Mind« kennen. Er forschte als Kollege John von Neumanns an der Universität Princeton, erkrankte später an paranoider Schizophrenie, schaffte es aber nach Jahrzehnten, mit den Stimmen in seinem Kopf fertig zu werden, und erhielt 1994 den Nobelpreis. Nash entdeckte, dass *jedes* strategische Problem mindestens eine Lösung hat, von der kein Spieler ohne

Nachteil für sich selbst abweichen kann, obwohl dieses Resultat meistens nicht optimal ist. In solch einem Nash-Gleichgewicht sind beispielsweise die Pendler, die mit ihren Autos im Berufsverkehr stecken, gefangen: Jeder, der probeweise den Bus nimmt, muss eine noch längere Fahrzeit ertragen.

Wenn Eva den Einkauf erträglicher findet als einen leeren Kühlschrank, bleibt ihr nur, sich auf den Weg zu machen und die Gerechtigkeit möglichst zu vergessen. Die Notlösung Tiefkühlpizza wäre für sie ein Nachteil, der Gang in den Supermarkt hingegen für ihren Gatten. So hat Eva ein durchaus egoistisches Motiv, etwas für ihren Partner zu tun. (Für Adam gilt natürlich entsprechend dasselbe.)

Was aber, wenn sich beide nach einem Steak sehnen? Dann gibt es eine weitere Lösung, die den Nervenkrieg eskalieren lässt und die im Alltag die häufigste sein dürfte: In diesem Fall nämlich zahlt sich der Versuch aus, den anderen mit allerlei Manövern zur Einkaufstour zu drängen – mit der Option allerdings, sich schlimmstenfalls doch selbst auf den Weg zu machen.

Selten ist diese Strategie so anschaulich dargestellt worden wie in der Schlüsselszene des Films »Denn sie wissen nicht, was sie tun«. James Dean und sein ebenfalls jugendlicher Gegenspieler rasen mit gestohlenen Autos auf einen Abgrund zu, denn beide wollen das Herz der schönen Judy erobern. Verloren hat, wer bei der Mutprobe zuerst die Nerven verliert und abspringt. (Die Sache geht allerdings schief: Während James Dean gerade noch rechtzeitig aus dem fahrenden Auto entkommt, verheddert sich der andere mit dem Jackenärmel am Türgriff und stürzt in die Tiefe.)

Insgesamt haben Adam und Eva also drei Nash-Gleichgewichte als Lösungen ihres Konflikts zur Auswahl: Sie geht immer, er weigert sich; er geht immer, sie weigert sich; beide drohen damit, sich zu verweigern, gehen schlimmstenfalls aber doch. Die letzte Option heißt »gemischte« Strategie. Sie funktioniert nur, wenn beide ihre Drohung gelegentlich wahr machen, sonst lernt der andere schnell, dass die Sache nicht ernst ist. Mit ein wenig Mathematik lässt sich sogar berechnen, wie oft beide stur bleiben müssen. Das Ergebnis hängt von den persönlichen Vorlieben ab und ist umso höher, je unerträglicher einem Partner der Supermarkt und je annehmbarer ihm ein leerer Kühlschrank erscheint. Halten Adam und Eva die gemischte Strategie durch, werden beide schnell lernen, wie wenig Verlass auf den Einsatz des anderen ist – und sich lieber selbst in den Laden bemühen.

So kann wohldosierte Verweigerung erstaunlicherweise das Miteinander stabilisieren. Wenn Adam weiß, dass Eva es gelegentlich auf einen leeren Kühlschrank ankommen lässt, wird er vorsichtshalber öfter einkaufen gehen. Der Preis ist allerdings, dass es immer wieder zum Eklat kommt. Darum eignet sich eine gemischte Strategie nur in Streitpunkten, wo nicht allzu viel auf dem Spiel steht. So verhängnisvoll sie sich für James Deans Gegner erwies, so undenkbar wäre es, Adam und Eva würden auf diese Weise regeln, wer das gemeinsame Kind von der Tagesmutter abholt.

Wie du mir, so ich dir

Vertrackter wird die Angelegenheit, wenn unseren Helden ein voller Kühlschrank zwar wünschenswert, aber verzichtbar erscheint. Dann gibt es nur ein Nash-Gleichgewicht: Keiner geht in den Laden. Denn ganz gleich, was ein Partner tut, fährt der andere besser damit, sich zu verweigern.

Und doch muss es Wege geben, selbst in solcher Lage gemeinsame Sache zu machen. Andernfalls wäre unser Leben voller absurder Situationen. Wer etwa als einziger Kunde in der Bäckerei steht und nur seinen unmittelbaren Vorteil im Blick hat, würde sich mit seinen Brezeln einfach davonmachen – der Bäcker könnte ja nie nachweisen, dass er kein Geld erhielt. Da aber der Verkäufer um diese Versuchung wüsste, dürfte er seinen Kunden gar nicht bedienen: Dass der eine keine Ware und der andere kein Geld bekommt, ist tatsächlich das Nash-Gleichgewicht dieses Problems.

Aber diese Beschreibung ist unrealistisch. Denn der Bäcker will seinen Kunden behalten, und dieser möchte auch beim nächsten Mal Brezeln einkaufen. Und solange Adam und Eva zusammenbleiben, besteht Hoffnung, dass sie ihre Auseinandersetzungen um den Einkauf regeln. Die Lösung liegt darin, dass beide einander belohnen und bestrafen. Wenn Adam heute einkaufen geht, so ist Eva morgen dazu bereit. Beide können dann Delikatessen genießen, ohne sich übermäßig dafür anzustrengen. Verweigert er sich jedoch, so erledigt sie künftig auch keine Besorgungen für ihn.

Selbst perfekte Egoisten können also kooperieren, wenn sie zur Vergeltung imstande sind. Dies zeigte auch eine systematische Untersuchung des amerikanischen Politikwissenschaftlers Robert Axelrod in den frühen 1980er Jahren. Er arbeitete allerdings nicht mit realen, besonders rücksichtslosen Zeitgenossen, sondern simulierte deren Verhalten auf einem Computer. Die virtuellen Egoisten traten paarweise zum Turnier an, so, wie man auch verschiedene Schachprogramme gegeneinander spielen lassen kann. Axelrod ließ jedoch nach den Regeln des gerade geschilderten Konflikts um den gemeinsamen Einkauf spielen. Aus historischen Gründen heißt dieses Szenario auch »Gefangenendilemma«. In jeder Runde mussten sich die Programme für Miteinander oder Gegeneinander entscheiden. Kooperierten beide, so verdiente jeder drei Punkte. Verweigerten sich hingegen beide, gab es nur einen Punkt für jeden. Am besten schnitt ab, wer sich drückte, während der Partner treuherzig auf Kooperation setzte.

Dann erhielt der Schlawiner fünf Punkte, während der Gutwillige leer ausging. Die Kontrahenten spielten jeweils ein paar Runden miteinander, dann traten sie gegen einen neuen Gegner an. Am Ende hatte das Programm mit der höchsten Punktzahl gewonnen.

Was ist die beste Strategie für das Spiel? Immer auf Kooperation zu setzen, verbietet sich, weil eine ehrliche Haut gnadenlos ausgenutzt wird. Da erscheint es aussichtsreicher, sich grundsätzlich für den Konflikt zu entscheiden. Doch viele Punkte verdient der Rowdy nur so lange, bis ihn die anderen durchschauen und sich ihrerseits verweigern. Am besten fährt also, wer mit kooperationswilligen Partnern zusammenarbeitet, sich aber von Schlawinern nicht ausnutzen lässt.

Axelrod bat nun Fachleute um aussichtsreiche Strategien. Dann veranstaltete er ein großes Turnier. 63 Programme gingen ein, und die meisten waren höchst raffiniert. Doch zur allgemeinen Überraschung unterlagen sie einem Verfahren mit dem simplen Namen »Tit for tat« (»Wie du mir, so ich dir«). Diese Taktik besteht einfach darin, mit Kooperation zu beginnen und dann nur noch die Entscheidungen des Gegners zu kopieren. Entscheidet der andere sich ebenfalls für die Zusammenarbeit, so bleibt »Tit for tat« bei seiner Wahl, und beide werden für ihre Kooperationsbereitschaft belohnt. Übt sich hingegen der Kontrahent im Verrat, so geht auch »Tit for tat« sofort auf Konfrontationskurs.

Trotzdem handelt es sich um eine sanfte Strategie. Sie bewährt sich in einer von perfekten Egoisten bevölkerten Welt und zeigt doch einige Züge, die an Selbstlosigkeit denken lassen: Sie ist großzügig, optimistisch, und sie vergibt. Der Erfolg der Großzügigkeit ist vielleicht das erstaunlichste Ergebnis von Axelrods Simulationen. Denn »Tit for tat« kann niemals besser abschneiden als sein Gegenüber, weil es ja nur dessen Züge kopiert. Der Königsweg scheint darin zu liegen, niemals mehr zu wollen als der andere – und gar nicht erst zu versuchen, schlauer zu sein.

Optimistisch ist es, dem anderen bis zum Beweis des Gegenteils Wohlwollen zu unterstellen. Auch das erwartet man von einem Egoisten kaum. »Tit for tat« aber beginnt niemals mit einer Konfrontation. Die Strategie reagiert nur entsprechend, wenn der Partner Böswilligkeit zeigt. Aber sobald der andere zur Kooperation zurückkehrt, schließt sich »Tit for tat« an: Es verhält sich nachsichtig und vergibt die Fehler des anderen sofort.

So kam Axelrod zu dem Schluss, dass kluge Egoisten großzügig, wohlwollend und nachsichtig sein sollten.[5] Die Resonanz auf sein Ergebnis war riesig, schien es doch die uralte Frage zu beantworten, woher eigentlich die Moral kommt: Anscheinend bringt der reine Eigennutz jedes Einzelnen gute Sitten hervor. Hier schien sich ein Weg zu eröffnen, den Egoismus so zu kanalisieren, dass er nicht nur für sich selbst den optimalen Profit herausholt, sondern auch anderen zugute kommt. Vielen Zeitgenossen Axelrods erschien das tröstlich: Wenn wir Menschen tatsächlich selbstsüchtige Wesen sein sollten, wäre das vielleicht gar nicht so schlimm.

Eine kurze goldene Zeit

Bei weiteren Versuchen stellte sich freilich heraus, dass das biblische Prinzip »Auge um Auge, Zahn um Zahn« mitnichten unschlagbar ist. Eine Strategie nämlich, die einen Betrugsversuch des Gegners hinnimmt und erst nach dem zweiten in Folge zurückschlägt, bewährte sich noch besser.

Schließlich ist das Leben voller Missverständnisse. Sobald aber das strenge »Tit for tat« einen gut gemeinten Zug irrtümlich als böse interpretiert, schlägt es zurück. Und wenn der

Partner dieselbe Strategie verfolgt, wird er seinerseits die Kooperation aufkündigen, und beide sind für lange Zeit in einem destruktiven Konflikt gefangen. Auch Othello hätte in Shakespeares Drama besser ein zweites Mal hingesehen, bevor er seine geliebte Desdemona einer Affäre bezichtigte, sie in rasender Eifersucht erdrosselte und schließlich voll Reue Selbstmord beging. Ein langmütigeres »Tit for tat« verringert die Häufigkeit solcher Fehler; dass es etwas häufiger von anderen ausgenutzt wird, ist für diesen Vorteil ein günstiger Preis.

Ein derart freundliches Programm nahm an Axelrods ersten Turnieren nicht teil, weil niemand sich träumen ließ, dass es erfolgreich sein könnte. Hier zeigt sich, wie sehr selbst die Intuition von Fachleuten manchmal trügt. Wie wir alle, so ließen auch sie sich von der Aussicht auf nahe liegenden Gewinn verführen und setzten auf die Devise: Nehmen, was man kriegen kann, und zwar sofort.

Doch mit dieser so menschlichen Gier nach dem schnellen Profit verbauen wir uns den dauerhaften Erfolg. Das haben Axelrods Versuche klar gezeigt.[6]

Was passiert eigentlich, wenn sich der Erfolg von Großzügigkeit und Gutmütigkeit herumspricht und alle die siegreiche Strategie verfolgen? Dann würde niemand betrügen, da »Tit for tat« ja niemals mit unfairen Praktiken beginnt. Doch dieser Zustand kann leider nicht von Dauer sein. Wie Bertolt Brecht in seinem Drama »Der kaukasische Kreidekreis« ironisch schrieb, bricht »eine kurze goldene Zeit beinah' der Gerechtigkeit« heran. Das Problem nämlich ist: Wenn sich alle fair und ehrlich verhalten, besteht kein Grund mehr, böswilliges Verhalten zu sanktionieren. Folglich schwindet in dieser Gesellschaft dann auch die Fähigkeit, Trittbrettfahrer zu erkennen und ihnen einen Denkzettel zu erteilen – sie ist ja nicht mehr von Nutzen. Und was in der Evolution keinen Vorteil bietet, verliert sich früher oder später. In solch einer von naiv-gutherzigen Wesen bevölkerten Welt aber haben Betrüger leichtes Spiel. Die sanften Naturen werden ausgeplündert, die rücksichtslosen verbreiten sich, bis irgendwann wieder jemand »Tit for tat« zu spielen beginnt und damit die Schurken besiegt.[7] Nun beginnt der Kreislauf von neuem. Vielleicht ist dieser Zyklus die Ursache dafür, dass Gemeinschaften so oft zwischen Phasen des gegenseitigen Wohlwollens und des Misstrauens schwanken.

Feine Antennen für Betrug

Wir leben in einem delikaten Gleichgewicht aus Nachsicht und Gier, Kooperationsbereitschaft und bedingungslosem Streben nach dem eigenen Vorteil. Und diese Balance verschiebt sich noch dazu ständig. Darum ist die Hoffnung, eines Tages könnte allein die Liebe regieren, ebenso irrig wie allzu großer Pessimismus angesichts unserer Natur. Wenn die Sanftmütigen überhandnehmen, sehen die Skrupellosen ihre Chance; doch umgekehrt lässt sich auch Ruchlosigkeit mit Freundlichkeit besiegen.

Deshalb haben wir für die bösen wie für die guten Absichten unserer Mitmenschen feine Antennen. Unser Verstand ist darauf programmiert, ständig die Vertrauenswürdigkeit anderer zu hinterfragen. Ein eindrucksvolles Experiment dazu stammt von den Psychologen Leda Cosmides aus dem kalifornischen Santa Barbara und Gerd Gigerenzer aus Berlin.[8] Sie können es sofort nachvollziehen: Stellen Sie sich vor, auf Ihrem Tisch liegen vier Karten, von denen jede auf der einen Seite eine Ziffer und auf der anderen einen Buchstaben trägt. Sie sehen die Folge D, 7, 3, F. Nun sollen Sie herausfinden, ob folgende Regel stimmt: »Wenn eine Karte auf ihrer einen Seite D trägt, so steht auf ihrer anderen Seite die 3.« Um dies zu prüfen, sollen Sie möglichst wenige Karten umdrehen. Welche nehmen Sie in die Hand?

Unsere Antennen für Betrug. Die vier Karten oben tragen jeweils auf der einen Seite eine Ziffer, auf der anderen einen Buchstaben. Indem Sie möglichst wenige Karten umdrehen, sollen Sie herausfinden, ob folgende Regel stimmt: »Wenn eine Karte auf ihrer einen Seite D trägt, so steht auf ihrer anderen Seite die 3.« Welche Karten nehmen Sie in die Hand?

Den meisten Menschen fällt die Aufgabe viel leichter, sobald sie einen Betrug wittern. Im Beispiel unten sollen Sie sicherstellen, dass jeder, der eine Rente beantragt, mindestens zehn Jahre gearbeitet hat. Welche Aktendeckel öffnen Sie? Offenbar ist das Gehirn weniger auf Logik als darauf programmiert, sich nicht ausnutzen zu lassen.

Nur ein Viertel aller Studenten der amerikanischen Elite-Universität Stanford, die Cosmides und Gigerenzer befragten, fanden die richtige Lösung: D und 7. (Sollte auf der Rückseite der 7 ein D stehen, wäre die Regel ebenfalls verletzt!) Doch dasselbe Problem wird sehr einfach, wenn Sie sich für einen Moment in die Rolle eines Sachbearbeiters bei der Rentenversicherung versetzen. Nun haben Sie von vier Versicherten die folgenden Informationen: »hat acht Jahre gearbeitet«, »bekommt eine Rente«, »bekommt keine Rente«, »hat zwölf Jahre gearbeitet«. Die Regel lautet: »Wenn jemand Rente beantragen will, so muss er mindestens zehn Jahre gearbeitet haben.« Nun leuchtet jedem sofort ein, dass der Sachbearbeiter sich nur den ersten und den zweiten Fall näher ansehen wird – denn allein der Kandidat mit den acht Berufsjahren und der, der sichtlich Geld bezieht, haben möglicherweise die Regel verletzt und sich damit eine Rente erschlichen.

Offenbar tut sich unser Verstand mit ein und demselben Problem unterschiedlich schwer, wenn man es nur etwas anders verpackt. Cosmides und Gigerenzer schlossen daraus, dass das menschliche Gehirn zu abstrakt-logischem Denken nicht besonders gut eingerichtet ist, dafür, Betrug aufzuspüren, allerdings umso besser. Und ein kleiner Kontrollversuch gab ihnen recht: Als die beiden Psychologen ihren Versuchspersonen nämlich aufgaben, sich in einen Rentner hineinzudenken, antworteten sie ebenfalls ohne langes Überlegen, aber ganz anders. Nun schlugen nämlich fast alle Probanden vor, die Fälle »bekommt keine Rente« und »hat 12 Jahre gearbeitet« näher zu untersuchen – als ginge es darum, eine Ungerechtigkeit der Versicherung aufzudecken. Dass diese Fälle für die Gültigkeit der Regel völlig unerheblich sind, kam fast niemandem in den Sinn. Wenn wir auf der Suche nach Gemeinheiten sind, scheint es das logische Denken wenig zu stören, dass der Mann ohne Rente und die Frau mit den zwölf Berufsjahren vielleicht ganz einfach leer ausgegangen sind, weil sie nie einen Antrag gestellt hatten.

Eine Hand wäscht die andere

Nach der Spieltheorie sind wir eiskalte Rechner – oder sollten es sein, wenn wir den größtmöglichen Nutzen für uns herausschlagen wollen. So hätte sich John von Neumann, der mit scheinbar zwingender Logik atomare Erstschläge empfahl, wohl kaum ausmalen können, wohin seine Gedanken führen sollten, wenn man sie logisch weiterverfolgt: Ausgerechnet seine Theorie lieferte das Fundament für die ihm absurd erscheinende Einsicht, dass Milde und Großzügigkeit in vielen Situationen das einzig vernünftige Vorgehen sind.

Diese Strategie taufte der einflussreiche amerikanische Evolutionsbiologe Robert Trivers »reziproker Altruismus«.[9] Dieser Begriff hat sich eingebürgert, obwohl er ungenau ist. Denn in Wirklichkeit handeln die Spieler ja nicht selbstlos, sondern in der Erwartung, dass sie der andere später für ihre Gefälligkeit belohnt. Das Motto dieses Kapitels beschreibt diese Haltung, indem es die alltägliche Redeweise umkehrt: Wer gibt, tut es aus Dankbarkeit, und wer nimmt, honoriert die Leistung des anderen.

Unsere geradezu reflektorische Wachsamkeit gegenüber Betrugsversuchen legt nahe, dass Menschen diese Strategie nicht nur bewusst verfolgen, sondern verinnerlicht haben. So, wie wir bei einem unerwarteten Geräusch automatisch zusammenzucken, so werden wir auch hellhörig beim geringsten Anzeichen dafür, dass jemand unser Vertrauen missbrauchen könnte.

Verrat wird umso wahrscheinlicher, je weniger stabil eine Beziehung ist. Denn reziproker Altruismus spekuliert im Grunde auf einen Handel: Ich lasse dir heute den Vortritt, damit ich morgen von dir profitiere. Reziproker Altruismus kann sich nur lohnen, wenn die Aussicht groß ist, die eigene Vorleistung zurückzubekommen.

Hingegen würde niemand von einer Urlaubsbekanntschaft viel erwarten. Für jemanden, den man nach ein paar Tagen wohl nie wiedersehen wird, ist man kaum zu einem schmerzlichen Verzicht bereit. So hat die Logik des wechselseitigen Nehmens und Gebens auch eine beunruhigende Seite: Was etwa geschieht in einer Beziehung, wenn die Partner sich gegenseitig als »Lebensabschnittsbegleiter« ansehen, wie es ein nur halb ironischer Sprachgebrauch nennt? Der Anreiz, für den anderen, wenigstens zeitweise die eigenen Interessen zurückzustellen, wird jedenfalls nicht allzu groß sein. Schon die bloße Vorstellung, dass er oder sie in absehbarer Zeit ausziehen könnte, verbietet es nach dem Prinzip des reziproken Altruismus, sich übermäßig für den Partner zu engagieren – wodurch die Bindung natürlich unbefriedigend und noch brüchiger wird. »Nicht an die Liebe zu glauben, macht die Liebe unmöglich«, so formulierte es der amerikanische Evolutionsbiologe und Psychiater Randolph Nesse einmal.[10] Umgekehrt könnte das in den Ohren vieler so überkommen klingende Versprechen der Ehe in Wirklichkeit höchst rational sein: Indem die Partner einander vor Zeugen eine gemeinsame Zukunft bis ans Lebensende geloben, legen sie eine Grundlage dafür, viel füreinander zu tun – und sorgen damit für eine stabile Beziehung.

Im Arbeitsleben ist es kaum anders. Ein Angestellter, der sich als Verfügungsmasse bei der nächsten Umorganisation seiner Firma empfindet, handelt unvernünftig, wenn er für das Unternehmen mehr als Dienst nach Vorschrift leistet. Und damit macht er sich tatsächlich entbehrlich. Zwar nutzt die Flexibilität im Umgang mit ihren Beschäftigten dem Unternehmen kurzfristig, doch auf Dauer verlieren mit hoher Wahrscheinlichkeit beide Seiten.

Ähnlich riskant ist es, wenn eine Gesellschaft den Abstand zwischen ihren ärmeren und reicheren Mitgliedern zu groß werden lässt. Selbst dann nämlich, wenn die ärmeren objektiv gesehen keine Not leiden, stellt ein zu großes Gefälle die Bereitschaft *aller* zum Miteinander, zur Großzügigkeit und zur Nachsicht auf eine harte Probe. Denn nach dem Prinzip des reziproken Altruismus sind Menschen umso eher bereit zu kooperieren, je mehr sie zu tauschen haben. Was aber sollen Menschen einander geben, wenn die einen nichts entbehren und die anderen sich ohnehin alles leisten können?

Anmerkungen

1 Jean-Jacques Rousseau: Der Gesellschaftsvertrag oder die Grundsätze des Staatsrechts, Frankfurt am Main 2005, S. 196.

2 Weltweit erscheinen derzeit ca. 1 Million neue Titel pro Jahr. Wir nehmen für jeden Band eine Stärke von 2 cm an und berücksichtigen nur die Produktion der letzten 20 Jahre.

3 Eine klassische Arbeit hierzu ist John Maynard Smith und G. R. Price: »The Logic of Animal Conflict«, Nature 246, Nr. 5427 (1973), S. 15–18.

4 Zitiert nach William Poundstone: Prisoner's dilemma, 1. Auflage, New York u. a. 1992.

5 Robert Axelrod und William D. Hamilton: »The Evolution of Cooperation«, *Science* 211 (1981), S. 1390–1396; Robert Axelrod: The Evolution of Cooperation, Basic Books 1984; Ders.: The Complexity of Cooperation: Agent-Based Models of Competition and Collaboration, Princeton University Press 1997.

6 Dem Gegner zwei Betrugsversuche zu erlauben ist häufig, aber nicht immer die beste Lösung. Die Zahl der kooperativen Züge vor der ersten Vergeltung lässt sich optimieren. Die bestmögliche Strategie hängt von den verschiedenen Punktgewinnen bei Kooperation und Konfrontation ab. Auch sollte die Zahl der kooperativen Züge vor der ersten Vergeltung immer wieder zufällig wechseln, weil sich sonst die nachgiebige Strategie von einer bösartigen ausbeuten ließe, die stets

genau beispielsweise zwei Züge betrügt und dann wieder zur Kooperation zurückkehrt. Vgl. Martin A. Nowak und Karl Sigmund: »Tit for tat in heterogenous populations«, in: Nature 355, Nr. 6357 (1992), S. 250–253.

7 Unter bestimmten Umständen kann eine etwas stärker macchiavellistisch ausgerichtete Strategie diesem Zyklus entkommen. Diese »Pawlow« genannte Strategie besteht darin, dem Gegner Kooperation anzubieten, wenn er im letzten Zug selbst kooperierte oder wenn beide den Konflikt gewählt haben. Hat hingegen der andere sich im letzten Zug gutwillig ausnutzen lassen oder selbst »Pawlow« ausgenutzt, entscheidet sich »Pawlow« für Kooperation. Diese Strategie ist allerdings nur erfolgreich, wenn beide Spieler ihre Züge gleichzeitig machen, ohne voneinander zu wissen. In der Wirklichkeit aber werden Partner eher wechselseitig auf den jeweils letzten Zug des anderen reagieren. Siehe Martin A. Nowak und Karl Sigmund: »Invasion Dynamics of the Finitely Repeated Prisoner's Dilemma«, in: Games and Economic Behavior 11, Nr. 2 (1995), S. 364–390; Claus Wedekind und Manfred Milinski: »Human cooperation in the simultaneous and the alternating Prisoner's Dilemma: Pavlov versus Generous Tit-for-Tat«, in: Proceedings of the National Academy of Sciences of the United States of America 93, Nr. 7 (1996), S. 2686.

8 Matt Ridley: Die Biologie der Tugend. Warum es sich lohnt, gut zu sein, Berlin 1997.

9 Robert L. Trivers: »The evolution of reciprocal altruism«, in: The Quarterly Review of Biology 46, Nr. 1 (1971).

10 Sarah Blaffer Hrdy: Mütter und Andere: Wie die Evolution uns zu sozialen Wesen gemacht hat, Berlin 2010.

BAS KAST
»Was uns zusammenhält«

Wie entsteht Intimität

Einen der aufregendsten Momente seines Lebens erfuhr der Pionier der Paarforschung, John Gottman, als er sich Anfang der 90er Jahre erstmals vor seinen Videorekorder setzte, um sich die Langzeitaufnahmen aus dem Labor anzusehen.

Sein ganzes Forscherleben hatte ihn eine Frage getrieben: Was hält ein Paar im Innersten zusammen? Hier, auf dem schier endlosen Material mit den zahllosen Szenen glücklicher und unglücklicher Ehen, musste sich die Antwort verstecken. Hier würde er sie endlich finden – die lang gesuchte Liebesformel.

Erfolgreiche Ehepartner, so viel war klar, streiten sich anders als solche, die zum Scheitern verurteilt sind. Sie denken anders. Sie deuten die Verhaltensweisen ihres Partners positiv.

Das hängt zum Teil mit ihrem Liebesstil zusammen. Aber der Liebesstil kann sich ändern. Auch zwei Liebesvermeider können Vertrauen zueinander finden. Zwei Liebesängstliche können sich gegenseitig Sicherheit geben. Nur wie? Was ist der Schlüssel zu dauerhaftem Partnerschaftsglück?

Die alles entscheidende Liebesformel, so glaubten Psychologen lange, liege darin, sich gegenseitig zu öffnen. Man müsse dem Partner verborgene Geheimnisse über sich und kritische Lebenserfahrungen anvertrauen. So entstehe Intimität. So wachse ein Paar zusammen. Vor dem Hintergrund dieser Vertrautheit schafften die Partner es auch, die Reibungen des Alltags, die früher oder später in jeder Beziehung auftauchen, zu bewältigen.[1]

Nun, da Gottman sie vor Augen hatte, die Ehepaare, jetzt, da er sie auf Schritt und Tritt verfolgen konnte (nur im Bad und Bett sowie zwischen neun Uhr abends und morgens wird in Gottmans Liebeslabor nicht bespitzelt), musste der Wissenschaftler also auch einige dieser Selbstoffenbarungen beobachten können.

Na gut, unter diesen Umständen würden die Leute vielleicht nicht gerade die peinlichsten Details von sich preisgeben. Einige Beispiele intimer Selbstöffnung jedoch sollten sich immerhin zeigen. Würden sich die Gespräche der Eheprofis dabei als besonders intim erweisen? Würden sie sich, im Gegensatz zu den Paaren, die auf eine Trennung zusteuerten, ihrem Lebensgefährten mehr oder vielleicht geschickter öffnen?

Um die Antwort vorwegzunehmen: nein. Gottman erlebte, wie er selbst sagt, eine der größten Überraschungen seiner Karriere.[2] Tagein, tagaus saßen er und seine Kollegen vor dem Fernseher und studierten die Videoaufnahmen. Doch statt Kronzeuge tiefer Ängste, großer Träume, entblößter Schwächen oder unerfüllter Wünsche zu werden, glich das Ganze einer Aneinanderreihung trivialster Dialoge, die selbst ein billiger Schundroman vom Regal an der Supermarktkasse nicht hätte unterbieten können. Sogar die von Gottman so bewunderten Meister der Ehe schienen sich den Großteil ihrer Zeit über so »geistsprühende Themen wie das Frühstücksmüsli, den Hypothekenzins oder das Baseball-Spiel« zu unterhalten.[3]

Um ein Gefühl für die Tiefe der Intimität zu bekommen, mit der sich der Wissenschaftler wochenlang konfrontiert sah, hier ein paar Beispiele im Originalton:

»Liebling, könntest du mir noch eine Tasse Kaffee einschenken?«
»Ja, gleich, ich dreh nur noch kurz die Pfannkuchen rum.«

»Hast du deine Schwester angerufen? Sie macht wirklich einen deprimierten Eindruck in letzter Zeit.«
»Nein, hab ich nicht. Was, glaubst du, ist bloß los mit ihr?«

»Schau mal hier, wirklich lustig, dieser Comic …«
»Kannst du mal ruhig sein? Ich versuch grad zu lesen.«[4]

So ging das Stunde um Stunde. »Was für eine Zeitverschwendung«, sagte sich Großmeister Gottman frustriert. »Da haben wir uns diese Mühe gemacht, und was ist dabei herausgekommen? Nichts als Schrott.«[5]

Dann, nach Monaten, dämmerte es dem Paarforscher plötzlich. Wer weiß, fragte er sich, vielleicht ist es nicht die Selbstoffenbarung, die ein Paar zusammenhält? Womöglich kommt es gar nicht auf die Tiefe eines Gesprächs an oder darauf, ob zwei Menschen sich einig sind. »Das Entscheidende ist vielleicht, wie diese Menschen sich beachten, egal, worüber sie sprechen oder was sie tun.«[6] Damit hat der Wissenschaftler den Nagel auf den Kopf getroffen.

Jahrelang hatten die Forscher sich auf den Streit fokussiert. Angesichts des spektakulären Befunds, dass sich am Streitverhalten das Schicksal der Ehe regelrecht ablesen lässt, ist es kein Wunder, dass sie sich auf das Wortgefecht gestürzt hatten, um es bis ins Detail zu zerpflücken.

Kaum einer der Experten schien dabei in Frage zu stellen, dass der Streit die alles entscheidende Rolle im Eheleben spielt. Aber ist das wirklich so? Ist der Streit tatsächlich die treibende Kraft, die den Ausschlag über Erfolg und Misserfolg einer Partnerschaft gibt? Was zum Beispiel ist mit den glücklichen

Paaren? Sind sie etwa schon allein deshalb glücklich, weil sie Auseinandersetzungen vermeiden oder weil sie, wenn sie sich auseinandersetzen, dies in einer fruchtbaren Form tun?

Wohl kaum. Ein erstes Indiz dafür, dass die Forscher den Streit überschätzten, brachte eine Gruppe von Psychologen der Universität von Michigan in Ann Arbor. Sie befragten Hunderte von Ehepartnern aus Detroit danach, wie oft sie sich im Alltag überhaupt in die Haare bekamen. Die Antwort war ernüchternd: Die meisten Paare zankten sich nur ein- bis zweimal im Monat.[7]

Der Streit, das, worauf sich die Wissenschaftler bis dahin mit aller Kraft konzentriert hatten, erwies sich als Ausnahmeerscheinung. Wie gingen die Partner in der übrigen Zeit miteinander um? Wie unterschieden sich dabei die guten von den schlechten Ehen? So genau wusste das keiner zu sagen.

Das hat sich erst in den letzten Jahren geändert. Zunehmend interessieren sich die Paarforscher auch für das, was sich zwischen den Streitereien abspielt, für den Alltag der Beziehung.

Und inzwischen ist klar, dass sich am Streit zwar vieles über den Zustand der Ehe sagen und vorhersagen lässt, der Streit aber bestimmt nicht unbedingt das Schicksal der Ehe. Er ist vielleicht eher ein Indikator. Einem Barometer gleich gibt er Auskunft darüber, wie es um die Beziehung steht.

Ein Streit kann zwar gefährlich sein. Im Streit sagen wir die schlimmsten Dinge, die manchmal so verletzend sind, dass die Wunden nur schwer heilen. Wenn es einem Paar gelingt, konstruktiv mit Konflikten umzugehen, hat es schon viel gewonnen. Und doch, eine gute Streitkultur allein ist noch kein Erfolgsgarant für eine dauerhaft glückliche Beziehung.[8]

Für diese Überlegung spricht auch, dass Kurse, die darauf abheben, Paaren das konstruktive Streiten zu lehren, bisher nur bescheidene Erfolge gefeiert haben.[9] So musste selbst der führende Beziehungsforscher Deutschlands, Kurt Hahlweg von der

Technischen Universität Braunschweig, der einen der effektivsten Konfliktkurse für Paare entwickelt hat, mit seinem Ansatz schon bittere Niederlagen hinnehmen.[10]

Hahlwegs Streit-Prophylaxe-Programm nennt sich »EPL« (»Ein Partnerschaftliches Lernprogramm«). Es wird vor allem im Rahmen kirchlicher Ehevorbereitung angeboten und von speziell ausgebildeten Kursleitern durchgeführt. Das Ziel: Partnern, die kurz vor der Hochzeit stehen, ein »wissenschaftlich fundiertes Handwerkszeug zur Konfliktlösung« beizubringen, in mehreren wöchentlichen Workshops oder als Kompaktkurs an einem Wochenende.[11]

In einer Studie haben Hahlweg und seine Kollegen die Effektivität ihrer Ehe-Einweisung an 96 Paaren getestet. 64 Paaren wurde demonstriert, wie man Konflikte konstruktiv beilegt. Die restlichen 32 Paare dienten als Kontrollgruppe, von denen die eine Hälfte an einer herkömmlichen katholischen Ehevorbereitung teilnahm, während die andere Hälfte gar keinen Kurs bekam.

Anderthalb, drei und fünf Jahre später baten die Forscher die Paare, sich vor laufender Kamera in die Haare zu kriegen. Das Ergebnis: Paare, die in den Genuss von Hahlwegs Konfliktkurs gekommen waren, stritten sich konstruktiver als alle anderen. Im Vergleich zu den Partnern der Kontrollgruppe gelang es ihnen, apokalyptische Reiter, wie Kritik oder Rechtfertigung, weitgehend aus ihrem Wortgefecht zu verbannen, sogar nach fünf Jahren noch. Hahlwegs Anleitung zum Streiten ist somit alles andere als sinnlos.

Das allein jedoch genügt nicht für eine dauerhaft glückliche Beziehung. Denn gefragt nach der Ehezufriedenheit, zeigte sich lediglich am Anfang ein Unterschied zwischen den Gruppen. So schätzten sich die Paare drei Jahre nach dem Konfliktkurs zwar noch als glücklicher ein als die Kontrollpaare. Nach fünf Jahren aber war dieser Unterschied verschwunden. Obwohl sie gelernt hatten, sich geradezu nach dem Bilderbuch zu streiten, half ihnen diese Fähigkeit nicht, ihre Ehe auf lange Sicht glücklicher zu gestalten als andere.[12]

Weder im Streitverhalten noch in der Selbstoffenbarung, so wurde Gottman klar, würde sich der Schlüssel zum dauerhaften Partnerschaftsglück finden lassen. Bei der Selbstoffenbarung verhält es sich nämlich ganz ähnlich wie beim Streit: Auch diese zutiefst emotionalen Momente, in denen man seinem Partner ein intimes Geheimnis anvertraut, sind zwar einschneidende, zugleich aber höchst seltene Ereignisse. Sie spiegeln einfach nicht den Alltag einer Partnerschaft. Ähnlich wie die Paarforscher den Streit überschätzt hatten, so hatten sie auch die Selbstöffnung überschätzt. Sie ist nicht das, was zwei Menschen zusammenhält.

Ja, schon klar, Sie wollen jetzt keine Vorträge mehr darüber hören, was zwei Menschen *nicht* zusammenhält, sondern endlich die entscheidenden Liebesformeln kennenlernen. Hier sind sie.

Liebesformel Nummer 1: Zuwendung

Plötzlich, vor dem Fernseher sitzend, die ellenlangen Dialoge verfolgend, fiel es Gottman wie Schuppen von den Augen. Intimität entsteht – oder vergeht – in genau diesen gewöhnlichen Zwiegesprächen. Das Rezept einer erfolgreichen Ehe, stellte der Forscher fest, war in ebendiesen unscheinbaren Alltagsunterhaltungen zu finden.

Sind zwei Menschen zusammen, so werben sie immer wieder gegenseitig um Aufmerksamkeit. Sie versuchen, eine emotionale Verbindung zum Partner herzustellen. Es gibt drei Möglichkeiten, auf diese Verbindungsversuche des Partners zu reagieren: Wir können uns dem Partner zuwenden, uns von ihm abwenden, oder wir können uns sogar gegen ihn wenden. Wie Gottman entdeckte, hängt der Erfolg einer Beziehung ganz und gar davon ab, in welchem Maße wir uns für eine dieser drei Reaktionen entscheiden.

Sich dem Partner zuwenden. Unter Zuwendung lässt sich jede positive Reaktion auf den Partner verstehen. Ihr Partner lächelt, Sie lächeln zurück. Er zeigt Ihnen was, Sie sehen hin. Er sagt etwas, Sie gehen darauf ein, zum Beispiel:

»Toll fand ich auch die Szene, in der der Haifisch das Blut riecht.«

»Ja, mir lief da echt ein Schauer über den Rücken.«

»Man hat richtig gespürt, wie das Blut in seine Nase dringt …«

»… und wie er dann durchdreht!«

Komisch. Es klingt wie die einfachste Sache der Welt. Ein Dialog wie dieser ist alles andere als aufregend. Sein Unterhaltungs- und Informationswert tendieren gegen null. Weit und breit ist keine Pointe zu erkennen. Und doch stellen Meinungsaustausche wie diese – besser: Gefühlsaustausche – das A und O einer guten Beziehung dar.

»Inhaltlich«, mag sein, kommt bei dieser Art von Austausch zwar nicht viel rüber, dafür aber emotional umso mehr. Man bestätigt sich. Der eine teilt etwas mit, der andere steigt ein, und sei es, indem er einfach nur wiederholt, was ihm sein Partner gesagt hat. Damit demonstriert er: Ich habe dich gehört, ich verstehe dich, ich empfinde ähnlich. Es sieht nach wenig aus, aber es ist sehr viel.

Um es zusammenzufassen: Nicht die seltene Selbstoffenbarung, sondern die stete Zuwendung im Alltag ist der Stoff, aus dem Intimität entsteht. Zuwendung verbindet. In ihr liegt die erste Liebesformel.

Sich vom Partner abwenden. Wenn Ihr Partner einen Verbindungsversuch macht, können Sie diesen auch ignorieren. So hat Gottman in seinem Ehelabor einmal beobachtet, wie eine Frau sich bei ihrem Mann für ein misslungenes Abendessen zu entschuldigen versuchte. Es war ihr unangenehm, und also sprach sie im Laufe des Abends das Thema wiederholt an, bestimmt in der Hoffnung auf eine Reaktion, wie: »Ach, so schlimm war's doch gar nicht …« Mit etwas mehr Einfallsreichtum hätte der Mann auch sagen können: »Na, ein bisschen salzig war's schon, bist du etwa immer noch so verliebt?« Doch selbst ein einfaches »Nächstes Mal besser …« hätte die betrübte Köchin vermutlich erleichtert. Stattdessen reagierte der Ehemann auf jeden der Entschuldigungsversuche seiner Frau mit eisernem Schweigen. Er sah seine Ehefrau nicht einmal an.[13]

Man möchte meinen, dass es dem Mann nicht viel Mühe gekostet hätte, mit einer Zuwendung auf seine Frau zu reagieren. Offenbar fällt uns das nicht immer so leicht. Jeder von uns ignoriert seinen Partner hin und wieder, manchmal mutwillig, meist aber ohne jede Absicht. Vielleicht sind unsere Gedanken gerade woanders, oder wir stehen unter Stress und haben im Moment keinen Nerv für die Anliegen des anderen. Das ist auch nicht weiter schlimm, sondern menschlich.

Das Ignorieren des Partners sollte aber unter keinen Umständen zur Regel werden.

Eine Studie hat gezeigt, dass Eheleute sich Fremden gegenüber freundlicher und aufmerksamer verhalten als gegenüber ihrem eigenen Ehepartner. Das tun sogar zufriedene Partner, bei unzufriedenen aber ist der Unterschied noch viel drastischer.[14]

Untersuchungen wie diese belegen, dass die meisten von uns durchaus über eine hohe soziale Kompetenz verfügen. Wir wissen, wie man sich höflich verhält. Wir wissen, wie man eine Meinungsverschiedenheit nett rüberbringt. Wir wissen, dass Menschen gerne Aufmerksamkeit und Anerkennung bekommen. Gegenüber der Person, die uns am wichtigsten ist, unserem Lebenspartner, benehmen wir uns aber oft so, als sei das plötzlich alles nicht mehr von Bedeutung.

Das ist ein Fehler, der häufig verheerende Folgen nach sich zieht. Unaufmerksamkeit und Ignoranz untergraben auf Dauer jedes Vertrauen und jede Freundschaft zwischen zwei Menschen.

So konnten Gottman und seine Kollegen feststellen, dass Männer, die mit ihrer Ehe auf dem Weg zur Trennung waren, sich in 82 Prozent der Fälle schlicht taub gaben gegenüber den Verbindungsversuchen ihrer Frau. In guten Partnerschaften betrug die Ignoranzrate des Mannes nur 19 Prozent.

Umgekehrt gingen Frauen, deren Ehen den Bach runtergingen, auf die Hälfte der Verbindungsversuche ihres Mannes nicht ein. Sie taten dann so, als seien sie mit anderem beschäftigt. Glücklich verheiratete Frauen dagegen ignorierten ihren Gatten nur in 14 Prozent der Fälle.[15]

Sich gegen den Partner wenden. Es gibt noch eine dritte Möglichkeit, auf einen Verbindungsversuch des Partners zu reagieren. Er besteht darin, sich gegen den Partner zu wenden.

In einem Beispiel aus Gottmans Ehelabor fragte eine Frau ihren Mann, ob er nicht mal die Zeitung zur Seite legen und sich ein bisschen mit ihr unterhalten könne. Daraufhin schnauzte dieser seine Gattin an mit den Worten:

»Und worüber sollen wir reden?«

»Nun, wir hatten uns ja überlegt, einen neuen Fernseher zu kaufen. Darüber könnten wir uns unterhalten …«

»Was weißt du über Fernseher …«

Die Frau sagte jetzt nichts mehr und zog sich zurück. Wie die Abwendung, so vergiften auch derart aggressive Reaktionen die Intimität. Wer für seine Verbindungsversuche wiederholt mit einer Beleidigung belohnt wird, reagiert mit innerer Emigration. Verblüffenderweise ließen sich Paare, die sich durch diese streitsüchtige Form des Zwiegesprächs auszeichneten, tendenziell später scheiden als solche, die sich ignorierten. Meist aber endeten auch ihre Ehen in der Trennung.[16]

Unterstützen Sie Ihren Partner

Paarforscher erfassen heute sehr präzise, wie Partner in »normalen« Situationen miteinander umgehen. So bitten sie ihre Probanden mittlerweile nicht mehr lediglich, sich zu zanken, sondern auch, sich einfach nur zu unterhalten.

Eine beliebte Variante dabei ist, dass man die Partner abwechselnd über eine Sache reden lässt, die sie gerne an sich selbst ändern würden. Das Problem soll dabei ausdrücklich nicht direkt mit der Beziehung in Verbindung stehen.

Die Psychologen beobachten nun einerseits, wie die Person das Problem anspricht, andererseits, wie sein Partner darauf reagiert. Geht er darauf ein? Nimmt er das Problem ernst? Unterstützt er den anderen? Weicht er ihm aus?

Typische Punkte, die in dieser Situation zur Sprache kommen, sind: Wie man seine überflüssigen Pfunde los wird, Probleme auf der Arbeit, Schwierigkeiten mit der Familie, Stress oder irgendwelche Ticks, Marotten oder Charakterzüge, die man ändern möchte (einige wünschen sich beispielsweise, sie würden sich im Umgang mit anderen Menschen besser behaupten und durchsetzen).

In einer Studie baten die kalifornischen Psychologen Lauri Pasch und Thomas Bradbury 60 Verheiratete zuerst, sich eine

Viertelstunde lang zu streiten. Danach sollten die beiden jeweils zehn Minuten über ein privates Problem sprechen.[17]

Zwei Jahre später kontaktierten die Forscher die Paare wieder.

Neun hatten sich getrennt. Andere waren zwar noch zusammen, aber unglücklich. Die restlichen Paare waren zufrieden oder glücklich mit ihrer Ehe.

Dabei stellten die Forscher etwas Überraschendes fest: Noch besser als am Streit ließ sich anhand der Unterhaltung über das private Problem vorhersagen, welche Paare im Eheglück und welche in der Ehekatastrophe enden würden. Paare, die sich auf das Beziehungselend zubewegten, zeichneten sich dadurch aus, dass sie sich bei einem Problem nicht im Geringsten unter die Arme griffen – wie zum Beispiel Jack und Karen.

Jack spricht darüber, dass er sich auf der Arbeit schnell gereizt fühlt:

Jack: Ich glaube, es ist einfach eine Verschwendung von Zeit und Energie, wenn man sich über Dinge Sorgen macht, die man nicht ändern kann. Ich sollte dann Abstand davon nehmen und mir nicht den ganzen Tag von meinem Ärger verderben lassen.

Karen: Ja, das ist dein Problem.

Jack: Hilf mir, versuch doch, mir dabei zu helfen …

Karen: Ich hab versucht, dir zu helfen. Ich hab dich sechs Jahre lang beobachtet. Du bist einfach ein cholerischer Typ. Ich weiß auch nicht, was ich dagegen tun soll.

Jack: Ich sag ja nicht, dass ich ein Engel bin und alles richtig mache.

Karen: Das hört sich aber schon so an, so wie du es sagst.[18]

Jacks Art, um Hilfe zu bitten, ist fordernd (»hilf mir!«), Karens Reaktion darauf ist ablehnend. Sie macht gar keine Anstalten, ihrem Gatten beizustehen. Beides ist charakteristisch für Paare, deren Beziehung vor dem Bruch steht.

Wie die Forscher entdeckten, hängt dabei das Schicksal einer Ehe offenbar besonders davon ab, dass die Frau auf die Sorgen ihres Gatten eingeht – ein Befund, bei dem man zunächst den Eindruck bekommt, dass die Wissenschaftler damit nur ein konservatives Mann-Frau-Bild unterstützen: Sie soll brav zuhören, er dagegen kann tun, was er will, dann ist alles in Butter.[19] Was ist von diesem Klischee zu halten?

Wenn man in die Details geht, erscheint das Ergebnis durchaus plausibel. Es könnte damit zusammenhängen, dass es für Männer oft nur einen Menschen gibt, dem sie Schwierigkeiten offenbaren: ihre Frau. Männer geben Probleme bekanntlich besonders ungern zu, selbst Freunden gegenüber. Sie fühlen sich dann schwach und abhängig, und das passt gar nicht zu ihrem Selbstbild vom starken, einsamen Kämpfer.

Frauen sind da offener. Häufig sprechen sie auch in ihrem Freundeskreis über das, was sie auf dem Herzen haben. Das soziale Netz, auf das sie zurückfallen können, ist somit größer. Das soll nicht heißen, dass Frauen nicht auch auf die Anteilnahme ihres Mannes angewiesen sind. Sie wollen ihre Sorgen schließlich auch mit ihm teilen können. Bei vielen Männern jedoch gibt es, wenn ihre Frau kein Interesse für sie zeigt, nicht selten niemand mehr, der sich ihre Sorgen anhört. Das könnte einer der Gründe dafür sein, weshalb es sich als so kritisch für eine Beziehung erweist, dass die Frau auf ihren Mann eingeht.[20]

Übrigens, wenn ein Paar an diesem Punkt scheitert, muss es nicht an der Frau liegen, die einfach sozial inkompetent oder gar kalt ist. Es ist ebenso gut möglich, dass der Mann schlicht immun gegenüber dem Einfluss seiner Frau ist. Wenn ein Mann die Neigung hat, auf das zu pfeifen, was seine Partnerin sagt, dann muss er sich nicht wundern, wenn sie sich eines Tages zurückzieht. Sie hat gelernt, dass ihre Anteilnahme keinen Sinn hat, weil ihr Gatte jede Hilfe ablehnt.[21]

Für diese Interpretation spricht, dass auch Gottman in seinen Studien festgestellt hat, dass es zu den entscheidenden Erfolgskriterien einer Ehe gehört, wenn der Mann den Einfluss seiner Frau zulässt – eine Sache, die seiner Meinung nach viel zu selten vorkommt.[22]

Auch zur Unterstützung gehören somit zwei. Es reicht nicht, wenn es einen gibt, der für den anderen da ist. Der andere muss sich auch unterstützen lassen.[23]

Wie verhielten sich dagegen Paare, die sich zwei Jahre später als glücklich herausstellten? Derjenige, der das Problem ansprach, tat das nicht fordernd, sondern beschreibend, ohne direkte Hilfsappelle an den Partner. Der andere ging daraufhin auf den Partner ein, beruhigte ihn oder stellte Fragen, um Genaueres über das Problem zu erfahren – wie zum Beispiel Jim und Kirsten:

Kirsten: Ich bin so schnell irritiert. Ich weiß, es ist wirklich schwer, mit mir zu leben …

Jim: Gibt es irgendetwas, das dich am meisten irritiert?

Kirsten: Ich hab das Gefühl, als sei mein Leben durcheinandergeraten. Ich habe für viele Dinge einfach keine Zeit mehr.

Jim: Was könnte dich denn glücklicher machen? Manchmal sprichst du davon, dass du keine Ziele mehr hast. Dass du nicht weißt, was du genau tun willst …

Kirsten: … Ja, das stimmt. Ich hatte doch vorher immer Ziele, oder? Ich frag mich, was für ein Ziel ich mir mal wieder setzen könnte.[24]

Kein spektakulärer Dialog, doch im Gegensatz zu Karen, die ihren Mann mit seinem Anliegen alleinlässt, demonstriert Jim Interesse an der Sorge seiner Frau, und darauf kommt es an. Das Gefühl, bei den Schwierigkeiten des Alltags vom anderen unter die Arme gegriffen zu werden, schweißt zwei Menschen zusammen.[25]

Dabei geht es nicht darum, dass Sie die Probleme Ihres Partners lösen, das erwartet dieser meist gar nicht. Oft reicht es, wenn Sie Ihrem Partner zuhören.

Vor allem Männer haben häufig das Bedürfnis, die Probleme ihrer Frau lösen zu wollen. Das Ironische daran ist, dass sie es durchaus gut meinen. Und doch geht der Versuch nicht selten nach hinten los. Warum? Weil sich viele Probleme nicht so leicht und manchmal gar nicht lösen lassen.

Wenn der Wagen Ihrer Frau einen Platten hat, dann ist Ihre praktische Hilfe gefragt. Legen Sie los mit Ihrem männlichen Hirn, das ja auf Systematik geeicht sein soll, und lösen Sie das Problem!

Aber was ist, wenn es um Schwierigkeiten in der Arbeit geht? Mit der Familie? Was, wenn es darum geht, die Ziele im Leben neu zu stecken? Oft handelt es sich dabei um Probleme, für die es nicht eins, zwei, drei eine Lösung gibt. Das weiß auch Ihre Frau. Sie verlangt gar keine Lösung. Natürlich hat sie selbst schon lange über die Sache nachgedacht. Und dann kommen Sie mit Ihrem S-Hirn und meinen, das Patentrezept parat zu haben?

In den meisten Bereichen des Lebens, besonders im Beruf, erwartet man von uns, dass wir Probleme nicht nur zur Kenntnis nehmen, sondern sie »anpacken« und »aus dem Weg räumen«. So ist es nur natürlich, wenn wir in unserem Beziehungsleben mit dem gleichen Reflex reagieren.

Im Liebesleben aber werden wir ständig mit Situationen konfrontiert, in denen eine Lösung gar nicht gefragt ist, dafür umso mehr ein offenes Ohr. Auch wenn Sie es gar nicht so meinen, der Versuch einer Sofortlösung kann so wirken, als wollten Sie die Sache möglichst bald »erledigen«, statt Ihrer Partnerin mit ihren Gefühlen, Ängsten und Sorgen zuzuhören und diese ernst zu nehmen. Bei Schwierigkeiten, die sich nicht lösen, sondern nur teilen lassen, ist Ihre Anteilnahme die größte Hilfe, die Sie Ihrem Partner geben können.

Romantik im Supermarkt

Den Partner bei Problemen zu unterstützen – das ist ein guter Anfang. Im Alltag aber, meint John Gottman, gestaltet sich die Liebe sowohl einfacher als auch anstrengender.

Mittlerweile gehören die Dialoge, die der Wissenschaftler anfangs noch als »Schrott« bezeichnet hatte und »die jeder Hollywood-Regisseur beim Cutten auf den Boden fallen lassen würde«, zu seinen Lieblingsszenen.[26] Für den Gefühlsforscher stellen sie den Kern wahrer Romantik dar.

Hollywood lebt von der großen Liebeserklärung, von dem Moment, in dem die Stars sich, nach langer Geheimhaltung, ihre großen Gefühle offenbaren. Wahre Romantik aber, glaubt der Wissenschaftler, ist mit ein wenig mehr Aufwand verbunden. Dazu gehört zwar auch, einem Partner zuzuhören und für ihn da zu sein, wenn er ein Problem anspricht. Dazu gehört auch die Liebeserklärung.

Aber selbst das sind nur Spezialfälle. Die Meister der Ehe zeigen, wie Gottman beobachtet hat, ihre Zuneigung nicht nur in Spezialsituationen, sondern *wann immer es geht*, also beispielsweise auch beim Kaffeetrinken, Geschirrspülen oder bei einem unscheinbaren Einkauf im Supermarkt: »Auch wenn es komisch klingt«, lautet das Fazit des Forschers, »Romantik wächst wirklich, wenn ein Ehepaar im Supermarkt steht und die Frau sagt: ›Haben wir noch Waschmittel?‹ und der Mann nicht nur apathisch mit den Schultern zuckt, sondern antwortet: ›Ich weiß nicht. Ich hole eben welches, für den Fall, dass wir keins mehr haben.‹«[27]

Das ist eine Liebeserklärung, und eine wirksame noch dazu. Keine stürmische mit Geigeneinsatz und flatternden Schmetterlingen. Große Gefühlsauftritte, so toll sie sind, stellen ein Kinderspiel dar gegenüber den kleinen, banal erscheinenden Liebeserklärungen, die Sie Ihrem Partner Tag für Tag machen können. »Die Liebe«, schrieb Theodor Fontane (1819–1898), »lebt von liebenswürdigen Kleinigkeiten.«[28] Wie recht er doch hat.

Liebesformel Nummer 2: Wir-Gefühl

Nichts ist so wertvoll wie die Aufmerksamkeit, die Sie Ihrem Partner entgegenbringen. Nichts ist so angenehm wie ein Mensch, von dem man weiß: Wenn ich mich an ihn wende, sorgenvoll oder glücklich oder einfach nur mit einem Erlebnis des Tages, so wird er reagieren, in einem positiven Sinne. Er wird mich nicht ignorieren. Er wird mich nicht ablehnen. Er wird sich meine Sorge anhören, mein Glück teilen, mein Erlebnis zur Kenntnis nehmen. Er wird sich für mich *interessieren.*

Nur vor diesem Hintergrund lässt sich verstehen, warum es

manchen Paaren auch im Streit noch gelingt, freundlich aufeinander einzugehen. Diese Menschen sind keine Heiligen, die nichts aus der Ruhe bringt. Sie sind nicht klüger als Sie oder ich. Sie haben nur etwas aufgebaut, das vielen Paaren fehlt, denen es nicht gelingt, dauerhaft glücklich zu bleiben: ein emotionales Polster.

Ständig verändert sich Ihr Beziehungskonto.[29] Sie zahlen etwas ein oder heben etwas von Ihrem Gefühlsgeld ab. Eine Einzahlung, das kann alles Mögliche sein, eine liebevolle Geste zum Beispiel, ein nettes Wort, neugieriges Zuhören, ein Nicken, Lächeln, Interesse, Freude – bis hin zur tief empfundenen Liebesoffenbarung, kurz: jedes Verhalten, mit dem Sie Ihrem Partner Ihre Zuneigung zeigen.

Mit einer Verstimmung oder Verärgerung heben Sie einen kleinen Betrag von Ihrem Beziehungskonto ab. Beim Streit kommt es nicht selten zu einem massiven Angriff auf das gesparte Guthaben. Wenn Sie oft streiten und nie etwas einzahlen, werden Sie also bald vor dem Beziehungsbankrott stehen.

Glückliche Paare zeichnen sich dadurch aus, dass sie über ein hohes Beziehungskapital verfügen. Diesen erfreulichen Kontostand verdanken sie nicht etwa einem Wunder, sondern täglicher Aufmerksamkeit. Auch das Plus auf der Gefühlsbank ergibt sich nicht von selbst. Man muss etwas einzahlen. Gerade darin liegt die gute Nachricht. Denn es heißt: Jeder von uns kann sein Gefühlskonto aufstocken.

Glückliche Paare zahlen ständig auf ihr Beziehungskonto ein, und zwar mehr, als sie abheben. So bilden sie rechtzeitig Rücklagen für stürmische Zeiten. Wenn es dann mal zum Streit kommt, können sie auf ein sicheres Gefühlsguthaben zurückgreifen.

Es ist ein bisschen so, als würden sich diese Menschen bei einem Krach unbewusst sagen: »Das war jetzt wirklich gemein von ihm! Andererseits, er ist es, der immer für mich da ist, der mir morgens den Kaffee bringt und sich abends meine Geschichten von der Arbeit anhört. So schlimm war es nun auch wieder nicht …«[30] Es ist, als würde das Plus auf dem Konto wie eine Art Puffer wirken, das die Paare im Streit davon abhält, entnervt, den Ruin vor Augen, zurückzuschlagen.

Ein Geheimnis glücklicher Partner besteht also darin, dass sie sich im Alltag, wenn es keinen Stress und keinen Streit gibt, daran gewöhnen, positiv aufeinander zu reagieren. Diese Menschen sind keine Streitexperten. Sie sind nur nach jahrelangem Training Experten darin geworden, sich gegenseitig nett zu behandeln. Dann, wenn der Krach losgeht, ist es nur noch eine kleine Kunst, auf diese eingeübten Verhaltensweisen – ein Lächeln, einen Scherz, eine liebevolle Umarmung – zurückzugreifen und mit ihrer Hilfe den Sog nach unten abzuwenden.

Die entscheidende Frage also lautet: Wie kann es einem gelingen, sein Gefühlskonto ins Plus zu bringen und dort zu festigen?

Es gibt etwas, das uns dabei helfen kann. Jede Beziehung beginnt mit zwei unabhängigen Ichs. Sich auf eine Partnerschaft einzulassen heißt auch, im Laufe der Zeit ein Stück dieser Unabhängigkeit preiszugeben und ein Wir zuzulassen. In dieser Wir-Sicht liegt die zweite Liebesformel.

Warum ist das Wir-Gefühl so wichtig? Nehmen wir das Beziehungskonto als Beispiel. Aus reiner Ich-Sicht mag einem ein ständiges Einzahlen, zumal, wenn es mehr ist, als man abheben darf, bald als absurd erscheinen, als Milchmädchenrechnung, als Fehlinvestition. Wir wollen nicht immer nur sparen, sondern auch irgendwann das Ersparte ausgeben.

Das ändert sich erst, wenn es Ihnen gelingt, die Dinge aus der Wir-Sicht zu sehen. Jedes Mal, wenn Sie nun Ihrem Partner etwas Gutes tun, dann ist das kein Opfer, sondern Sie geben sich selbst etwas, indem Sie das Wir fördern. Dieses Wir aber ist nichts anderes als Ihre Partnerschaft, die Sie glücklich macht.

Eine Wir-Sicht entwickeln heißt nicht, auf die eigene Individualität zu verzichten. Es geht nicht darum, sich grenzenlos aufzuopfern. Es ist nur so: Wenn es Ihnen gelingt, nicht immer nur alles aus der Ich-, sondern auch mal aus der Wir-Sicht zu betrachten, wird es Ihnen in vielen Situationen leichter fallen, Ihre Partnerschaft erfolgreich zu gestalten. Zum Beispiel im Streit.

Nehmen wir an, Sie haben mal wieder vergessen, den Müll rauszubringen. Ihre Frau ist stinksauer. Die Fetzen fliegen. Ein Wort gibt das andere. Sie merken, wie die Wut in Ihnen hochsteigt, und Sie planen schon den perfekten Vergeltungsschlag.

Sie wissen, dass Sie mit Ihrem Gegenangriff alles nur noch schlimmer machen. Sie wissen, dass Sie dem Streit damit nur neue Nahrung geben. Aber ein Nachgeben erscheint aus Ihrer Ich-Sicht als Niederlage. Sie wollen das Wortgefecht auf Teufel komm raus gewinnen.

Dabei können Sie von folgender Faustregel ausgehen: Jedes Mal, wenn Sie einen Streit gewinnen, hat Ihre Partnerschaft wieder etwas verloren. Meist haben Sie dann nämlich nur Ihren Partner bekämpft, nicht das Problem.

Das ist der Unterschied zwischen der Ich- und der Wir-Sicht. Aus der Wir-Perspektive ist nicht Ihr Partner der Feind, sondern der Streit. Aus dieser Sicht werden Sie sich hüten, den Streit mit einem Vergeltungsschlag weiter anzuheizen. Stattdessen geben Sie nach und äußern Ihren Ärger später, wenn sich die Wogen geglättet haben, in Form einer Beschwerde.

Früher sind Sie sich dabei wie ein Verlierer vorgekommen. Aus der jetzigen Wir-Sicht jedoch erscheint Ihr Rückzieher als Gewinn. Und genau das ist er auch. Das ist das Schöne an der Liebe: Sie bereichern sich selbst, indem Sie andere beschenken.[31]

Nun werden Sie vielleicht sagen: Das ist ja wirklich romantisch, aber was ist, wenn mein Partner meine Großzügigkeit ausnutzt, wenn ich also brav die Wir-Perspektive einnehme, nur um festzustellen, dass er jetzt noch rücksichtsloser seine Interessen durchsetzt?

Wenn Ihr Partner wirklich so reagieren sollte, dann haben Sie in der Tat schwere Karten, weil man am Ende nur gemeinsam zu einer Wir-Perspektive gelangen kann. Dennoch lohnt sich der Versuch. Sie werden vielleicht selbst überrascht sein, wie anders Ihr Partner auf Sie reagiert, wenn Sie in einem Streit plötzlich nachgeben. Viele erwidern ein Nachgeben nämlich ihrerseits mit Nachgiebigkeit, auch wenn dieses Gesetz natürlich keine absolute Gültigkeit hat.

Manche Menschen sagen: »Bevor *ich* etwas tue, muss sich erst mal mein Partner bessern. Ich bin ja schließlich nicht allein an allen Problemen schuld. Dazu gehören immer zwei!« Das ist wahr. Aber Sie können die Änderungen, die Sie sich von Ihrem Partner wünschen, nicht erzwingen, das kann nur Ihr Partner. Fangen Sie also mit dem an, was Sie ändern können, und das sind Sie selbst.[32]

Liebesformel Nummer 3: Akzeptanz

Womit wir bei der dritten Liebesformel wären. Unglückliche Partner haben sich, wie Gottman und andere Paarforscher immer wieder feststellen, nicht selten in eine verhängnisvolle »Wenn-nur-Falle« manövriert. Wenn mein Partner nur schöner, reicher, größer, klüger, interessanter, sozialer, witziger, sensibler, nicht so sensibel, kurzum: Wenn er nur etwas anders wäre, als er ist, zum Beispiel etwas mehr wie ich, also einfach normal, dann wären alle meine Probleme gelöst![33]

So hört sich zum Beispiel eine typische Haltung, auf die die Wissenschaftler in ihren Paarworkshops stoßen, folgendermaßen an: »Sehen Sie diese Person, die hier neben mir sitzt? Ich bin mit dieser Person verheiratet, und das ist nicht leicht, wissen Sie, denn diese Person hat leider ein paar Charakterdefizite. Ich möchte Ihnen in dieser Sitzung die Fehler meines Partners aufzeigen. Sie werden einsehen, wie schwierig ich es habe. Sie werden mich verstehen. Und dann, nachdem Sie mich bemitleidet haben, werden Sie alle meine Probleme lösen, indem Sie die Macken meines Partners wegtherapieren.«[34]

Wie groß auch immer die Probleme der Person tatsächlich sind, über die hier geklagt wird, eins ist klar: Derjenige, der hier mit Sicherheit ein Problem hat, ist der Kläger selbst.

Ja, zugegeben, gelegentlich geraten wir alle an einen Partner, der partout nicht zu uns passt. Eine Trennung ist dann die einzig sinnvolle Lösung. Viele aber irren von Beziehung zu Beziehung auf der Suche nach dem perfekten Partner. Immer wieder sind sie enttäuscht. Irgendwie will ihnen der Traummann oder die Traumfrau einfach nicht über den Weg laufen. Warum nicht? Warum ist das Leben nur so gemein zu ihnen?

Weil keiner diesen Menschen das Wasser reichen kann. Sie werden immer enttäuscht sein. Und das hat einen einfachen Grund: Diese Menschen jagen einem Hirngespinst hinterher. Sie wollen nicht einsehen, dass eine ideale Partnerschaft nicht heißt, dass der Partner ideal ist.

Es heißt vielmehr, dass Sie lernen, mit den Unterschieden umzugehen. Diese Unterschiede wird es immer geben, in jeder Beziehung. Sie müssen also damit fertig werden, genau wie die anderen mit Ihren Schwächen fertig werden müssen (es sei denn, Sie gehören zu der – gar nicht so – seltenen Spezies, die keine haben).

Keiner hat diese Herausforderung knapper zusammengefasst als der amerikanische Eheberater Daniel Wile. Er sagt: »Partnerwahl heißt Problemwahl.« Wenn Sie einen Partner fürs Leben wählen, dann wählen Sie auch eine bestimmte Anzahl unlösbarer Probleme, mit denen Sie sich dann »in den nächsten zehn, zwanzig oder gar fünfzig Jahren« herumschlagen müssen, so Wile. »In gewissem Sinne ist eine Beziehung der Versuch, mit den negativen Seiten der Münze zurechtzukommen, deren positiven Seiten man liebt und bewundert.«[35]

Der Psychologe stellt das Dilemma am Beispiel von Paul dar, der Alice geheiratet hat, obwohl Alice auf Partys die Neigung hat, laut zu werden, während Paul doch eher schüchtern ist. Paul ist es peinlich, wenn seine Frau so laut wird.

Hätte Paul nicht besser eine der beiden anderen Freundinnen geheiratet, mit denen er ging, bevor er Alice kennengelernt hat? Weder Susan noch Gail wurden auch nur im Geringsten laut und schrill, wenn sie sich aufregten!

Mit Susan allerdings wäre der Krach schon losgegangen, bevor die beiden überhaupt auf der Party eingetroffen wären. Paul ist nämlich nie pünktlich. Er kommt chronisch zu spät, und das kann Susan nicht ausstehen. Sie ist da sehr empfindlich.

Also dann Gail! Nur, hätte sich Paul für Gail entschieden, so hätten die zwei es wahrscheinlich nie bis zur Party geschafft, weil sie immer noch wütend wären über den Streit vom Tag zuvor. Denn Paul drückt sich gern vor dem Haushalt, was Gail auf die Palme bringt …[36]

Fazit: Nur Phantasiefiguren haben keine Fehler. »Doch bin ich, wie ich bin, und nimm mich nur hin!«, dichtete schon Goethe. »Willst du bessre besitzen, so lass dir sie schnitzen.«[37] Wenn Sie sich für einen Menschen entscheiden, entscheiden Sie sich für eine Reihe von Eigenschaften, von denen Ihnen viele gefallen werden – und einige nicht. Oder wie es der Schriftsteller Otto Flake (1880–1963) ausgedrückt hat: »Liebe ist der Entschluss, das Ganze eines Menschen zu bejahn, die Einzelheiten mögen sein, wie sie wollen.«[38]

Die dritte Liebesformel lautet: Lernen Sie Ihren Partner zu akzeptieren.

Liebesformel Nummer 4: Positive Illusionen

Wie werden glückliche Paare mit der Tatsache fertig, dass auch ihr Partner alles andere als perfekt ist? Die US-Psychologin Sandra Murray ist einem ihrer Schlüssel zum Glück auf die Schliche gekommen.

Diese Paare, fand die Forscherin heraus, färben sich ihren Partner schön. Sie schaffen es, sich in einen Zustand zu versetzen, den man als »Verliebtheit light« bezeichnen könnte. Sie sehen die Charakterzüge ihres Partners in einem dauerhaft glanzvollen Licht. Die Psychologin spricht von »positiven Illusionen«.

In einem ihrer Experimente bat sie Dutzende von Paaren, die schon seit Jahren zusammenlebten, sich selbst und den Lebensgefährten anhand einer langen Liste von Eigenschaften – Intelligenz, Humor, Toleranz, soziale Kompetenz, Geduld, Offenheit, Warmherzigkeit usw. – zu benoten. Anschließend legte sie die Listen nebeneinander und verglich sie.

Der Befund war bemerkenswert. Die glücklichen Paare sehen, im Gegensatz zu den unglücklichen, ihren Partner wie durch eine rosarote Brille. Sie geben ihm durchgehend bessere Noten, als dieser sich selbst bescheinigt. Je mehr zwei Menschen sich so schönfärbten, entdeckte die Psychologin, umso glücklicher sind sie miteinander.[39]

In einem zweiten Versuch holte sich die Forscherin zusätzlich das Urteil enger Freunde der Paare ein. Da offenbarte sich: Glückliche Partner sehen Stärken in ihrem Lebensgefährten, die nicht einmal dessen engste Freunde erkennen können! Bei den unglücklichen Paaren ist es genau umgekehrt – sie geben ihrem Partner weniger gute Noten, als diese von ihren guten Freunden zugebilligt bekommen.[40]

Was aber, fragte sich die Wissenschaftlerin, kommt zuerst: Henne oder Ei? Ist es so, dass derjenige, der zufrieden mit seiner

Beziehung ist, auch automatisch dazu tendiert, seinen Partner zu überschätzen? Oder führt die rosarote Brille umgekehrt zum Beziehungsglück?

Um dahinterzukommen, beobachtete Frau Murray ein Jahr lang das Schicksal von mehr als 100 Paaren. Und das Ergebnis spricht dafür, dass die rosarote Brille tatsächlich zum Beziehungsglück beiträgt. Denn je mehr sich die Partner am Anfang der Studie schönfärbten, desto zufriedener waren sie später mit ihrer Beziehung. Umgekehrt ließ sich mit Hilfe der anfänglichen Zufriedenheit nicht vorhersagen, wie stark die beiden sich am Ende der Beobachtungszeit überschätzen würden.[41]

Die Untersuchung brachte auch Aufschluss darüber, wie gegenseitige Idealisierung zum Liebesglück beitragen könnte. So stellte die Psychologin fest, dass die zufriedenen Partner im Laufe der Zeit anfingen, das rosige Bild, das ihr Lebensgefährte von ihnen hatte, zu übernehmen: Bei den späteren Untersuchungen gaben sie nämlich auch sich selbst bessere Noten.[42] Man könnte es auch so sagen: Die Bewunderung eines Partners lässt uns aufblühen. Wir bewundern uns nun auch selbst mehr, fühlen uns sicherer und verhalten uns entsprechend. Aus der rosaroten Illusion wird Realität. »Aus den Menschen, die sich selbst als Frösche sahen, wurden die Prinzen, für die ihre Lebensgefährten sie hielten«, formuliert es die Forscherin.[43] Die Folge ist, dass die Partner sich noch mehr zu schätzen wissen. Glücklichen Paaren, glaubt Murray, gelingt es so, eine Kaskade positiver Gefühle in Gang zu setzen, die sich selbst verstärkt.[44]

Im Alltag wirken die positiven Illusionen vermutlich als Puffer, der es einem ermöglicht, die »Fehler« des anderen zu verzeihen. So bat die Psychologin die Probanden in einem Versuch, die größte Schwäche ihres Partners zu beschreiben. Es zeigte sich, dass glückliche Paare, Schönfärberei hin oder her, nicht blind sind für Macken ihres Partners. Sie betten diese aber in einen positiven Kontext ein.[45]

Eine der Probandinnen beispielsweise beschrieb den Tick ihres Freundes, immer alles bis ins letzte Detail ausdiskutieren zu müssen, zwar als »frustrierend«. Zugleich aber habe diese Eigenschaft der Partnerschaft geholfen, weil so »kleinere Probleme nie zu großen Streits eskalierten«.[46] Bei Paaren, die zum Scheitern verurteilt waren, verhielt es sich genau umgekehrt. Sie sahen die Schwächen ihres Partners in einem rein negativen Licht.[47]

Diese Studie weist auf einen wichtigen Punkt hin: Positive Illusionen zu haben heißt nicht, die Schwächen des Partners ganz zu übersehen. Jemand, der uns verkennt, nehmen wir nicht ernst. Oder würden Sie einem Geliebten trauen, der Sie für eine so großartige Sängerin hält, dass er Sie schon bei Deutschland sucht den Superstar anmeldet, während Sie regelmäßig die Erfahrung machen, dass man im Haus den Haupthahn zudreht, sobald Sie unter der Dusche anfangen zu singen? (Vielleicht ist das am Ende die Erklärung dafür, weshalb sich in dieser Sendung so viele Blindgänger konzentrieren? Nicht sie, sondern ihre Partner sind schuld an unserem Ohrenschmerz!)

»Der liebt nicht, der die Fehler des Geliebten nicht für Tugenden hält«, glaubte der liebeserfahrene Goethe.[48] Das mag auf die Verliebtheit ohne Abstriche zutreffen, für die Liebe aber gilt es nur mit Einschränkung. Wenn die Schönfärberei heißt, den anderen völlig zu verkennen, schießt sie über das Ziel hinaus. Menschen, die uns verkennen, geben uns das Gefühl, uns für etwas zu lieben, das wir nicht sind. Sie überfordern uns sogar, weil das Hochglanzbild, das sie sich von uns gemacht haben, jenseits unserer Möglichkeiten liegt. Mit einem Wort: Man kann es auch übertreiben mit der rosaroten Brille.[49]

Bei einer Untersuchung an frisch vermählten, sehr glücklichen Ehepaaren ließ sich somit auch bestätigen, dass diese Paare ihre gegenseitigen Stärken und Schwächen klar erkannten. Dennoch gaben diese Partner sich gegenseitig sowohl bei den Schwächen als auch bei den Stärken bessere Noten, als sie sich selbst bescheinigten. Fazit: Der Blick glücklicher Paare ist zwar rosig, aber trotzdem gestochen scharf.[50]

Liebesformel Nummer 5: Aufregung im Alltag

Lässt sich die »Verliebtheit light« auf Dauer aufrechterhalten? Ja, sagt Arthur Aron, der Mann vom Brückenexperiment, mit dem alles anfing. Wie im ersten Kapitel beschrieben, wies der Forscher auf der größten Fußgängerhängebrücke der Welt nach, dass sich die Aufregung einer Situation auf eine Person übertragen kann.

Am Anfang der Liebe steht die Aufregung. Und dann? Dann kehrt der Alltag ein, der in der Regel so aussieht, dass wir aus ihm jede Aufregung verbannen. Die Gewohnheit greift um sich. Und am Ende ist alles nur noch Routine.

Ein Rezept, meint der Psychologe, die Liebe lebendig zu halten, besteht darin, aus der Routine des Alltags auszubrechen und immer wieder Neues, Spannendes, Aufregendes zu unternehmen. Adrenalin bringt die Leidenschaft auf Trab. Und diese anregende Wirkung entfaltet sich nicht nur zu Beginn einer Beziehung, sondern auch in der späteren Partnerschaft. Das hat Aron in einer Serie von weiteren Experimenten bewiesen. Es ist, als würde sich die Aufregung auch auf die abgekühlte Beziehung übertragen können.

Zunächst testete er seine Vermutung im Labor, genauer gesagt in der Turnhalle. Er band Paare an Händen und Füßen zusammen und ließ sie gemeinsam einen kleinen Hindernisparcours überwinden. Die Paare sollten über eine Barriere klettern und dabei ein Kissen mit sich führen, ohne ihre Hände, Arme oder Zähne zu benutzten. Sie konnten das Kissen also nur zwischen ihre Köpfe oder Körper klemmen. Gelang ihnen die Lösung der Aufgabe innerhalb einer Minute, gab es zur Belohnung einen kleinen Preis.[51]

Vor und nach dieser Übung fragte der Psychologe, wie zufrieden die Paare mit ihrer Beziehung waren. Das Resultat: Auch nachdem die Fesseln wieder gelöst waren, fühlten sich die Partner einander näher als noch kurze Zeit zuvor. Bei einer Gruppe von Kontrollpaaren, die nur einen Ball durch die Sporthalle gerollt hatten, und zwar jeder für sich, blieb dieser stimulierende Effekt aus. Gemeinsame Herausforderungen, lautet Arons Fazit, und mögen sie uns noch so einfach erscheinen, lassen ein Paar zusammenrücken.[52]

Dabei handelt es sich offenbar nicht um einen bloßen Laboreffekt. Er funktioniert auch in der Praxis. In einem zweiten Versuch bat der Psychologe Ehepaare, die im Schnitt seit über 14 Jahren verheiratet waren, Aktivitäten zu beschreiben, die sie als besonders »aufregend«, und solche, die sie einfach nur als »angenehm« einstufen.

Als typisch aufregende Aktivitäten stellten sich beispielsweise heraus: Einen Berg besteigen, Skifahren, Theater, ein Konzertbesuch oder Tanzen. Als lediglich angenehm empfand man unter anderem: Freunde besuchen, gemeinsam etwas Neues kochen, im Restaurant essen oder ins Kino gehen.

Wieder teilte der Psychologe die Paare in zwei Gruppen. Den einen verschrieb er jede Woche anderthalb Stunden eine Aktion der aufregenden Kategorie. Die anderen sollten sich auf Aktivitäten der angenehmen Art beschränken.

Zehn Wochen später befragte der Forscher die Paare nach ihrem Eheglück. Es zeigte sich: Diejenigen, die in den letzten Monaten jede Woche etwas Aufregendes gemacht hatten, waren mit ihrer Partnerschaft eindeutig zufriedener als zuvor. Bei den anderen hatte sich so gut wie nichts getan. Aufregung kann also nicht nur die Verliebtheit, sondern auch die Liebe beflügeln.[53]

Aufregung – es gibt wohl kaum eine Liebesbeziehung, die

nicht damit beginnt. Das Kribbeln im Bauch, die zitternden Hände, man weiß gar nicht, was man sagen soll … Dann vergeht die Verliebtheit, und für viele stellt sich das schönste Gefühl ein, das es gibt: Liebe.

Lässt sich dieses Gefühl erhalten? Oder muss es zwangsläufig der Gewohnheit weichen? Arthur Aron hat auf Grund seiner Versuche eine klare Meinung dazu. Mag ja sein, sagt er, dass mit den Jahren die Ehezufriedenheit im Schnitt sinkt. Das jedoch, davon ist der Psychologe überzeugt, muss kein unabänderliches Muster sein – die dauerhaft glücklichen Paare, die es gibt, beweisen es.[54]

Der Wissenschaftler hat recht. Es fordert zwar ein bisschen Einfallsreichtum und etwas Disziplin, die Liebe vor dem Zerfall zu schützen. Doch wenn man sich wirklich um sie kümmert, kann sie lebendig bleiben. Die fünfte Formel dafür lautet: Suchen Sie gemeinsame Herausforderungen und Aufregung im Alltag.[55]

Anmerkungen

1 Siehe z. B. Derlega & Berg (1987), Gottman & DeClaire (2001).
2 Gottman & DeClaire (2001).
3 Gottman & DeClaire (2001). Übersetzungen von mir.
4 Aus: Gottman & DeClaire (2001).
5 Gottman & DeClaire (2001).
6 Gottman & DeClaire (2001).
7 McGonagle et al. (1992).
8 Z. B. Fincham (2003) und Karney & Bradbury (1995).
9 Vergleiche auch: Sullivan et al. (1998).
10 Sein Ansatz beruht wiederum auf einem Paarprogramm des amerikanischen Beziehungsforschers Howard Markman »PREP« (»Prevention and Relationship Enhancement Program«), siehe dazu z. B. Markman et al. (1994) und Markman et al. (2004).

11 Hahlweg & Bodenmann (2003).
12 Hahlweg & Bodenmann (2003).
13 Gottman & DeClaire (2001).
14 Birchler et al. (1975).
15 Gottman & DeClaire (2001).
16 Gottman & DeClaire (2001).
17 Siehe: Pasch et al. (1997), Pasch & Bradbury (1998), Sullivan et al. (1998).
18 Pasch et al. (1997).
19 Pasch & Bradbury (1998).
20 Für eine gute Übersicht siehe: Cutrona (1996).
21 Pasch & Bradbury (1998).
22 Gottman & Silver (2000).
23 Z. B. Cutrona (1996), Gottman & Silver (2000).
24 Pasch et al. (1997).
25 Siehe auch: Cutrona (1996).
26 Gottman & Silver (2000).
27 Gottman & Silver (2000).
28 Fontane (1982).
29 Z. B. auch in: Notarius & Markman (1996).
30 Gottman & DeClaire (2001).
31 Z. B. Markman et al. (1994).
32 Z. B. Markman et al. (1994).
33 Z. B. Gottman & Silver (2000) oder Notarius & Markman (1996).
34 Gottman (1999).
35 Wile (1992).
36 Wile (1992).
37 Goethe (1949b).
38 Zitiert in: Flake, O. Über die Frauen. Aphorismen. Gütersloh: Bertelsmann Lesering.
39 Murray et al. (1996).
40 Murray et al. (2000).
41 Murray & Holmes (1997).
42 Murray et al. (1996).
43 Murray et al. (1996).
44 Murray et al. (1996).
45 Murray & Holmes (1999).
46 Murray & Holmes (1999).
47 Murray & Holmes (1999).

48 Goethe (1958).

49 Siehe dazu z.B.: Swann et al. (1994), Drigotas et al. (1999), Felser (2003).

50 Neff & Karney (2002).

51 Aron et al. (2000). Um die Paare zu ermutigen, ließen die Psychologen sie alle »gewinnen«.

52 Aron et al. (2000).

53 Reissman et al. (1993).

54 Aron et al. (2002).

55 Aron et al. (2002).

Literatur

A. Aron, C. C. Norman, E. N. Aron, G. Lewandowski (2002): »Shared participation in self-expanding activities: Positive effects of experienced marital quality«, in: P. Noller & J. A. Feeney (Hg.): Understanding marriage: Developments in the study of couple interaction, Cambridge.

A. Aron, C. C. Norman, E. N.Aron, C. McKenna, R. E. Heyman (2000): »Couples' shared participation in novel and arousing activities and experienced relationship quality«, Journal of Personality and Social Psychology 78, S. 273–248.

G. R. Birchler, R. L. Weiss, J. P. Vincent (1975): »Multimethod analysis of social reinforcement exchange between maritally distressed and nondistressed spouse and stranger dyads«, Journal of Personality and Social Psychology 31, S. 349–360.

C. E. Cutrona (1996): Social support in couples: Marriage as a resource in times of stress, Thousand Oaks.

V. J. Derlega & H. J. Berg (Hg.) (1987): Self-disclosure: Theory, research, and therapy, New York.

S. M. Drigotas, C. E. Rusbult, J. Wieselquist, S. W. Whitton (1999): »Close partner as sculptor of the ideal self: Behavioral affirmation and the Michelangelo phenomenon«, in: Journal of Personality and Social Psychology 77, S. 293–323.

G. Felser & J. Brandstädter (2003): Entwicklung und Stabilität in Partnerschaften: Risiken und Ressourcen, Bern.

F. D. Fincham (2003): »Marital conflict: Correlates, structure, and context«, Current Directions in Psychological Science 12, S. 23–27.

T. Fontane (1982): Cécile, Stuttgart.

J. W. Goethe (1949): Lieder. Goethes poetische Werke, Vollständige Ausgabe, Bd. 1: Gedichte, Stuttgart.

J. W. Goethe (1958): Poetische Werke, Bd. 2: Maximen und Reflexionen, Stuttgart.

J. M. Gottman & J. DeClair (2001): The relationship cure: A5 step guide to strengthening your marriage, family, and friendships, New York.

J. M. Gottman & N. Silver (2000): Die 7 Geheimnisse der glücklichen Ehe, München.

J. M. Gottman (1999): The marriage clinic: A scientifically-based marital therapy, New York.

K. Hahlweg & G. Bodenmann (2003): »Universelle und indizierte Prävention von Beziehungsstörungen«, in: I. Grau und H. W. Bierhoff (Hg.): Sozialpsychologie der Partnerschaft, Berlin.

B. R. Karney & T. N. Bradbury (1995): »The longitudinal course of marital quality and stability: A review of theory, method, and research«, Psychological Bulletin 118, S. 3–34.

H. Markman, S. Stanley, S. L. Blumberg (1994): Fighting for your marriage: positive steps for preventing divorce and preserving a lasting love, San Francisco.

H. Markman, S. Stanley, S. L. Blumberg, N. H. Jenkins, C. Whiteley (2004): 12 hours to a great marriage. A step-by-step guide for making love last, San Francisco.

K. A. McGonagle, R. C. Kessler, E. A. Schilling (1992): »The frequency and determinance of marital disagreements in a community sample«, in: Journal of Social and Personal Relationships 9, S. 507–524.

S. L. Murray & J. G. Holmes (1997): »A leap of faith? Positive illusions in romantic relationships«, in: Personality and Social Psychology Bulletin 23, S. 586–604.

S. L. Murray & J. G. Holmes (1999): »The (mental) ties that bind: cognitive structures that predict relationship resilience«, in: Journal of Personality and Social Psychology 77, S. 1228–1244.

S. L. Murray, J. G. Holmes, D. Dolderman, D. W. Griffin (2000): »What the motivated mind sees: Comparing friends' perspectives to married partners' views of each other«, in: Journal of Experimental Social Psychology 36, S. 600–620.

S. L. Murray, J. G. Holmes, D. W. Griffin (1996): »The benefits of positive illusions: Idealization and the construction of satisfaction in close relationships«, in: Journal of Personality and Social Psychology 70, S. 79–98.

L. A. Neff & B. R. Karney (2002): »Self-evaluation motives in close relationships: A model of global enhancement and specific verification«, in: P. Noller & J. A. Feeney (Hg.): Understanding marriage: Developments in the study of couple interaction, Cambridge.

C. Notarius & H. Markman (1996): Wir können uns doch verstehen. Paare lernen mit Differenzen leben, Reinbek.

L. A. Pasch & T. N. Bradbury (1998): »Social support, conflict, and development of marital dysfunction«, in: Journal of Consulting and Clinical Psychology 66, S. 219–230.

L. A. Pasch, T. N. Bradbury, K. T. Sullivan (1997): »Social support in marriage: An analysis of intraindividual and interpersonal components«, in: G. R. Pierce, B. Lakey, I. G. Sarason, B. R. Sarason (Hg.): Sourcebook of social support and personality, New York.

C. Reissman, A. Aron, M. R. Bergen (1993): »Shared activities and marital satisfaction: Causal direction and self-expansion versus boredom«, in: Journal of Social and Personal Relationships 10, S. 243–254.

K. T. Sullivan, L. A. Pasch, K. A. Eldridge, T. N. Bradbury (1998): »Social support in marriage: Translating research into practical applications for clinicians«, in: The Family Journal: Counseling and Therapy for Couples and Families 6, S. 263–271.

W. B. Swann, C. De La Ronde, J. G. Hixon (1994): »Authenticity and positivity strivings in marriage and courtship«, in: Journal of Personality and Social Psychology 66, S. 857–869.

D. B. Wile (1992): Partnerschaftsprobleme – kein Problem. Rezepte gegen die Einsamkeit zu zweit, Weinheim.

ANDREAS BERNARD

»Das Verschwinden der Kunst aus der künstlichen Reproduktion«

Frankensteins Erben

Im 21. Jahrhundert sind IVF* und ICSI** so selbstverständliche, weitverbreitete Verfahren, dass diese Formen der Zeugung inzwischen eher als *Variante* natürlicher Empfängnis betrachtet werden, nicht mehr als deren Gegensatz. Bevor 2004 das »Gesundheitsmodernisierungsgesetz« in Kraft trat und die Finanzierung zum Großteil auf die Patienten übertrug, wies das »Deutsche IVF-Register« über 100 000 Behandlungszyklen und 17 000 Geburten pro Jahr aus. Nach einem vorübergehenden Rückgang dieser Werte auf die Hälfte hat sich die Anzahl in den letzten Jahren trotz der nur teilweisen Kostenübernahme der Kassen wieder erhöht und erreicht heute einen Stand von etwa 80 000 Behandlungszyklen und über 10 000 Geburten (bei einer Gesamtzahl von rund 650 000 Geburten in Deutschland).[1] Heute bereitet es Mühe, sich das Maß an Erregung zu vergegenwärtigen, das die Methode der In-vitro-Fertilisation hervorgerufen hat, nicht nur unmittelbar nach der Geburt Louise

* In-vitro-Fertilisation (künstliche Befruchtung der Eizelle durch eine Vielzahl von Spermien in einem Reagenzglas)

** Intra-cytoplasmic sperm injection (künstliche Befruchtung der Eizelle mittels direkter Einspritzung eines einzelnen Spermiums in den Zellkörper)

Browns 1978, sondern über einen beträchtlichen Zeitraum hinweg, bis in die neunziger Jahre hinein. Von der Regierung eingesetzte Kommissionen aus Medizinern, Juristen und Philosophen sprechen sich zwar schon früh für die grundsätzliche Zulassung des IVF-Verfahrens aus – das »Warnock Committee« in Großbritannien 1984, die deutsche Arbeitsgruppe zur »In-vitro-Fertilisation, Genomanalyse und Gentherapie« unter dem Vorsitz von Ernst Benda 1985 –, aber in der öffentlichen Wahrnehmung ist die neue Fortpflanzungstechnologie zu dieser Zeit noch von Irritation und Zurückweisung geprägt.

Die kritische Aufnahme der extrakorporalen Befruchtung bildet sich auch in der Bezeichnung der Kinder ab, die auf diese Weise gezeugt werden: in den Begriffen »Test-tube Baby« und der deutschen Entsprechung »Retortenbaby«. Das englische Wort ist allerdings nicht neu. Es stammt aus einer früheren Epoche der Reproduktionsmedizin, aus den 1930er Jahren, als in den USA die Samenspende eines Dritten aufkam. »Im Laienausdruck für Kinder, die aus künstlicher Insemination hervorgehen«, schreibt etwa der Samenbanken-Pionier Alan Guttmacher 1943, »nämlich ›test-tube babies‹, klingt etwas Magisches an. Es lässt an weißbekittelte Ärzte mit Schutzbrillen denken, die auf mysteriöse Weise Babys aus Ektoplasma brauen. Natürlich haben diese Vorstellungen nichts mit der Realität zu tun.«[2] »Test-tube babies« sind in der Geschichte assistierter Empfängnis also zunächst Kinder, die mit Hilfe anonymer Samenspender gezeugt werden. Bereits im Zusammenhang mit den Forschungen von John Rock und Miriam Menkin in Boston wird der Begriff allerdings auch für die möglichen Erfolge von Befruchtungen außerhalb des Körpers benutzt, und als die Experimente Edwards' und Steptoes Anfang der siebziger Jahre erstmals für Aufsehen sorgen, bürgert er sich als Synonym für in vitro gezeugte Kinder ein. Keine deutsche Zeitung etwa kommt nach dem 25. Juli 1978 ohne das Wort »Retortenbaby«

in den Schlagzeilen aus, und die Illustration eines Säuglings im Reagenzglas wird von manchen Blättern, etwa der Münchner *Abendzeitung*, sogar tagelang als wiedererkennbares Logo der Berichterstattung über Louise Brown verwendet.

Die Begriffe »Test-tube«, »Retorte« und »Reagenzglas« sind bis heute Bestandteil jeder skeptischen Beschreibung der Reproduktionsmedizin, und vor diesem Hintergrund ist es aufschlussreich, dass keine einzige erfolgreiche In-vitro-Fertilisation jemals in einem solchen Gefäß stattgefunden hat. Denn seit Miriam Menkins Zeiten verwenden die Embryologen bekanntlich flache, breite Petrischalen, um die menschlichen Eizellen und Samenproben zu vereinigen. Zu einem frühen Zeitpunkt der IVF-Geschichte – während des Prozesses zwischen dem Ehepaar Del-Zio und der New Yorker Columbia Universität 1978 – wird die mangelnde chemische Eignung von Reagenzgläsern sogar einmal explizit diskutiert. Der Biologe Landrum Shettels sagt aus, er habe die Gameten von John und Doris Del-Zio fünf Jahre zuvor in handelsüblichen »test-tubes« zusammengeführt, und die Verteidigung beruft eine sachverständige Zeugin, die gerade in diesem Vorgehen einen weiteren Zweifel an der Vertrauenswürdigkeit Shettels erkennt. Vor Gericht legt sie dar, dass Petrischalen für das Prozedere unerlässlich seien, weil sich das Kohlendioxid im Nährmedium in flachen Behältern stärker ausbreiten könne und den ph-Wert der Flüssigkeit auf dem geeigneten Niveau halte. In schmalen, tiefen Gläsern dagegen wäre das Medium nicht sauer genug, und die Kultivierung der Keimzellen würde scheitern.[3] Die Frage lautet also, warum sich die »test-tube« in den letzten Jahrzehnten so hartnäckig als kritische Metapher für das Verfahren gehalten hat, obwohl das Gefäß in der konkreten Arbeitspraxis der Reproduktionszentren keine Rolle spielt. Das Reagenzglas, könnte man sagen, erscheint im populären Blick auf die Laborarbeit als Symbol einer schöpferischen Wissenschaft und ihrer riskanten Schwellen schlechthin. Weit mehr als die Petrischale beschwören Fassungsvermögen und Vertikalität des Reagenzglases Phantasien einer Transformationskraft von Substanzen herauf. All jene Bilder und Szenen, die unsere kollektive Vorstellung von Grenzüberschreitungen im Labor geprägt haben – die Verwandlungen Dr. Jekylls oder des von Jerry Lewis gespielten »verrückten Professors« im Hollywood-Kino, die Erzeugung des Homunculus in den Theateraufführungen des zweiten »Faust« –, stellen rauchende, mit grellen Flüssigkeiten gefüllte Phiolen, Reagenzgläser und Kolben ins Zentrum der Versuchsanordnung – bauchige Behälter, deren Elixiere den prekären Sprung ermöglichen, vom bürgerlichen Arzt zum Monster, von den »vielen hundert Stoffen«[4] im Labor des Faust-Schülers Wagner zum künstlichen Menschen. Diese Bedeutungstradition des Reagenzglases, als zweifelhafte Ikone einer entfesselten Wissenschaft, hat vermutlich dazu geführt, dass dem Gefäß in der Geschichte der Reproduktionsmedizin eine faktisch grundlose Repräsentationskraft zugewiesen wurde. Die Petrischale hingegen, ihre diskrete Erscheinung, eignet sich nicht zum Symbol. Der tatsächliche Schauplatz epochaler Verwandlungen, jenes Glas, dem die In-*vitro*-Fertilisation ihren Namen verdankt, ist bis heute semantisch neutral geblieben.

So wie die frühen Namen der außerhalb des Körpers gezeugten Kinder die technische Herstellung betonen, ist auch die grundsätzliche Debatte über das Verfahren in der Anfangszeit vom Problem der Artifizialität bestimmt. In-vitro-Fertilisation ist *künstliche* Befruchtung, und auch wenn Edwards, Steptoe und andere Vorreiter der assistierten Reproduktionsmedizin immer wieder ihre Erfolge bei der Überwindung ungewollter Kinderlosigkeit betonen, steht der Aspekt der Sterilitätstherapie in der öffentlichen Einschätzung zunächst im Hintergrund. Die beherrschende Frage nach der Geburt Louise Browns lautet vielmehr, ob die Erzeugung von Leben außerhalb des Körpers zulässig sei, welche Gefahren und Unzulänglichkeiten dieser Akt für das Kind, die Beziehung der Eltern und das Menschenbild einer Gesellschaft heraufbeschwöre. Wenn man die Presseberichte, Parlamentsdebatten und sozialwissenschaftlichen Studien zur In-vitro-Fertilisation in Deutschland von 1978 bis zur Verabschiedung des Embryonenschutzgesetzes 1990 untersucht, ist der Schwerpunkt der Beiträge klar zu bestimmen: Zuallererst steht in diesen Auseinandersetzungen der Kern des Menschlichen auf dem Spiel. Die Sorge, dass die Reproduktionsmedizin das Gut des Lebens in ein technisches »Produkt« verwandle, unabhängig von der körperlichen Vereinigung zweier Menschen, verbindet ansonsten unvereinbare politische Lager: Feministinnen und Kirchenvertreter, alternative und konservative Parteien. Schlagzeilen und Buchtitel greifen immer wieder zu Metaphern der Dehumanisierung; jene Frauen, die sich In-vitro-Befruchtungen und Embryotransfers unterziehen, werden als »Gebärmaschinen« oder »Mutter-Maschinen«[5] bezeichnet. Die extrakorporale Zeugung bringt Erinnerungen an jahrhundertealte, von der Literatur und Mythologie durchgespielte Imaginationen des künstlichen Menschen hervor, die sich nun zu verwirklichen scheinen. Es ist daher folgerichtig, dass die frühen Diskussionen um die In-vitro-Fertilisation (wie in der Anfangszeit der Samenspende) unablässig von Verweisen auf die phantastische Literatur begleitet werden, insbesondere auf zwei berühmte Vertreter des Genres: Mary Shelleys *Frankenstein* von 1818 und Aldous Huxleys 1932 erschienene Dystopie *Brave New World*, *Schöne neue Welt*.

Viktor Frankenstein, der in der britischen Boulevardpresse regelmäßig als Ahnherr von Robert Edwards und Patrick Steptoe bezeichnet wird, eignet sich vor allem als Modell einer Erkenntnisübertretung. »Lernet, wie gefährlich die Erwerbung von Wissen sein kann«, warnt der auf der Jagd nach seiner Kreatur im Polareis gestrandete Forscher seinen Retter und bezichtigt sich der Anmaßung eines Menschen, »der da strebte, größer zu sein, als seine Natur es ihm erlaubt!«[6] Als Erzeuger eines künstlichen Wesens, dessen Monstrosität sich gegen ihn wendet und eine Schneise der Verwüstung hinterlässt, gibt Frankenstein ein Urbild jener Ängste ab, die sich eineinhalb Jahrhunderte später mit der tatsächlichen Entstehung von Menschen im Labor verbinden. Die Wissenschaft, die sich göttliche Schöpfungskraft anmaßt, wird dafür büßen – diese Lehre des Romans entspricht einer verbreiteten Sichtweise in der Frühzeit der In-vitro-Fertilisation. Und weil das Gleichnis so anschaulich ist, kann der Verweis auf Viktor Frankenstein auch elementare Unterschiede zwischen der Belebung eines aus Leichenteilen zusammengesetzten Riesenkörpers und der extrakorporalen Befruchtung mütterlicher Eizellen in Kauf nehmen. Mary Shelleys Roman folgt mythologischen und alchimistischen Zeugungsphantasien, wie sein Untertitel »Der neue Prometheus« andeutet; Fragen nach der biologischen Entwicklung von Leben, nach dem Verwandtschaftsverhältnis zwischen Eltern und Kind spielen in *Frankenstein* – zwanzig Jahre vor den Anfängen der Zelltheorie geschrieben – keine Rolle. Dass die Titelfigur des Romans dennoch so häufig als Vorläufer der assistierten Empfängnis aufgerufen wird, zeigt an, wie tief das kollektive Befremden gegenüber der neuen Zeugungsweise in dieser Zeit reicht.

Aldous Huxleys *Schöne neue Welt* liegt aus historischen und biographischen Gründen viel näher an der wissenschaftlichen Realität der In-vitro-Fertilisation. Anfang der 1930er Jahre arbeitet Gregory Pincus in Cambridge bereits an seinen künstlichen Befruchtungsversuchen mit Mäusen und Kaninchen, und Huxley hat über seinen Bruder Julian, einen in der Eugenik-Bewegung aktiven Embryologen, direkten Zugang zu den neuesten Forschungen und gesellschaftspolitischen Visionen der Reproduktionsbiologie. Anregungen für seinen Science-

Fiction-Klassiker über einen Staat, der keine sexuelle Fortpflanzung mehr duldet und die Entstehung neuer Menschen von der Befruchtung bis zur »Entkorkung« in fabrikartige Labore verlegt, erhält Aldous Huxley durch die eugenischen Manifeste im Umfeld seines Bruders – durch *Out of the Night* von Hermann Muller oder die 1923 erschienene Phantasie *Daedalus or Science and the Future* des Genetikers John Haldane, in dem bereits von jahrelang konservierten Eierstöcken und dem Heranwachsen menschlicher Föten im Kulturmedium die Rede ist. Aldous Huxley verfasst den Roman also zeitgleich mit den ersten tatsächlichen Experimenten zur extrakorporalen Befruchtung (Pincus veröffentlicht seinen bahnbrechenden Aufsatz 1934), und es ist bemerkenswert, dass schon die allerfrühesten Reaktionen auf diese wissenschaftliche Zäsur einen Zusammenhang zu der gerade erschienenen literarischen Dystopie herstellen. »Die ›Schöne neue Welt‹ Huxleys scheint Realität zu werden«,[7] heißt es 1937 in einem Editorial des *New England Journal of Medicine* über Pincus' Versuche.

Vierzig Jahre später, nach der Geburt der ersten in vitro gezeugten Menschen, wird das Buch geradezu als prophetische Vorwegnahme der aktuellen Ereignisse gedeutet. Um die Detailgenauigkeit der Schilderungen zu unterstreichen, ergänzen die Zeitungen ihre Artikel über Louise Brown um den Abdruck langer Passagen des Romans (wie die *Süddeutsche Zeitung* in ihrer Wochenendausgabe vom 29./30. Juli 1978) oder veröffentlichen, wie die *Zeit* im Februar 1979, Dossiers über den Zusammenhang von Huxleys Schreckensvision und der Wirklichkeit der Reproduktionsmedizin. Eines der ersten populärwissenschaftlichen Bücher über die neue Zeugungstechnik trägt den Untertitel »Brave New Hope – or Horror?«. Bis weit in die achtziger Jahre hinein bleibt der totalitäre Zukunftsstaat ein Leitbild der Berichterstattung über neue Reproduktionstechnologien. »Die In-vitro-Fertilisation hat das Tor in Huxleys

›Schöne neue Welt‹ aufgestoßen«,[8] heißt es zu Beginn eines großen Artikels der *Frankfurter Allgemeinen Zeitung* über den Abschlussbericht des britischen »Warnock-Committee«: ein Satz, der sich leicht variiert in Dutzenden von Berichten dieser Zeit findet und im Hinblick auf die Diagnose von 1937 eine erstaunliche Referenztreue offenbart.

Doch warum erweist sich gerade Huxleys Roman über ein halbes Jahrhundert hinweg als gültiger Bezugsrahmen für das Unbehagen an der Fortpflanzungsmedizin? Zum einen liegt diese Kontinuität an der Präzision, mit der die Zeugung außerhalb des Körpers in dem Buch beschrieben wird. Wenn der Direktor der »Brut- und Normzentrale«, die im Originaltext in London, in den frühen deutschen Übersetzungen in Berlin-Dahlem liegt, einer Gruppe von Studenten seine »Brutöfen« vorführt, erinnern zumindest die ersten Etappen der künstlichen Empfängnis an die reproduktionsmedizinischen Tatsachen des ausgehenden 20. Jahrhunderts, an Verfahren der Eizellspende und In-vitro-Fertilisation. »Er öffnete eine abgedichtete Tür«, heißt es zu Beginn des Romans, »und zeigte ihnen die vielen Gestelle voll bezifferter Reagenzgläser. ›Der wöchentliche Eingang an Ovarien. Ständig bei Bluttemperatur gehalten.‹« Der Direktor gibt seinen Besuchern »eine kurze Beschreibung des modernen Befruchtungsvorgangs« und spricht »selbstverständlich zuerst von dessen chirurgischer Einleitung mittels ›einer freiwillig zum Gemeinwohl auf sich genommenen Operation, die überdies noch mit einer Prämie in der Höhe von sechs Monatsgehältern verbunden ist‹« (heutige Eizell-Spenderinnen erhalten in den USA wie erwähnt zumeist 8000 Dollar, was ebenfalls einem durchschnittlichen Nettoeinkommen eines halben Jahres entspricht). Hierauf, so Huxley weiter, »beschrieb er das Verfahren, um das exstirpierte Ovar am Leben zu erhalten und weiterzuentwickeln [...], erwähnte die Nährlösung, in der die abgetrennten und ausgereiften Eier aufbewahrt wurden, führte seine Schützlinge an die Arbeitstische und zeigte ihnen, wie diese Flüssigkeit aus den Reagenzgläsern abgezogen und tropfenweise auf die vorgewärmten Objektträger der Mikroskope geträufelt wurde, wie die in ihr enthaltenen Eier auf Entartungen untersucht, gezählt und in einen porösen Behälter übertragen wurden und – hier ließ er sie der Prozedur zusehen – wie man diesen Behälter in eine warme Nährbouillon voll freischwimmender Spermatozoen tauchte«. Bis zum Akt der Befruchtung lassen sich die Schilderungen des Romans also weitgehend mit der Praxis der künstlichen Reproduktion in Einklang bringen, wie sie um 1930 bereits an Tieren, seit den 1970er Jahren auch beim Menschen ausgeübt wird. Die Schwelle zur Science-Fiction überschreitet Huxley dann im gleichen Absatz, wenn vom weiteren Umgang mit den befruchteten Eizellen die Rede ist. Denn wo die kultivierten Embryonen bei der tatsächlichen IVF-Behandlung nach spätestens fünf Tagen in den Uterus der Mutter transferiert werden, kommen sie hier, wie der Institutsdirektor sagt, »zurück in die Brutöfen, wo die Alphas und Betas bis zur endgültigen Abfüllung auf Flaschen verblieben, während die Gammas, Deltas und Epsilons schon nach sechsunddreißig Stunden herausgenommen und dem Bokanowskyverfahren unterzogen wurden«.[9]

Diese Kategorisierung der Menschenzeugung, die abweichende Versorgung verschiedener Klassen von Embryos und Föten, weist auf den zweiten Grund, warum Huxleys *Schöne neue Welt* nach 1978 zu neuer Prominenz erstrahlt. Denn im Zentrum des Romans steht ja die unauflösliche Verbindung zwischen biologischer und sozialer Ordnung, zwischen der Entstehungsweise eines Menschen und seinem persönlichen Schicksal. Ob ein neuer Bewohner der privilegierten »Alpha«- oder der unterdrückten, geistig zurückgebliebenen »Epsilon«-Klasse angehört, entscheidet sich bereits während seiner Zeugung. In der »Brut- und Normzentrale« wird die Entwicklung der einen Fötengruppe, der künftigen Elite des Staates, mit Blutersatzstoffen und Hormonen stimuliert, die der anderen aber durch Sauerstoffentzug und Alkoholzufuhr gehemmt. Zudem entstammen die Abkömmlinge der drei unteren Klassen nicht einer einzelnen weiblichen Keimzelle, sondern den erwähnten »bokanowskysierten« Eiern, die sich unter Röntgenbestrahlung spalten und bis zu 96 identische »Simultangeschwister« hervorbringen können. Auf die Frage eines Studenten, worin der Sinn dieser Vervielfältigung liege (zu der Huxley von den Hormontherapien Pincus' inspiriert worden sein soll), antwortet der Institutsdirektor: »Ein einziges bokanowskysiertes Ei liefert die Belegschaft für einen ganzen kleineren Fabrikbetrieb. 96 völlig identische Geschwister bedienen 96 völlig identische Maschinen.«[10] Gleichförmige Befruchtungsweisen bringen gleichförmige Biographien hervor: Die normierte Zeugung der Menschen ist bei Huxley also mehr als nur eine futuristische Reproduktionspraxis; sie wird zur Basis einer normierten Arbeits- und Lebensordnung, in der Liebesbeziehungen oder natürliche Fortpflanzung strengstens verboten sind und die Bevölkerung durch Drogengaben und verordnete Promiskuität im Zaum gehalten wird. Nicht umsonst erscheint der Autobauer und Erfinder der Fließbandproduktion, Henry Ford, als göttliche Instanz des Weltstaats; die Zeitrechnung im Roman, der im Jahr »632 n. F.« spielt, setzt mit dem Auslieferungsjahr des ersten »Ford T«-Modells im Jahr 1908 ein. Und genau diese Engführung von artifizieller Zeugung, Konsumideologie und politischem Totalitarismus hat dazu geführt, dass Huxleys Buch zu einer derart ergiebigen Quelle für die Kritik an der In-vitro-Fertilisation werden konnte.

In den achtziger Jahren ist die öffentliche Wahrnehmung der Reproduktionsmedizin also von einer generellen Antithese geprägt: zwischen der »Natur« des Menschen und jener »Technik« der neuen Empfängnisweise, die diese Natur zu überlagern und auszulöschen droht. Romane wie *Frankenstein* und *Schöne neue Welt* veranschaulichen deutlich, wohin es führt, wenn der durch alle Zeiten überlieferte, auf der körperlichen Vereinigung eines Paares beruhende Ursprung menschlichen Lebens missachtet und von künstlichen Formen ersetzt wird. Die maßgeblichen sozialpsychologischen Studien, die zur In-vitro-Fertilisation erscheinen, sehen daher die seelische Stabilität der betroffenen Eltern und Kinder gefährdet. Gerhard Amendt etwa erkennt im »Eindringen technischer Formen der Menschenproduktion« in die Familienbildung eine »Perspektive, in der der selbstverständlich erscheinende Zusammenhang von menschlichen Beziehungen und Zeugung zerrissen wird«. Assistierte Empfängnis, so folgert er in seinem mehrfach aufgelegten Traktat *Der neue Klapperstorch* von 1986, »löst nicht nur diese Selbstverständlichkeit auf, sie wirkt darüber hinaus auch kulturzerstörend«.[11] Ganz ähnlich argumentiert der Psychotherapeut Peter Petersen im Abschlussbericht der Arbeitsgruppe zur »In-vitro-Fertilisation, Genomanalyse und Gentherapie«, dem er ein Sondervotum gegen die Zulässigkeit der IVF-Behandlung beifügt. »Man vergleiche nur«, schreibt er, »die hochempfindliche Sensibilität, die personale Beteiligung und die Schutzbedürftigkeit einer tiefempfundenen und vollbewußten Zeugung und Empfängnis in der geschlechtlichen Vereinigung von Mann und Frau mit der notwendigerweise kühl distanzierten Atmosphäre eines Befruchtungslabors in einer Klinik.«[12] Angesichts der bedrohlichen Fragmentierungen assistierter Reproduktionsmedizin wird hier noch einmal die Beteiligung des ganzen Menschen als unerlässlich für die Fortpflanzung gedacht – und das fast 150 Jahre nachdem die Zellenlehre allen biologischen Theorien dieser Art ein Ende machte.

Das Unbehagen an der In-vitro-Fertilisation reiht sich in dieser Zeit schließlich in einen breiteren Diskurs der Technik- und Wissenschaftskritik ein. Erkennbar wird das etwa daran, wie häufig die IVF-Methode in Artikeln und Aufsätzen mit der Bedrohung durch die Kernkraft oder die atomare Aufrüstung assoziiert wird. Bereits die Zeitschrift *Nature* schließt ihr erstes Editorial nach Louise Browns Geburt mit dem Ratschlag, die Reproduktionsbiologie solle die Sorgen der Bevölkerung ernst nehmen, wenn sie »aus den Erfahrungen der Atomindustrie lernen will, die ihre Ansichten über die öffentliche Meinung hinweg vertreten hat«. Der Bischof von Augsburg wird im August 1978 mit dem Satz zitiert, ein außerhalb des Körpers gezeugtes Baby sei »schlimmer als die Atombombe« – eine Gedankenverbindung, die der Gynäkologe Fritz Beller in einem langen Essay für die *Süddeutsche Zeitung* 1983 aufgreift, wenn er schreibt: »Im Vordergrund der Besorgnisse über die In-vitro-Fertilisation steht der Mißbrauch der Methode. Die Entwicklung der Atombombe ist ein gutes Beispiel für einen derartigen Mißbrauch, den ursprünglich niemand gewollt hat.« Ein Leitartikel zur Kryokonservierung von Embryonen wiederum, 1986 in derselben Zeitung erschienen, beginnt mit den Worten: »Physiker haben in Hiroshima erfahren, daß man nicht alles tun darf, was man tun kann. Den Ärzten fehlt wohl noch ein Schlüsselerlebnis.« Und auch die Einleitung zu der feministischen Aufsatzsammlung *Retortenmütter*, ein Mitte der achtziger Jahre vielbeachteter Band, fragt hinsichtlich der neuen Reproduktionstechnologien: »Können wir sie aufhalten, diese Zeitbombe, die da unhörbar einer Zukunft entgegentickt, in der – falls die ›andere‹ Bombe nicht losgeht – die Unterdrückung von Frauen sich noch verschärft?«[13] Assistierte Empfängnis wird im Lauf der achtziger Jahre also immer wieder zum Gegenstand apokalyptischer Diagnosen; die Zeugungstechnik reiht sich ein in andere kollektiv empfundene Bedrohungen wie die Umweltzerstörung, das Wettrüsten der politischen Blöcke oder die Risiken der Energieproduktion.[14]

Seit den frühesten Tagen der assistierten Empfängnis, seit dem Aufkommen der homologen Samenspende an der Wende zum 20. Jahrhundert schildern die Ärzte den Jammer ehelicher Unfruchtbarkeit in düsteren Farben, damit die Erfolge ihrer neuen Therapien umso heller erstrahlen können. »Der Wunsch, das eigene Ich in seiner Nachkommenschaft fortgepflanzt zu wissen, ist im Menschengeschlecht so tief gewurzelt, dass in denjenigen Ehen, denen dies versagt ist, diese Lücke in der Regel auf das Schmerzlichste empfunden wird«, schreibt Albert Döderlein 1912 in seinem Artikel zur künstlichen Insemination, und der berühmte Badearzt und Sterilitätsforscher Enoch Heinrich Kisch erinnert sich an seine therapeutischen Bemühungen mit den Worten: »Ich habe diesen Schmerzensschrei nach dem Kinde gleich heftig und erschütternd aus dem Munde der Bürgersfrau wie der Fürstin vernommen und war häufig genug so glücklich, an der hohen Freude teilzunehmen, wenn diese schreiende Sehnsucht ihre Erfüllung fand.« Als sich ein gutes halbes Jahrhundert später die neuen Verfahren der Leihmutterschaft und In-vitro-Fertilisation zu etablieren beginnen, stellen die betreffenden Wissenschaftler, Vermittler und Patienten ebenso das Drama der Unfruchtbarkeit ins Zentrum ihrer Äußerungen. Noel Keane, der Begründer der Leihmutter-Industrie, zitiert seine allererste Klientin 1976 mit den verzweifelten Worten: »Immer wenn ich eine Schwangere auf der Straße sehe, würde ich sie am liebsten mit meinem Auto überfahren.« Und auch die Autobiographie von John und Lesley Brown widmet sich ausführlich der Depression der Eheleute, kein gemeinsames Kind zeugen zu können, bevor sie von der neuen Behandlungstechnik des Gynäkologen Patrick Steptoe erfahren.[15]

Im Empfinden der Protagonisten assistierter Empfängnis steht die Krise der Unfruchtbarkeit also schon immer im Vordergrund, als Impuls ihrer medizinischen Forschungen, Geschäftsideen oder Hilfsgesuche. Diese Priorität spiegelt sich aber bis weit in die achtziger Jahre hinein nicht in der öffentlichen Wahrnehmung wider. Die In-vitro-Fertilisation wird, wie sich gezeigt hat, primär in ihrem Verhältnis zur Menschennatur verhandelt, und wenn das Problem der Infertilität in den Debatten einmal auftaucht, dann keineswegs als Universallegitimation für die Anwendung des Verfahrens, sondern in einem kontrovers und kritisch aufgefassten Sinn. Anfang der siebziger Jahre nimmt Robert Edwards etwa an einer großen Diskussionsrunde in den USA teil, auf der er den kurz bevorstehenden Durchbruch der IVF-Behandlung ankündigt. Ein Gegner dieser Versuche auf dem Podium fragt: »Wird der ›klinische Defekt‹ der Infertilität tatsächlich geheilt durch die Befruchtung außerhalb des Körpers? Ich würde sagen: nein. Stattdessen entsteht ein Kind, als Produkt der Technik, ohne dass die Krankheit der Frau kuriert wird. Sie bleibt infertil.«[16] Dieses Beharren auf einer »Ontologie« der Unfruchtbarkeit, die durch keine Auslagerung der Fertilisation zu überlisten sei (auch wenn die betreffende Frau dadurch ein Kind gebiert), bleibt lange Zeit ein typisches Argument gegen die assistierte Empfängnis. Letztlich geht es bei diesem Einwand um die Frage: Was ist Sterilität? Die bloße Dysfunktionalität eines für die Kinderzeugung notwendigen Organs (zum Beispiel des Eileiterkanals), die durch einen ärztlichen Eingriff umgangen werden kann? Oder ein Allgemeinbefinden, ein persönliches Schicksal, das von der Medizin nur dann erlöst werden dürfte, wenn der körperliche oder psychische Ursprung der Sterilität aufgespürt und kuriert wäre?

In der heutigen Praxis assistierter Empfängnis, die mittels ICSI unfruchtbare Söhne aus den Spermatiden unfruchtbarer Väter hervorbringt, ist diese Vorstellung einem strikten Pragmatismus gewichen. Fruchtbar ist, wer mit seinen eigenen Keimzellen ein Kind zeugen kann, egal wie. Im Jahr 1985 aber, als die Benda-Kommission ihren Abschlussbericht vorlegt und die Bundesärztekammer erste »Richtlinien zur Durchführung von In-vitro-Fertilisation und Embryotransfer« beschließt, wird der physiologischen oder psychosomatischen Diagnose der Sterilität noch elementare Bedeutung beigemessen. In diesen Leitfäden wie auch in den journalistischen Begleitartikeln taucht immer wieder die Behauptung auf, dass die Kinderlosigkeit mancher Frauen und Paare durchaus ihre Berechtigung habe und keinesfalls durch die Errungenschaften der Reproduktionsmedizin behoben werden solle. So zieht die Benda-Kommission in Zweifel, »ob eine extrakorporale Befruchtung etwa in Fällen psychosomatischer Sterilität oder auch bei neurotisch überhöhtem Kinderwunsch verantwortet werden kann«: eine Perspektive und Wortwahl, die erkennbar auf das Ausschussmitglied Peter Petersen zurückgeht, der in seinem Sondervotum dann auch Klartext spricht. Der Psychotherapeut fühlt sich zu der Hypothese berufen, »daß die Sterilität einer Frau als sinnvolle, unbewußte Schutzmaßnahme des psychosomatischen Organismus« anzusehen sei. Auch organisch bedingte Unfruchtbarkeit wie ein Defekt der Eileiter müsse unter seelischen Gesichtspunkten bewertet werden, da »diese Frauen ebenfalls im Durchschnitt [eine] gestörte Persönlichkeitsstruktur« aufweisen würden. Petersen glaubt eine wechselseitige Bedingtheit von Unfruchtbarkeit und den von ihm beobachteten psychischen Erkrankungen zu erkennen – sterile Frauen werden seiner Erfahrung nach häufig depressiv, depressive Frauen häufig steril –, und er schreibt: »Aus diesen Feststellungen ergibt sich bei wissenschaftlicher Redlichkeit: angesichts ihrer neurotischen Störung ist diesen Frauen und ihren Partnern eine intensive Psychotherapie zu raten – nicht aber ein medizinischer Eingriff in Form einer Retortenbefruchtung.«[17] Abgesehen davon, dass sich »wissenschaftliche Redlichkeit« selten als derart wüstes Konglomerat von Zuschreibungen und willkürlichen Schlussfolgerungen präsentiert hat, wird einer solchen Logik der Unfruchtbarkeit Mitte der achtziger Jahre weiterhin Autorität zugestanden – nicht umsonst ist Peter Petersen der einzige Psychologe in der 19-köpfigen Benda-Kommission. Auch diese Argumentation stellt noch einmal die bedrohliche Künstlichkeit der In-vitro-Fertilisation ins Zentrum, die vor allem labilen Patientinnen nicht zuzumuten sei. Die Durchführung des Eingriffs dürfe daher keine individuelle Entscheidung der Frauen und Paare sein, sondern müsse gesetzlich verboten werden.

Gerade in der Zeit um 1990 aber, als das Embryonenschutzgesetz nach langen parlamentarischen Debatten eingeführt wird, vermehren sich die Zeichen einer grundsätzlichen Umwandlung der Perspektive auf die In-vitro-Fertilisation. Die ersten auf diese Weise gezeugten Kinder in Deutschland sind nun im Grundschulalter, von häufiger auftretenden Fehlbildungen oder Entwicklungsverzögerungen ist auch bei dem neuen ICSI-Verfahren nichts bekannt, und der Aspekt der Künstlichkeit spielt in der Berichterstattung über die Methode Jahr für Jahr eine geringere Rolle. An seine Stelle tritt ein neues Leitmotiv der öffentlichen Debatte: die Last der Unfruchtbarkeit und ihre Überwindung durch die extrakorporale Befruchtung. Im Jahr 2014 wirkt die Betonung dieser Allianz wie eine Tautologie. Sie bildet sich aber erst mit einer Verzögerung von zehn, fünfzehn Jahren heraus,[18] und wieder sind es die Namen für die außerhalb des Körpers gezeugten Kinder, an denen sich die Verschiebung der Wahrnehmung ablesen lässt. Der Gebrauch des Wortes »Retortenbaby« geht in den Zeitungsartikeln und wissenschaftlichen Publikationen stark zurück und wird ersetzt durch neue Begriffe, die es in den Werbeprospekten der Reproduktionszentren schon immer gegeben haben mag, in der Öffentlichkeit aber kaum präsent waren. Nun ist immer häufiger vom »Wunschkind« der unfruchtbaren Paare die Rede und vom »Kinderwunsch«, der sich infolge der neuen Befruchtungstechniken endlich erfüllen könnte. Die großen deutschen Tageszeitungen und Magazine, die ein paar Jahre zuvor noch erbitterte Leitartikel gegen die Widernatürlichkeit der In-vitro-Fertilisation gedruckt haben, publizieren Umfragen unter den Klienten von Fortpflanzungskliniken und veranstalten Diskussionsforen über die neuesten Erfolge der »Kinderwunsch-Behandlung«, wie die IVF- oder ICSI-Methode inzwischen genannt wird.[19] *Retortenbaby* und *Wunschkind*: Im Wandel der Begriffe offenbart sich der veränderte Schwerpunkt im Blick auf die Reproduktionstechnologien – vom Entstehungsort der Embryonen zur Sehnsucht des unfruchtbaren Paares, von der Perspektive der Forschung zur Perspektive der Heilung.

Was bedeutet es für die assistierte Empfängnis, dass sie im kollektiven Bewusstsein nicht mehr als übermächtige, bedrohliche Prozedur erscheint, sondern als reine Hilfsmaßnahme zur Behebung von Kinderlosigkeit? Mit dieser Umstellung ist in den neunziger Jahren ein neuer Imperativ der Fruchtbarkeit verbunden. In dem Maße, in dem Azoospermie oder Eileiter-Blockaden als weitgehend bezwingbare, vom Willen und der Disziplin der Patienten abhängige Erkrankungen angesehen werden, löst sich die jahrtausendealte medizinische Tatsache der Sterilität auf. Der Abschlussbericht der Benda-Kommission kann 1985 noch den Satz enthalten: »Wenn die von Kinderlosigkeit betroffenen Paare ihr Leben durch bewußten Verzicht auf leibliche Kinder (oder durch Adoption) gestalten, kann es zur Intensivierung ihrer Partnerschaft kommen.«[20] Ein Jahrzehnt später wäre eine solche Empfehlung kaum noch möglich. Denn die vollständige Akzeptanz der In-vitro-Fertilisation hat zu der allgemeinen Anschauung geführt, dass beinahe jedes heterosexuelle Paar ein leibliches Kind bekommen kann, solange es nur alles dafür tut und den Angeboten der

Reproduktionstechnologien gewissenhaft folgt. Fruchtbarkeit gilt – wenn sie nicht ohnehin problemlos gegeben ist – inzwischen als Effekt persönlicher Einsatzbereitschaft und Wahl. Die Konjunktur des Wortes »Kinderwunsch«, von der im Zusammenhang mit der Samenspende bereits die Rede war, ist genau in diesem Sinne zu verstehen. Auf diese Weise möchte die Reproduktionsmedizin einen Prozess wiederholen, der sich dreißig Jahre zuvor, mit umgekehrten Vorzeichen, im Bereich der Empfängnisverhütung abgespielt hat. Denn so wie die disziplinierte Einnahme der »Antibabypille« das Faktum der Fruchtbarkeit einer individuellen Willkür unterwarf, soll auch die disziplinierte Absolvierung der Hormontherapien und Eizellpunktionen das Faktum der Unfruchtbarkeit überwinden helfen. (Dass genau jene Forscher, die die Einführung eines oralen Konzeptivums um 1960 maßgeblich ermöglichten – Gregory Pincus, John Rock, Min Chueh Chung –, auch zu den Pionieren der In-vitro-Fertilisation gehören, verdeutlicht diesen Zusammenhang.)

Heute werden die Methoden extrakorporaler Befruchtung als verfügbare medizinische Optionen wahrgenommen, die das individuelle Leid von kinderlosen Frauen und Paaren beseitigen können. Die Schreckensvisionen Aldous Huxleys, nach 1978 viele Jahre lang das prägende Vorbild der Kritik assistierter Empfängnis, spielen keine Rolle mehr. Im Zukunftsstaat der »Schönen neuen Welt« wurde die fabrikmäßige Entstehungsweise der Menschen noch zwangsläufig mit einer totalitären politischen Instanz zusammengedacht (die »Brut-« auch eine »Norm«zentrale). Wo Kinder in Gläsern und unabhängig vom Liebesakt gezeugt werden, so Huxleys Grundannahme, kann sich keine freie, auf Selbstbestimmung gründende Gesellschaft entwickeln. Die Reaktionen auf die ersten IVF-Geburten folgten dieser wie selbstverständlichen Kopplung von künstlicher Empfängnis und sozialer Nivellierung – doch die weitere Geschichte der assistierten Reproduktionstechnologien hat gezeigt, dass Aldous Huxley und seine Gefährten falschlagen. Seit etwa zwanzig Jahren ist genau die entgegengesetzte Entwicklung eingetreten: Die Zeugungsweise der Embryonen hat sich zwar auf eine Weise standardisiert, wie sie Huxley vorausgesehen hat, aber diese Standardisierung geschieht nicht auf Anweisung einer despotischen Regierung, sondern in aller Freiwilligkeit und im Namen des biographischen Schicksals unfruchtbarer Frauen und Paare.

Man muss sich nur in einem Online-Diskussionsforum wie »wunschkinder.net« umsehen, um einen Eindruck zu bekommen, welchen Stellenwert die Beiträgerinnen (und vereinzelten männlichen Beiträger) dem Erfolg der IVF- und ICSI-Behandlungen für ihr Lebensglück beimessen. Das Leiden an der Kinderlosigkeit ist so alt wie die Menschheit, zweifellos, aber seitdem die Reproduktionsmedizin den sterilen Paaren Hilfe zugesagt hat, ist es unmöglich geworden, dieses Verhängnis hinzunehmen. Die mehr als 100 000 registrierten Mitglieder, die »Hoffnungsmaus«, »Hope1985«, »tagtraum79« oder »babywunder2013« heißen, tauschen sich über ihre Hormontherapien, Eizellpunktionen und Embryotransfers aus, und die in ihren Profilnamen anklingenden Sehnsüchte nach einem eigenen Kind scheinen oft genug den Fluchtpunkt der gesamten Existenz zu bilden. Es hat sich in diesen Foren eine eigene, für Außenstehende kaum zu verstehende Sprache gebildet, zum Teil aus Fachkürzeln für Medikamente und Behandlungen zusammengesetzt, zum Teil aus szeneüblichen Verniedlichungsformen (der »Kinderwunsch« wird »Kiwu«, der punktierte Follikel »Follie«, die hormonelle Stimulation »Stimu« genannt), und manchmal hat man beim Lesen der von Abkürzungen und Emotikons durchzogenen Beiträge das Gefühl, dass das bange Warten aufs eigene Baby mit dem Gebrauch einer betont kindlichen Sprache ausgeglichen werden soll. In den Reproduktionszentren selbst trifft man auf Patientinnen, die sich zum 15. oder 25. Mal einer Eizellpunktion unterziehen, längst unter schmerzhaftem Verzicht auf Anästhesie. Die Kurierung des »Kinderwunsches«, dieses kaum zwanzig Jahre alten, vom Siegeszug der Reproduktionsmedizin hervorgebrachten Symptoms, ist für manche zu einer Obsession geworden – und vielleicht hat die gegenwärtige Lage doch mehr mit Huxleys Dystopie zu tun als im ersten Moment gedacht. Die »Schöne neue Welt« der Fortpflanzung besteht achtzig Jahre nach Erscheinen des Romans allerdings nicht darin, dass eine staatliche Autorität mit ihren biopolitischen Programmen die Menschen unterdrücken würde. Unfreiheit und Zwang sind vielmehr Folgen jenes selbstgewählten Diktats, dass Fruchtbarkeit willkürlich herstellbar sei. Dies führt in den Communitys der Kinderwunsch-Foren zum unablässigen Vergleich der eigenen Leistungen bei dem Versuch, endlich ein Kind zu zeugen. »tagtraum79« hat es inzwischen vielleicht geschafft, ihr »Kiwu« ist nach etlichen »Stimus« doch noch in Erfüllung gegangen, und dieser Erfolg stürzt die sechs Jahre jüngere »Hope1985« in Verzweiflung, weil sie vor Augen geführt bekommt, dass ein glückliches Ende möglich ist, selbst in fortgeschrittenerem Alter als ihrem eigenen. Unter der Oberfläche der Glückwünsche und niedlichen Worte herrscht auf Seiten wie »wunschkinder.net« eine unerbittliche Atmosphäre der Konkurrenz und des Wettbewerbs.

Die Macht des Willens und die Gegebenheiten des Körpers: Zwischen diesen beiden Polen, könnte man vielleicht sagen, bewegen sich die Hoffnungen und Enttäuschungen der Frauen, die heute durch assistierte Empfängnis schwanger werden wollen. Das Vertrauen in die transformierende Kraft der eigenen Einsatzbereitschaft hat sich in jüngster Vergangenheit bekanntlich erhöht. In den Castingshows künftiger Popstars und Topmodels erfahren die Fernsehzuschauer seit fünfzehn Jahren unentwegt, dass man nur an sich glauben und hart an sich arbeiten müsse, um seine Ziele zu erreichen. Diese Rhetorik setzt sich im Berufsleben fort, in den Seminaren der Coaches und Motivationsberater, und wenn eine Frau Mitte, Ende dreißig feststellt, dass sie trotz monate- und jahrelanger Versuche nicht schwanger wird, findet sie eine Reproduktionsindustrie vor, die das Versprechen der Selbstoptimierung auch auf den fortpflanzungsfähigen Körper anwendet. Familienplanung wird im Modus der Karriereplanung vorgenommen – das Kind ein weiteres »biographisches Projekt« –, und es ist für die Betroffenen nicht einsehbar, warum eine simple physiologische Beeinträchtigung dieses Projekt behindern sollte.

Die Konfrontation mit der eigenen Unfruchtbarkeit ist, wie die Gynäkologin und Reproduktionsmedizinerin Ingrid Kowalcek kürzlich bemerkt hat, in dieser »Du kannst alles schaffen«-Rhetorik nicht vorgesehen. Im Vokabular der assistierten Empfängnis spricht man nicht umsonst vom »Management bei unerfülltem Kinderwunsch«.[21] Hinzu kommt eine bestimmte Inkongruenz, die sich zwischen der sozialen Inszenierung und der biologischen Disposition des weiblichen Körpers ergeben hat. Das Verschleppen der Adoleszenz ist in den Feuilletons und in der Soziologie seit längerem ein bestimmendes Thema, das Beibehalten provisorischer Lebensläufe längst erwachsener Menschen, die Modevorlieben von Männern und Frauen um die vierzig, deren Kleidungsstil an halb so alte Personen erinnert. Diese hinausgezögerte Jugendlichkeit im biographischen und ästhetischen Sinn kollidiert aber mit der kaum veränderlichen zeitlichen Begrenzung weiblicher Reproduktionsfähigkeit. Das Durchschnittsalter zur Zeit der Menopause ist unter europäischen Frauen seit Mitte des 19. Jahrhunderts zwar um etwa vier Jahre gestiegen,[22] aber dieser Wert entspricht bei weitem nicht den Verschiebungen, die sich in demselben Zeitraum für das Datum der ersten Mutterschaft, die Organisation der Biographie oder auch die Selbstwahrnehmung des eigenen Alters ergeben haben. In Zolas Roman *Fruchtbarkeit* aus dem Jahr 1899 klagt die 40-jährige Ehefrau eines Fabrikarbeiters, die gerade zum siebten Mal Nachwuchs bekommen hat: »Ob das wohl recht ist! Der liebe Gott muss uns verlassen haben.«[23] Heute beginnen sich Frauen dieses Alters, die in der Mitte ihrer beruflichen Karriere stehen, häufig erst mit dem Gedanken an ein Kind zu befassen.

Wenn sich Mutterschaft also dank den gesellschaftlichen und medizinischen Errungenschaften der letzten vierzig Jahre verändert hat – von der leiblichen Tatsache eines auf Familienbildung ausgerichteten Lebens hin zur technologisch unterstützten Option selbstbestimmter Frauen –, dann verdeutlicht eine Erscheinung diesen Wandel auf besondere Weise: die Figur der »single mother by choice«, der alleinstehenden Frau, die sich bewusst für eine Schwangerschaft ohne Partner entscheidet. Die Idee des eigenen Kindes als biographisches Projekt zeigt sich in dieser Konstellation, die in den USA populär, in Deutschland laut Aussagen von Samenbank-Betreibern und Reproduktionsmedizinern immer verbreiteter ist, mit großer Konsequenz. Im März 2006 machte eine lange Titelgeschichte des *New York Times Magazine* dieses Phänomen öffentlich bekannt: Eine Journalistin begleitete mehrere Frauen im Alter von Mitte dreißig bis Anfang vierzig, die nicht mehr auf den richtigen Mann warten wollten (und konnten), bei dem Versuch, über die Online-Kataloge der Samenbanken einen Erzeuger für ihr Kind zu finden. Die Diktion dieses Artikels mit der Überschrift »Looking for Mr Good Sperm« lehnt sich stark an die erfolgreiche Fernsehserie »Sex and the City« an. Die Suche nach den perfekten männlichen Keimzellen erscheint als Variante der Suche nach den perfekten Manolo-Blahnik-Stilettos; »Sperma oder Schuhe im Internet kaufen«, schreibt die Autorin, »das ist gar kein besonderer Unterschied.«[24] Im Vorgehen der »single mothers by choice« sind die assistierten Reproduktionstechnologien endgültig nichts als ein Marktangebot; eine

Samenbank liefert die möglichst glamourösen männlichen Gameten, eine Eizellspenderin wenn nötig die weiblichen, eine Reproduktionsklinik übernimmt schließlich die Insemination oder extrakorporale Befruchtung. Diese souveräne Entscheidung über Zeitpunkt und Modus der Familienbildung könnte in nächster Zeit zudem von einer neuen Technologie namens »Vitrifikation« unterstützt werden: ein Verfahren, das es Frauen ermöglicht, auch unbefruchtete Eizellen dauerhaft konservieren zu lassen. Bis vor kurzem hat es keine Methode gegeben, weibliche Gameten wie Embryonen oder Samenproben über Jahre und Jahrzehnte hinweg in flüssigem Stickstoff aufzubewahren, weil die Eizellen während des Einfrierens kristallisieren und beim Auftauen zerspringen würden. Die Vitrifikation, eine Konservierungstechnik, die den Zellen schockartig Wasser entzieht und dadurch die Bildung von Eiskristallen verhindert, soll diesen Prozess nun unversehrt ermöglichen. Es sind noch zu wenige Befruchtungen und Schwangerschaften nach Gebrauch von vitrifizierten Eizellen enstanden, um vorauszusagen, ob dieses »Social Freezing« genannte Verfahren einmal umfassend angewendet werden kann. Über die Rate der nach dem Auftauprozess brauchbaren Eizellen kursieren ganz unterschiedliche Berechnungen: Manche Autoren geben einen Wert von achtzig Prozent an, andere sind wesentlich vorsichtiger. Der Gesundheitszustand der aus vitrifizierten Gameten hervorgegangenen Kinder ist jedenfalls unauffällig.[25] Sollte sich das Verfahren einmal umfassend etablieren, würde es sowohl die Praxis der Reproduktionsmedizin als auch das Verhältnis der Geschlechter zueinander grundlegend verändern. Die natürliche Ordnung der Fruchtbarkeit beim Menschen ist ungerecht verteilt; während der Mann bis ins höchste Alter Nachkommen zeugen kann, endet die weibliche Fortpflanzungsfähigkeit gewöhnlich im fünften Lebensjahrzehnt. Diese Grenze stellt den Lebensplan vieler Frauen, die Vereinbarkeit von Beruf und Familie, bekanntlich auf die Probe und hat die Reproduktionsmedizinern von jeher mit Klientinnen versorgt. Die vielzitierte »biologische Uhr« würde aber ihr Ticken einstellen, sobald eine Frau ihre Eizellen einfrieren und zu beliebiger Zeit – auch lange nach der Menopause – für eine Schwangerschaft verwenden könnte. Ihre Fruchtbarkeit ließe sich wie die des Mannes praktisch endlos aufschieben, denn wie Mark Sauer und Richard Paulson vor einem Vierteljahrhundert bewiesen haben, wird weibliche Fertilität alleine durch die endliche Verfügbarkeit von Eizellen limitiert.

Von den apokalyptischen Ängsten, die mit der künstlichen Befruchtung lange Jahre verbunden waren, bleibt in dieser Konstellation nichts mehr übrig. Die assistierten Reproduktionstechnologien haben sich in eine Dienstleistung zur Herstellung privaten Lebensglücks verwandelt, und wie weit die heutige Perspektive auf das Verfahren von den kritischen Anfängen entfernt ist, lässt sich am deutlichsten dadurch belegen, wie unterschiedlich die Öffentlichkeit auf die 25 Jahre voneinander entfernten Todesnachrichten der beiden IVF-Pioniere reagiert hat. Als der 74-jährige Patrick Steptoe im März 1988 starb, lauteten die ersten Sätze eines Nachrufs im *Spiegel* wie folgt: »Er sei ›weder ein Zauberer‹, erklärte der britische Gynäkologe einmal, noch ein ›Doktor Frankenstein‹. Am 25. Juli 1978, dem Tag, als Louise Joy Brown geboren wurde, war Steptoe beides: für die Eltern des ersten ›Retortenbabys‹ ein Zauberer, für Kritiker der Laborbefruchtung ein Frankenstein.« Genau ein Vierteljahrhundert später, am 10. April 2013, beginnt die Online-Ausgabe des gleichen Magazins die Meldung vom Tod des Nobelpreisträgers Robert Edwards mit den Worten: »Seine Erfindung veränderte die Welt. Mit der künstlichen Befruchtung erfüllte Robert Edwards Millionen Menschen den Wunsch nach Kindern.«[26] Von der Gefährdung der Menschennatur zum karitativen Akt: In diesen beiden Nachrufen ist der ganze Bogen aufgespannt, den die Geschichte der In-vitro-Fertilisation seit Louise Browns Geburt durchlaufen hat.

Anmerkungen

1 Vgl. die jüngsten Zahlen unter http://www.deutsches-ivf-register.de/pdf-downloads/dirjahrbuch2011-d.pdf, S. 9. Zur Zahl der Geburten in Deutschland allgemein vgl. https://www.destatis.de/DE/ZahlenFakten/GesellschaftStaat/Bevoelkerung/Geburten/Geburten.html

2 Guttmacher (1943), S. 573. Vgl. auch Israel (1941), S. 93, über die neue Option von kinderlosen Paaren, bei denen sich der Mann als der sterile Partner erweist: »Gewöhnlich schlägt einer der Ärzte irgendwann vor, dass sich die Ehefrau einer artifiziellen Insemination unterzieht oder, wie es die populären Magazine gerne formulieren, ›ein test-tube baby‹ bekommen.«

3 Vgl. zu diesem Gutachten Henig (2004/2006), S. 191.

4 Goethe (1832/1977), S. 359.

5 So der Titel einer vieldiskutierten feministischen Schrift über assistierte Reproduktionsmedizin Mitte der achtziger Jahre; vgl. Corea (1985/1986).

6 Shelley (1818/1993), S. 65. Zur Frequenz und Funktion des Frankenstein-Verweises in den britischen Zeitungsberichten und Parlamentsdebatten zur In-vitro-Fertilisation vgl. Mulkay (1996). Schon im Jahr 1972 trägt eine Titelgeschichte des *New York Times Magazine* über aktuelle Versuche zur In-vitro-Fertilisation und Klonierung die Überschrift »The Frankenstein Myth Becomes a Reality« (vgl. Gaylin (1972)). In Felicitas Frankes autobiographischem Bericht »Ich war eine Leihmutter« von 1989 wird der behandelnde Reproduktionsmediziner als »Klischee eines Dr. Frankenstein« bezeichnet (Franke (1989), S. 30).

7 Anonym (1937), S. 678.

8 Waermeling (1984), S. 9; zu den Huxley-Zitaten und -Anspielungen vgl. Ebon (1978) und Anonym (1978a).

9 Huxley (1932/1958), S. 19/20.

10 Ebd., S. 27 und S. 21.

11 Amendt (1986/1988), S. 9.

12 In-vitro-Fertilisation, Genomanalyse und Gentherapie (1985), S. 57.

13 Anonym (1978b), S. 410; Beller (1983), S. 85; Urban (1986), S. 4; Arditti (1984/1985), S. 13.

14 Ein Dokument wie der autobiographische Bericht »Ich war eine Leihmutter«, 1989 unter dem Pseudonym »Felicitas Franke« erschienen, liest sich durchgängig wie eine Überblendung reproduktionsmedizinischer Erfahrungen und paranoider Existenzängste. In den Berliner »Smogtagen« (S. 14) kurz nach der Atomkatastrophe von Tschernobyl antwortet die Erzählerin auf ein Leihmuttergesuch in der Zeitung, um sich mit dem Honorar ein neues Leben in Südamerika aufzubauen; die Austragung des Kindes soll ihr »den Ausstieg aus der Konsumgesellschaft verschaffen« (S. 27), endet aber mit einer Odyssee durch Europa und der Auseinandersetzung mit den betrügerischen Auftragseltern.

15 Döderlein (1912), S. 1081; Kisch (1914), S. 283; Keane/Breo (1983), S. 12/13; vgl. Brown/Brown (1979/1980), S. 72, 79, 160.

16 Zitiert bei Henig (2004/2006), S. 72.

17 In-vitro-Fertilisation, Genomanalyse und Gentherapie (1985), S. 6 und S. 60.

18 Vgl. zu dieser Überlegung auch den erkenntnisreichen Aufsatz von Orland (2001).

19 Vgl. etwa die Sonderseite der *Süddeutschen Zeitung* am 21./22. 4. 91, vgl. auch *SZ*, 13. 7. 93: »Wunschkind«, *Focus* 21. 2. 94.

20 In-vitro-Fertilisation, Genomanalyse und Gentherapie (1985), S. 5.

21 Vgl. Kowalcek u. a. (2007).

22 Vgl. Kluge (2007).

23 Zola (1899/o. J.), S. 21.

24 Egan (2006).

25 Vgl. für eine wohlwollende Rezeption des Verfahrens Nawroth (2012), S. 528–533.

26 Anonym (1988), S. 252; Anonym (2013).

Literatur

Gerhard Amendt (1986/1988): Der neue Klapperstorch. Über künstliche Befruchtung – Samenspender – Leihmütter – Retortenzeugung. Die psychischen und sozialen Folgen der Reproduktionsmedizin, 2., überarbeitete Auflage, Bremen.

Anonym (1937): »Conception in a Watch Glass«, in: New England Journal of Medicine Vol. 217, S. 678–679.

Anonym (1978a): »›Und dies ist der Befruchtungsraum …‹«, in: Süddeutsche Zeitung 29./30. 7., Wochenend-Beilage.

Anonym (1978b): »Reproductive Technology: Whose Baby«, in: Nature Vol. 274, S. 409f.

Anonym (1988): »Gestorben: Patrick Steptoe«, Der Spiegel 28. 3., S. 252.

Anonym (2013): »Nobelpreisträger Robert Edwards: Meister der Retorte ist tot«, in: Spiegel Online 10. 4., http://spiegel.de/wissenschaft/medizin/robert-edwards-pionier-der-kuenstlichen-befruchtung-ist-gestorben-a-893620.html

Rita Arditti/Renate Duelli Klein/Shelley Minden (1984/1985): »Einführung«, in: Dies.: Retortenmütter. Frauen in den Labors der Menschenzüchter, Reinbek, S. 7–13.

Fritz K. Beller (1983): »Der Mißbrauch«, in: Süddeutsche Zeitung 21./22. 8., S. 85.

John Brown/Lesley Brown (1979/1980): Our Miracle Called Louise, London.

Gena Corea (1985/1986): MutterMaschine. Reproduktionstechnologien – von der künstlichen Befruchtung zur künstlichen Gebärmutter, Berlin.

Albert Döderlein (1912): »Ueber künstliche Befruchtung«, in: Münchner medizinische Wochenschrift Jg. 59, S. 1081–1084.

Martin Ebon (1978): Cloning of Man. Brave New World – or Horror?, New York.

Jennifer Egan (2006): »Looking for Mr Good Sperm«, in: New York Times Magazine 19. 3., http://nytimes.com/2006/03/19/magazine/319dad.html?pagewanted=all

Felicitas Franke (1989): Ich war eine Leihmutter, Hamburg.

Willard Gaylin (1972): »The Frankenstein Myth Becomes a Reality. We Have the Awful Knowledge to Make Exact Copies Of Human Beings«, in: New York Times Magazine 5. 3., S. 12ff.

J. W. v. Goethe (1832/1977): Faust. Der Tragödie zweiter Teil, in: Ders.: Sämtliche Werke, Band 5: Faustdichtungen, Zürich, S. 289–526.

Alan F. Guttmacher (1943): »The Role of Artificial Insemination in the Treatment of Human Sterility«, in: Bulletin of the New York Academy of Medicine Vol. 19, S. 573–591.

Robin Marantz Henig (2004/2006): Pandora's Baby. How the First Test Tube Babies Sparked the Reproductive Revolution, New York.

Aldous Huxley (1932/1958): Schöne neue Welt, Hamburg.
In-vitro. Fertilisation, Genomanalyse und Gentherapie (1985), Bericht der gemeinsamen Arbeitsgruppe des Bundesministers für Forschung und Technologie und des Bundesministers für Justiz, München.
Leon Israel (1941): »The Scope of Artificial Impregnation in the Barren Marriage«, in: American Journal of the Medical Sciences Vol. 202, S. 92–98.
Noel Keane/Dennis Breo (1981): The Surrogate Mother, New York.
Enoch Heinrich Kisch (1914): Erlebtes und Erstrebtes. Erinnerungen, Stuttgart.
Norbert Kluge (2007): »Die Ausdehnung der weiblichen Fruchtbarkeitsperiode und der stete Rückgang der jährlichen Geburtenraten in Deutschland«, in: Beiträge zur Sexualwissenschaft und Sexualpädagogik, http://www.uni-landau.de/kluge/Beitraege_zur_S.u.S/Die_Ausdehnung_der_weiblichen.pdf
Ingrid Kowalcek u. a. (2007): »Psychologie des Kinderwunschpaares«, in: Ricardo Felberbaum u. a. (Hg.) (2007): Das deutsche IVF-Register. 10 Jahre Reproduktionsmedizin in Deutschland, Heidelberg, S. 157–166.
Michael Mulkay (1996): »Frankenstein and the Debate Over Embryo Research«, Science, Technology & Human Values Vol. 21, S. 157–176.
Frank Nawroth u. a. (2012): »Kryokonservierung von unbefruchteten Eizellen bei nichtmedizinischen Indikationen (›social freezing‹)«, in: Der Frauenarzt Jg. 53, S. 528–533.
Barbara Orland (2001): »Spuren einer Entdeckung. (Re-)konstruktionen der Unfruchtbarkeit im Zeitalter der Fortpflanzungsmedizin«, in: Gesnerus Jg. 58, S. 5–29.
Mary Shelley (1818/1993): Frankenstein oder Der neue Prometheus, München.
Martin Urban (1986): »Kinder aus dem Kühlschrank«, in: Süddeutsche Zeitung 5. 3., S. 4.
Hans-Bernhard Waermeling (1984): »Zwischen Fortschritt und Sünde«, in: Frankfurter Allgemeine Zeitung 1. 11., S. 9f.
Emile Zola (1899/o. J.): Fruchtbarkeit, Berlin.

ROBERT PFALLER

»Hiergeblieben!«

Über Nutzen und Nachteil zweiter Welten für die ersten

1.

In Dashiell Hammetts Kriminalroman *Der Malteser Falke* erzählt Privatdetektiv Sam Spade in einem Moment, als das Abenteuer einmal kurz Pause macht, seiner Klientin Brigid O'Shaughnessy die Geschichte eines früheren Auftrags. Er sollte damals einen Mann suchen, der Zigaretten holen gegangen und danach nie wieder von seiner Frau und seinen beiden Kindern gesehen worden war: »Er verschwand einfach wie eine Faust, wenn man die Hand aufmacht.« (Hammett 1974: 69) Die Suche gestaltete sich schwierig. Erst durch einen Zufall fand der Detektiv den Mann nach langer Zeit. Er lebte nun in einer anderen Stadt, aber wieder in ganz ähnlichen Verhältnissen, mit einer Frau und Kindern, und Golfspielen am Nachmittag nach vier Uhr. Sein neues Leben glich dem alten fast aufs Haar. Darum war die Suche so schwierig gewesen. Einen, der nach der Flucht ein ganz anderes Leben beginnt – also sich zum Beispiel einen Sportwagen kauft und mit einer neuen Liebe in den Süden fährt –, findet man leichter.

2.

In ihrem Buch *Das imaginäre Leben* geht Natalia Ginzburg der Frage nach, »warum wir nicht so leben, wie wir träumen, und warum wir trotzdem träumen müssen«.[1] Die Frage ist schön, da sie zu denken gibt. Aber ihr Wert liegt nicht darin, dass man sie als Vorwurf gebrauchen kann – etwa vom Typ: ›*Ihr bequemen, kompromissbereiten Opportunisten, warum tut ihr immer das, was ihr tun zu müssen glaubt, und nie das, was ihr tun wollt? Warum folgt ihr nicht eurer Phantasie, wenn die doch das Beste an euch ist?*‹

Was die Frage zu denken gibt, ist nicht die Idee der Überflüssigkeit der einen von zwei Welten – also dass man die erste, realistische restlos aufgeben und stattdessen in die wunschgerechte, zweite übertreten könnte. Interessant an Ginzburgs Frage ist vielmehr der Gedanke von der Unvermeidlichkeit einer zweiten Welt. Die erste Welt selbst scheint es regelmäßig mit sich zu bringen, dass wir den Traum von einer zweiten, anderen entwickeln müssen – nämlich um eben in der ersten zu leben. Der Mann aus Hammetts Geschichte zeigt das exemplarisch: Was das andere, haargenau gleiche Leben für ihn so unwiderstehlich machte, dass er sich zur Flucht aus dem ersten entschloss, muss gerade der Umstand gewesen sein, dass dieses zweite Leben eben ein gleiches war. Um hingegen im ersten Leben zu verbleiben, hätte er wohl einen Traum von einem ganz anderen zweiten Leben haben müssen. Nur ein geträumtes Leben, das sich vom gelebten unterscheidet, ist in der Lage, uns in diesem verharren zu lassen.

3.

Beobachten wir dasselbe nicht immer wieder in unserer sozialen Umgebung? Wenn man nur kurz fragt, welches Leben die

Menschen sich eigentlich wünschen, so macht man bald die Feststellung, dass kaum irgendeiner so lebt, wie er es richtig findet. Der treue Ehemann träumt vom Seitensprung; der untreue dagegen von der Treue. Eine Frau, die in kurzfristigen seriellen Monogamien lebt, träumt von der dauerhaften Liebe. Ihre beste Freundin, die in einer Langzeitbeziehung lebt, empfindet dagegen die serielle Abwechslung als verführerische Perspektive. Ein Paar trennt sich, weil die Frau ein Kind will und der Mann nicht. Kurz darauf wird er in einer neuen Beziehung Vater, und sie wird glücklich in einer neuen, kinderlosen Beziehung.

Jeder hat eine zweite Welt; und manchmal ist es die erste eines anderen – dessen zweite Welt dann umgekehrt mitunter gerade von der ersten des einen gebildet wird. Und in Beziehungen scheint es noch verwickelter. Manchmal hat man offenbar den anderen, damit der stellvertretend für einen selbst die zweite Welt als seine erste übernimmt. Der andere hilft einem so, seiner eigenen zweiten Welt nicht direkt, als der eigenen, ins Auge blicken zu müssen.

4.

Nicht nur in ihren Träumen, Wünschen und Utopien, sondern auch in ihren Selbstbildern, zum Beispiel in ihrer moralischen Selbsteinschätzung, scheinen sich Menschen regelmäßig andere, ergänzende Welten zu fabrizieren. Nicht jedes Selbstbild aber ist ein Wunschbild – oder in Freuds Worten: ein Idealich –, in dem jemand sich besser darstellt, als er wirklich ist. Es gibt auch Leute, die sich für schlechter halten, als sie wirklich sind: Da das Über-Ich, wie Freud erkannte, seine Träger desto mehr bestraft, je mehr sie ihm gehorchen, entsteht die paradoxe Situation, »daß am Ende gerade die es in der Heiligkeit am weitesten gebracht, sich der ärgsten Sündhaftigkeit beschuldigen«

(Freud [1930a]: 252). Freilich ist dieses Selbstbild nicht bloß eine Fehleinschätzung, die auch korrigiert werden könnte. Vielmehr muss das Bild so schlecht sein, damit die von ihm abgebildete Wirklichkeit besser sein kann. Nur durch ein solches schlechtes Selbstbild, mit dem sie sich quälen, können solche Menschen sich ein Leben als moralisch gute Menschen ermöglichen.

Umgekehrt können andere, die sich besser vorkommen, als sie sind, im wirklichen Leben unmoralischer agieren. So bemerkt Blaise Pascal: »Der Mensch ist weder Engel noch Bestie, und das Unglück will es, dass diejenigen, die den Engel spielen wollen, zu Bestien werden.«[2]

5.

Dem chinesischen Weisen Zhuang Zou (Zhuangzi) träumte einmal, er sei ein Schmetterling, *»ein schwebender Schmetterling, der sich wohl und wunschlos fühlte und nichts wusste von Zhuang Zou«*. Dann aber, erwacht, stellte sich der Weise eine Frage: *»Nun weiß ich nicht, bin ich Zhuang Zou, dem träumte, ein Schmetterling zu sein, oder bin ich ein Schmetterling, dem träumt, er sei Zhuang Zou.«* (Zhuangzi 2005: 27)

Man kann eine solche Frage stellen, um sie als philosophisches Paradoxon offenzulassen. Darin scheint die Pointe von Zhuangzis Argument zu liegen. Alleine die Frage, noch ohne jede Antwort, eröffnet eine zweite Welt – gegenüber jener ersten, vertrauten, in der wir zu wissen meinen, was Wirklichkeit und was Traum ist. Gegenüber dieser vielleicht etwas voreiligen Gewissheit, die uns in kleinlichen Ängsten, Besorgnissen oder Besessenheiten gefangen hält, eröffnet diese Frage einen Freiraum, eine skeptische Reserve. »Was weiß ich denn?«, pflegte der Philosoph Michel de Montaigne in solchen Fällen zu sagen (und er machte diesen Satz, zusammen mit dem Bild einer im Gleichgewicht befindlichen Waage, zu seinem Motto),[3] um sich fixe Ideen vom Hals zu halten. Wenn es nicht so gewiss ist, ob diese Welt, in der wir uns vor wirklichen oder eingebildeten Gefahren ängstigen und hastig Terminen und Zielen hinterherjagen, nicht eine geträumte Welt ist, dann können wir vielleicht etwas Abstand gewinnen und durchatmen, bevor wir wie dumme, kleine Hamster wieder in unseren Rädern zu laufen beginnen – anstatt wie große Schmetterlinge wunschlos zu schweben.

6.

Wenn die Frage Zhuangzis ihren philosophischen Wert im Leben daraus bezieht, offengehalten zu werden, so bedeutet das nicht, dass sie nicht innerhalb einer Wissenschaft, wenn auch mit einem ganz anderen Gewinn, beantwortet werden könnte. Der Psychoanalytiker Jacques Lacan hat das unternommen. Die Frage, so Lacan, ist entscheidbar. Denn: »Tschuang-Tse kann, nachdem er aufgewacht ist, sich fragen, ob nicht der Schmetterling träume, Tschuang-Tse zu sein.« (Lacan 1987: 82 f.) Dies beweist, so Lacan, dass er nicht verrückt ist, denn »er hält sich nicht für absolut mit Tschuang-Tse identisch«. Der Zweifel an der eigenen Identität macht das Wachleben nicht verrückter Menschen aus; denn nur Verrückte zweifeln nicht und halten sich vollständig und zweifellos für das, was sie sind.

Dasselbe gilt aber nicht für den Traum. An dieser Abwesenheit des Zweifels zeigt sich, dass der Traum ein Traum ist. Lacan bemerkt: »Der Beweis ist, daß, solang er Schmetterling ist, ihm nicht in den Sinn kommt, zu fragen, ob er, als aufgewachter Tschuang-Tse, nicht der Schmetterling sei, der zu sein er eben träumt.« Der Schmetterling zweifelt nicht; darum ist die Schmetterlings-Identität die geträumte, die zweifelnde Philosophen-Identität dagegen die wirkliche.

Der Traum ist jener Schauplatz, in dem Zhuangzi keine

zweite Welt hat. Dort, »an der Wurzel seiner Identität« (Lacan, ebd.), ist er sozusagen ein ganzes, volles, nicht in mehrere Welten gespaltenes Subjekt. Dies ist das Kennzeichen des Traumes, im Gegensatz zum wirklichen Leben. Die zweite Welt des Traumes hat ihrerseits keine zweite Welt.

7.

Das Beispiel Zhuangzis lässt nicht nur erkennen, woran sich Traum und Wachleben unterscheiden lassen. Es deutet auch an, warum es kein wirkliches Leben ohne Träume gibt. Wirklichkeit gibt es für menschliche Wesen nämlich nur dann, wenn sie von ihrem kindlichen Narzissmus Abstand genommen haben; das heißt: Wenn sie eingesehen haben, dass zwischen Wünschen und Wahrmachen ein Unterschied besteht (s. dazu Freud [1912–13]: 377 f.) Ab diesem Moment werden Träume unsere Begleiter. Wir haben dann einerseits ein wirkliches Leben, das von Zweifeln begleitet ist und in dem wir uns nicht ganz zu Hause fühlen, und andererseits eine gefühlsintensive Welt, von der wir aber mit Sicherheit wissen, dass sie nur eine Traumwelt ist. Würden wir dieses Wissen verlieren und würde Letztere wahr werden, so wäre das für uns mit äußerstem Horror verbunden, eine Erfahrung des Unheimlichen – denn auch wenn wir dann unseren Wünschen näher wären, so wäre dies doch mit dem Verlust von Wirklichkeit verbunden. Darum enden die meisten Märchen schlecht, in denen Feen unsere Wünsche wahr werden lassen, und darum sind Science-Fiction-Filme, in denen Dinge unsere Phantasien realisieren, wie »Sphere« oder »Solaris«, nicht schön, sondern unheimlich.[4]

Weil wir aber Phantasien haben, fühlen wir uns in der wirklichen Welt nie vollständig zu Hause; wir sind nie ganz sicher, ob wir wirklich das sind, wofür die anderen uns halten etc. Dieser Zweifel kennzeichnet unseren intakten Wirklichkeitsbezug;

er zeigt, dass wir bei Trost sind. Ohne ihn wären wir verrückt. Darum hat Jacques Lacan bemerkt, dass der Verrückte nicht allein der Bürger oder Bettler ist, der sich für einen König hält, sondern mindestens ebenso sehr der König, der glaubt, dass er ein König ist (s. Lacan [1946]: 147).

8.

Nicht nur (mindestens) zwei Welten gehören somit zu unserem Bei-Verstand-Sein. Sondern auch (mindestens) zwei verschiedene logische Vorzeichen. Einmal der Zweifel, das andere Mal die Negation – die bestimmte Gewissheit des Nichtwahrseins. So haben wir zwei verschiedene Zustände: einmal Wirklichkeit, mit dem Vorzeichen des Zweifels; das andere Mal, mit dem Vorzeichen der Gewissheit des Nichtwahrseins, die Welt der Phantasie. In der ersten Welt sind wir darum mit unseren Wünschen vorsichtig und zurückhaltend, gehen die Kompromisse ein, die wir für unumgänglich und realitätsgerecht halten. In der anderen Welt, von der wir wissen, dass sie nicht wirklich ist,[5] können wir dagegen unseren Wünschen freien Lauf lassen, können zu Schmetterlingen oder anderen Wesen werden, sozusagen zu vollen Wesen, die kein Zweifel plagt und keine Rücksicht auf Herstellbarkeit des Gewünschten in der Realität. Unsere beiden Zustände sind vielleicht den Antriebsrädern eines Autos vergleichbar, die, wenn sie Bodenhaftung haben, sich mit gemessener Geschwindigkeit drehen, wenn sie hingegen den Grip verlieren, mit hoher Geschwindigkeit durchdrehen.

Unter diesen Vorzeichen lassen sich auch Phantasiewelten des Cyberspace hinsichtlich ihres Wahrheitsgehaltes einschätzen. Slavoj Žižek bemerkt dazu: »Konstruiere ich ein ›falsches‹ Bild meiner selbst, das mich in einer virtuellen Gemeinschaft, an der ich teilhabe, vertritt (bei sexuellen Spielen nimmt ein scheuer Mann z. B. oft die screen persona einer attraktiven promiskuitiven Frau an), so sind die Gefühle, die ich habe und als Teil meiner screen persona ›vortäusche‹, nicht einfach falsch: obwohl mein ›wahres Selbst‹ (oder was ich als solches erfahre) sie nicht fühlt, sind sie trotzdem in gewissem Sinne ›wahr‹.« (Žižek 2000: 18) Die zweite Welt der fiktiven Identität ist nicht einfach unwahr; sie ist andererseits aber auch nicht schlechthin die Welt eines vermeintlich essentiellen, »wahren Ich«. Sie ist vielmehr dieselbe Welt wie die erste, nur unter das andere logische Vorzeichen gesetzt. Und sie ist das notwendige Nebenprodukt der Herstellung dieser ersten Welt; ohne sie hätten wir gar keine Welt, sondern nur einen Traum, der nicht weiß, dass er einer ist. Wir wären dann hoffnungslose Könige, die sich für Könige halten.

9.

Allerdings lassen wir dort, wo wir unseren Phantasien ohne jegliche Rücksicht auf Bodenhaftung nachhängen können, nicht nur unseren Wünschen freien Lauf. Das Ungemäßigte, Volle, das wir dort entwerfen, kann auch das Absolute eines äußersten Schreckens sein. Im Traum treffen wir dann – wie zum Beispiel jener Mann, der im Traum von seinem toten Kind gefragt wird, »Vater, siehst Du denn nicht, dass ich verbrenne?« (s. Freud [1900a]: 488) – auf den schlimmsten, verstörendsten Inhalt, vor dem unser gemäßigtes Wachleben uns wie ein schützender Schirm bewahrt. Darum konnte Slavoj Žižek zu der erstaunlichen, aber treffenden Schlussfolgerung gelangen: »Wachsein ist feige.« (Žižek 1999a)

Erleichtert in die Realität des Wachlebens flüchten wir jedoch nicht nur vor unseren schlimmsten Albträumen, sondern auch vor Vorstellungen, die wir uns genau zu diesem Zweck fabrizieren. Der Hohepriester Joad in Jean Racines Drama »Athalie« zum Beispiel stellt sich Gott als das schlimmste, furchterregendste Wesen vor, und diese extreme »Gottesfurcht« lässt ihn gegenüber den irdischen Gefahren, die sich aus seiner Teilnahme an der Verschwörung gegen einen grausamen Despoten ergeben, gleichgültig und tapfer werden.[6] In ähnlicher Weise haben Kommunisten, wenn sie sich in Todesgefahr begeben mussten, sich nach dem Wort von Eugen Leviné als »Tote auf Urlaub« aufgefasst. Die Vorstellung, bereits tot zu sein, ließ sie mutig im Leben agieren. Umgekehrt scheinen wir in der Gegenwartskultur unfähig zu sein, eine solche stützende Vorstellung zu entwerfen, die uns kampflustig und couragiert ins Leben flüchten lässt. Wir haben, vielleicht ohne es zu wissen, eher die Vorstellung einer innerweltlichen, »säkularen Unsterblichkeit« entwickelt, die es um jeden Preis zu bewahren gilt. Darum sind uns die Besorgnisse von Nachhaltigkeit, Sicherheit und Gesundheit so maßlos wichtig geworden und scheinen nach unmittelbarer, meist repressivster Befolgung zu verlangen: Wenn wir alles richtig machen, immer sauber bleiben und allen anderen rechtzeitig die Polizei auf den Hals hetzen, dann leben wir, so scheinen wir uns unbewusst einzubilden, wahrscheinlich ohne Ende. Freilich verwandeln wir genau dadurch schon das Leben selbst in eine lustlose, aseptische, humorlose und postsexuelle Leichenstarre – da, wie die Wiener Band »Trio Lepschi« treffend formuliert, »z' Tod g'fürcht halt aa gschturbm is«.[7] Weil wir, einer postmodernen Ideologie folgend, nichts für so groß halten können, dass alles andere dagegen verschwindend klein wird, werden die kleinen Gefahren, die uns im Leben begegnen, für uns eben riesengroß und nicht mehr relativierbar. »Incrédules, les plus crédules«, notierte Blaise Pascal (Pascal 2004: 960) – frei übersetzt: Wer an nichts Gescheites glaubt, der glaubt eben an jeden beliebigen Mist; und dasselbe gilt auch übertragen auf das Problem der Furcht: Wer sich vor nichts Großem fürchtet, der hat eben vor jeder Kleinigkeit Schiss. Gerade der postmoderne Relativismus führt dazu, dass wir nichts mehr relativieren können. So werden wir bei jeder minimalen Gelegenheit zu reaktionären Mimosen, die sofort nach Repressionsmaßnahmen rufen und sich auch beträchtliche Zumutungen – wie zum Beispiel Leibesvisitationen, Nacktscannen, Rauchverbote, Bologna-Reformen oder massive Umverteilungen gesellschaftlichen Reichtums – gerne gefallen lassen. Weil wir keine Phantasie mehr haben, aus der wir erleichtert ins Leben flüchten könnten, gerät das Leben selbst uns zu einem ausweglosen Albtraum.

10.

Diese Notwendigkeit, ein zweites, anderes, wunschgerechtes oder auch entsetzliches Leben zu träumen, damit man das erste, nicht geträumte, leben und ertragen kann, wird oft übersehen. Zum Beispiel in den Diskussionen darüber, ob man den Jugendlichen nicht die Spiele am Ego-shooter verbieten sollte, da doch manche von ihnen in einzelnen Fällen dann auch im wirklichen Leben schießend durch ihre Schulen ziehen und Klassenkollegen und Lehrer töten.[8] Oder auch in den ähnlich strukturierten Debatten über die Frage, ob man nicht Pornographie verbieten sollte, da sie doch Vergewaltiger hervorbringe. In diesen »mimetischen« Auffassungen wird, etwas schlicht, vorausgesetzt, dass alles, was den späteren Tätern zur Ausführung gefehlt hat, eine nachahmbare Idee gewesen wäre – und die hätte ihnen das Spiel oder der Porno geliefert. Was solche Leute antreibt, ist aber mehr als eine Idee. Sie stehen vielmehr offenbar unter enormer Spannung – verursacht durch Gefühle der Demütigung, der Ohnmacht, durch wirkliche oder vermeintliche Missachtung, Deklassierung, Mobbing etc. Diese Spannung verursacht ihnen das erste, wirkliche Leben. Das Spiel hingegen liefert nur eine Idee der Umsetzung ihrer Wut – eine Idee, die man sich allerdings auch leicht ohne die Spiele verschaffen kann und zu deren Verwirklichung wiederum das erste, wirkliche Leben dann Waffen und Gelegenheiten bereitstellen muss. Die Spiele zu verbieten ist darum eine Maßnahme, die am fragwürdigsten Glied dieser Kette ansetzt – an jenem, das am wenigsten ursächlich für die Tat ist.

Viel richtiger wäre es, die umgekehrte Frage zu stellen: Inwiefern leisten die Spiele einen Beitrag zum Spannungsabbau? Haben Spiele nicht vielleicht verhindert, dass die Täter schon viel früher gewalttätig wurden? Und wie viele Angespannte haben in den Spielen so viel Erleichterung gefunden, dass sie überhaupt nicht gewalttätig zu werden brauchten? Diese Dunkelziffer ist kaum zu ermitteln. Verdunkelt wird sie vor allem durch den billigen Fehlschluss, der sich manchen aufdrängt, sobald auf dem Computer eines toten Amokläufers Belege für ausgedehntes virtuelles Schießen gefunden werden. Das aber beweist nicht mehr, als dass selbst die Spiele nicht mehr ausgereicht haben, um diesen Getriebenen die nötige Entspannung zu verschaffen. Zu folgern, dass die Spiele die Ursache für den Amoklauf gewesen wären, ist hingegen vielleicht ähnlich absurd, wie wenn man aus dem Umstand, dass unfalltote Autofahrer heutzutage fast nur noch in Autos mit Sicherheitsgurten und Airbags sitzen, den Schluss ziehen würde, dass die Airbags oder die Sicherheitsgurte die Ursachen für ihren Tod gewesen wären.

11.

Sigmund Freud hat in seiner »Traumdeutung« an den Gedanken Platons erinnert, dass tugendhafte Menschen schlimme Dinge träumen, während böse Menschen sie tun.[9] Für Platon ist das übrigens ein recht erstaunlich anmutender Gedanke. Denn sonst hielt Platon die Träume, wie sie zum Beispiel die Kunst fabriziert,[10] für schädlich. Da er die wirkliche Welt selbst schon für eine zweite Welt gegenüber einer ersten, idealen Welt hielt, konnte er nur wenig Sympathie aufbringen für die Produktionen der Kunst, die er folgerichtig für eine bloß dritte Welt, das Nachbild eines Nachbildes, halten musste.[11] Darum wollte Platon die Künstler aus seiner utopischen Polis verjagen. Sie würden die Menschen bloß ablenken von der ersten und zweiten Welt, anstatt dort irgendetwas zu verbessern.[12] Außerdem würden sie in den Menschen künstliche, falsche Leidenschaften entfachen: Angesichts von Kunstwerken, so Platon, gewöhnen sich die Kunstrezipienten daran, sentimental zu werden, in Weinen oder Lachen auszubrechen – und so schwach werden sie, Platon zufolge, dann auch bei ähnlichen Gelegenheiten im wirklichen Leben reagieren.[13]

Darum aber ist Platons von Freud zitierte Position hinsichtlich der schlimmen Träume nicht so traumfreundlich, wie man hätte denken können. Es handelt sich nicht um ein Entweder-oder. Platon sagt nicht, entweder man träumt Schlimmes oder man tut es; (d. h., gerade weil man es träumt, tut man es nicht). Vielmehr vertritt er die Auffassung, dass wir im Schlaf *alle* (mit wenigen Ausnahmen)[14] träumen, etwas Schlimmes zu tun. Die tyrannischen Menschen jedoch tun es auch im Wachleben. Sie sind darum sozusagen die wache Wirklichkeit dessen, was die übrigen Menschen nur träumen.[15] Ganz ähnlich wie Platon die tyrannischen Menschen hat übrigens die Psychoanalyse die Perversen aufgefasst: Sie sind diejenigen, die das »agieren«, was andere Menschen nur (bewusst oder unbewusst) phantasieren.

12.

Im Gegensatz zu Platon erkannte Aristoteles den realitätsfernen Welten der Kunst und den von ihnen erzeugten Leidenschaften einen positiven Einfluss auf das wirkliche Leben zu. Dies betrifft die Musik ebenso wie die Tragödie auf dem Theater.[16] Die positive Wirkung, die Aristoteles der Kunst für das wirkliche

Leben zuerkennt, besteht in ihrem reinigenden, »kathartischen« Effekt. Steckengebliebene Affekte können von der Kunst durch Erzeugung neuer, ähnlicher, künstlicher Affekte wieder zum Leben erweckt und damit nach außen abgeführt werden. Auch Aristoteles fände es schön, wenn alle Menschen sich an edler, affektarmer Musik erfreuen könnten. Doch er räumt ein, dass dies nicht für alle gleichermaßen das richtige Heilmittel ist: Perverse Leute, so Aristoteles, brauchen eben perverse Musik.[17] Wer Reinigung nötig hat, braucht dazu schmutziges Zeug. Nur mit dem Schlechten der Kunst können sich Leute von den Wirkungen des Schlechten im Leben befreien.

13.

Was Aristoteles damit, anders als Platon, zu denken fordert, ist die Idee eines komplexen Verhältnisses zwischen einer Welt und einer anderen, zweiten. Das Schlimme muss in der zweiten Welt, der Welt der Kunst, hervorgebracht werden, damit es nicht in der ersten Welt in Erscheinung tritt – beziehungsweise damit es von dort, wo es schon störend steckengeblieben war, wieder weggebracht werden kann. Daraus ergibt sich eine methodische Regel für die Kulturanalyse: Wenn wir begreifen und wirksam intervenieren wollen, dann dürfen wir nicht einfach nur reflexartig »Pfui!« und »Polizei!« rufen, wenn irgendwo etwas auftaucht, das uns nicht gefällt. Vielmehr müssen wir zuerst untersuchen, zu welcher Welt dieses Ungute gehört und in welchem Verhältnis diese Welt zu jener steht, die uns interessiert. Produziert das Unschöne dort notwendig auch das Üble hier, in der für uns relevanten Welt? Oder kann es, gerade indem es in einer zweiten Welt auftaucht, verhindern, dass sein Pendant in der ersten Welt zur Wirkung gelangt? Mit anderen Worten: Mit wie vielen Welten haben wir es zu tun? Und wie hängen sie zusammen?

14.

Hier erscheint ein Begriff aus der Mechanik brauchbar, den Louis Althusser zur Untersuchung komplexer Zusammenhänge im Gesellschaftsganzen eingesetzt hat: der Begriff der »Gelenkskonstruktion« (»articulation«, s. Althusser [1965]: 47). Sind zwei Welten ohne Gelenk einfach nur fest verbunden (etwa miteinander verschraubt), dann wird, wenn es zum Beispiel mit der einen abwärts geht, auch die andere mit hinuntergezogen werden. Besteht zwischen zwei Welten aber ein Gelenk, dann wird die Sache wie beim zweiarmigen Hebel einer Kinderschaukel (einer »Wippe«) funktionieren: Wenn die eine Welt den einen Hebelarm hinunterzieht, dann wird auf der anderen Seite des Gelenks der andere Hebelarm die andere Welt hinaufdrücken. Ohne Gelenk funktioniert zum Beispiel ein bestimmter Typ von Kunst, der meist dem Schönen gewidmet ist. Der antike Bildhauer Pygmalion erschafft sich die Statue einer idealen Geliebten – in der Hoffnung, dass sie, wie es dem Mythos zufolge später geschieht, wirklich lebendig werden möge. Kunst und Wirklichkeit erscheinen in dieser schönen, hoffnungsvollen Kunst fest, ohne Gelenk verbunden. So bringt das Schöne dort dasselbe Schöne auch da mit sich.

Anders verhält es sich bei einer Kunst, die meist mit Scheußlichkeiten operiert. In der »apotropäischen« Kunst wird gerade dadurch, dass man das Bedrohliche, Scheußliche, Entsetzliche in der Kunst zur Darstellung bringt, zu verhindern versucht, dass es in der Wirklichkeit erscheint. Dämonen aus Stein an der Außenseite gotischer Kathedralen sollen verhindern, dass sich in deren Innerem ebensolche Dämonen breitmachen können. Künstlerische Steindämonen sind mit religiösen Geistdämonen also durch ein Gelenk verbunden. Die Anwesenheit der Ersten verhindert die der Zweiten.

Ein schönes neueres Beispiel für eine solche mit einem Gelenk operierende Kunst hat die Musikgruppe »Laibach« geliefert. Indem sie eine totalitäre, autoritäre Ästhetik präsentierte, hat sie den nach dem Niedergang des Sozialismus im ehemaligen Jugoslawien wieder aufkommenden nationalistischen Parteien eine vorweggenommene Parodie vor die Nase gehalten. Jede rechte Partei, die in Slowenien wieder massiver mit nationalistischen Symbolen hätte operieren wollen, hätte sich der Lächerlichkeit ausgesetzt und dem Vorwurf, ein billiges Imitat von »Laibach« zu sein.

15.

Eine Gelenksbeziehung scheint auch im Verhältnis zwischen den Menschen bestimmter Kulturen und den Vorstellungen zu bestehen, die sie sich von ihren Göttern machen. Nicht alle Kulturen haben Götter, und lange scheinen die Menschen ohne solche Wesen einer zweiten Welt ausgekommen zu sein (s. dazu Durkheim 1994: 52 ff.). Aber sobald Götter aufkamen, herrschte ein bestimmter Typus vor. Bekanntlich waren die ältesten Götter durchwegs Gestalten zum Fürchten.[18]

Dies dürfte daher kommen, dass die Menschen, wie Freud bemerkt, ihre eigenen aggressiven Neigungen, um sie loszuwerden, an solche Götter abgetreten haben.[19] Erst spät in der Religionsgeschichte hingegen taucht die Figur eines den Menschen wohlmeinenden, liebenden Gottes auf. Offenbar waren die Menschen dieser Kultur nicht mehr bereit, bestimmte Aggressionspotentiale an höhere Wesen zu delegieren. Vielmehr haben sie sich eine zweite Welt geschaffen, die es ihnen erlaubte, in der ersten (und zwar insbesondere in jenen Teilen, die man als »Neue« oder »Dritte Welt« bezeichnete) Gräueltaten und Massenmorde von bislang ungeahntem Ausmaß zu begehen. »Enthemmung durch Gottesgüte« könnte man diese Struktur nennen, in der nicht die aggressiven, sondern die solidarischen

Strebungen gegenüber den Mitmenschen an die Götter delegiert werden. Niemals sind Menschen so gefährlich für andere wie dann, wenn ihre zweite Welt von liebenden Göttern bevölkert ist (s. dazu Grunberger/Dessuant 2000).

16.

Wenn wir uns angesichts mehrerer Welten – ähnlich wie der Weise Zhuangzi – die Frage stellen, welche davon real ist, so sollten wir uns an diese komplexen Verhältnisse erinnern. Die einzig mögliche Antwort, die uns dann bleibt, besteht darin, dass das Reale die Gelenke zwischen den Welten sind. In diesem Sinn hat Louis Althusser betont, dass der Begriff der »Basis« in der marxistischen Theorie nicht einen bestimmten Teil des Gesellschaftsganzen bezeichnet (etwa die Ökonomie), sondern vielmehr dasjenige, was die Rollenverteilung und das komplexe Zusammenspiel zwischen diesen Teilen (zwischen Ökonomie einerseits, juristisch-politischem Überbau und ideologischem Überbau andererseits) festlegt.

Ein Überbau ist darum genau das, was von der wirklichen Basis (sozusagen der Regisseurin im Hintergrund, die nie die Bühne betritt – denn »die einsame Stunde der letzten Instanz schlägt nie«) erfunden und produziert werden muss, damit die scheinbare Basis (gleichsam die Bühnenfigur, die wir zu sehen bekommen) überhaupt existieren kann. Auf einer alltäglichen Ebene können wir diese Notwendigkeit der Einführung von Gelenken und der damit verbundenen verschiedenen Welten leicht beobachten. Nicht nur in Filmen, sondern auch im wirklichen Leben gibt es doch immer ein ähnliches Muster, wenn zwischen zwei Menschen zum Beispiel nach einem Rendezvous die Frage ansteht, ob man die kommende Nacht zusammen verbringen wird. Bezeichnenderweise kann man diese Frage niemals wörtlich stellen, ohne das, worauf sie abzielt, zunichtezumachen. Hier ist eine zweite Welt vonnöten. Man muss zum Beispiel sagen: »Kommst du noch mit auf einen Tee?« Obwohl beide Anwesenden sehr genau wissen, welche erste Welt damit gemeint ist, können sie nicht anders, als diese mit Hilfe einer zweiten Welt zu benennen und möglich zu machen. Genau diese Tee-Frage ist, im Miniaturmaßstab des menschlichen Privatlebens, das, was im Maßstab der Gesellschaft unter dem Begriff eines Überbaus zu verstehen ist.

17.

Dies scheint besonders wichtig in einer Situation wie der gegenwärtigen, in der eine gewaltige Umverteilung des gesellschaftlichen Reichtums zugunsten schmaler Eliten stattfindet, während man zugleich das Gefühl hat, dass man nicht weiß, gegen wen man eigentlich kämpfen soll, da man – anders als etwa im schlichten Ausbeutungskapitalismus des 19. Jahrhunderts – die Verantwortlichen und Nutznießer dieser Entwicklungen kaum jemals zu Gesicht oder zu fassen bekommt. Je brutaler die gegenwärtige gesellschaftliche Umverteilung sich vollzieht und je mehr Menschen in die Zonen von Arbeitslosigkeit, Hartz IV und Prekariat abrutschen, desto weniger scheint klar, wer die Nutznießer sein könnten, die man dafür verantwortlich machen und zur Rede stellen muss. Bis hinauf in die höchsten Etagen aller Apparate scheinen vielmehr Menschen zu sitzen, die selbst über die Entwicklungen unzufrieden sind und sie mit Besorgnis, aber auch mit scheinbarer Hilflosigkeit beobachten.

Hier ist es nützlich, sich daran zu erinnern, dass bestimmte Ausschweifungen im Privatleben nie stattfänden, wenn es nicht die zweite Welt des Tees gäbe. Genau so sind auch im politischen Leben bestimmte Ausbeutungen zu ihrer Verwirklichung auf eine zweite Welt angewiesen – eine Welt der wohlmeinenden Reformen, vermeintlichen Schutzmaßnahmen und behübschenden Ideologien. Die rabiate Beraubungspolitik hätte nicht durchgeführt werden können, wäre sie nicht begleitet worden von einer scheinbar um unser Wohl besorgten, gouvernantenhaften Pseudopolitik sowie einer Reihe von Erzählungen, die uns suggerierten, dass wir nicht beraubt, sondern vielmehr von Zwängen und »Normierungen« und Zumutungen anderer befreit würden. Endlich, nach der Privatisierung der öffentlichen Massenmedien, durften wir alle ganz wir selbst sein und zum Beispiel im Pyjama oder auch nackt ins Fernsehen – freilich um den Preis, von nun an nur noch Idioten im Fernsehen sehen zu können und auch selbst dort nicht mehr anders als Idioten auftreten zu dürfen.

Genau auf dieser Ebene aber liegt die Lösung des Problems von der Ungreifbarkeit des Feindes. So fern das internationale Kapital und seine Profiteure sein mögen; seine Komplizen sind ganz nah. Sie laufen vielleicht gerade als Consulter durch den Betrieb und entwickeln Optimierungsvorschläge; oder sie sitzen im nächsten Universitätsbüro und zählen ECTS-Punkte; oder sie befinden sich im nächsten Unterausschuss des Parlaments und arbeiten an einem verschärften Alkoholverbot, einer Verordnung zur Besteuerung der Dicken oder an einer Richtlinie zur verbindlichen Verwendung von Binnenmajuskeln. Diese Pseudopolitiken sind der notwendige Überbau der neoliberalen Beraubungen, ohne den diese nicht vollzogen werden können. Sie sind zugleich aber auch die schwache Stelle des Gegners. Wenn sie bekämpft werden, steht der Gegner ohne Deckung da, erkennbar und damit schwach. Dann wird er plötzlich selbst dem Zorn der Massen ausgesetzt sein, dessen spürbar stärker werdende Regungen er bislang geschickt auf diverse Ersatzobjekte lenken konnte. An den kleinen, mikropolitischen Fronten der Kämpfe gegen die Verbotspolitiken, die Bürokratisierungen der Gesellschaft, die Evaluierungs- und Kontrollzwänge entscheidet sich darum heute der Kampf gegen die große neoliberale Umverteilung. Wenn es einer opportunistischen Politik unmöglich gemacht wird, sich in Privatisierungsmaßnahmen, Ablenkungsproblemchen und postpolitischen Stützmaßnahmen zur gesellschaftlichen Pauperisierung zu ergehen, wird man sie auch zwingen können, multinationale Unternehmen wieder zum Zahlen von Steuern zu veranlassen.

Es verhält sich wie in der eingangs erwähnten Geschichte von Hammett: Aus einer sich verschlechternden ersten Welt entkommt man nur, indem man dafür sorgt, dass sie keine andere, zweite hat. Karl Marx hat das wie folgt formuliert: »man muss diese versteinerten Verhältnisse dadurch zum Tanzen zwingen, dass man ihnen ihre eigne Melodie vorsingt!«[20] – Ohne andere, zweite Melodie aber sind die Verhältnisse schutzlos ihrer eigenen, ersten Melodie ausgeliefert. Dann fangen ihre Beine unweigerlich zu zappeln an, und sie beginnen, sich flugs und rhythmisch in Richtung einer glatten, exponierten Tanzfläche zu bewegen.

Anmerkungen

1 S. Ginzburg [1995]: 74–91. Die zitierte Formulierung der Frage taucht nur auf dem Rückendeckel des Buches auf; es ist für mich nicht feststellbar, ob sie von der Autorin selbst stammt.

2 (Meine Übers., R.P.). Siehe Pascal 2004: 1129: »L'homme n'est ni ange ni bête, et le malheur veut que qui veut faire l'ange fait la bête.«

3 Siehe Montaigne 1998: 567.

4 Vgl. dazu Žižek 1999.

5 Daher rührt das paradoxe, für den Traum konstitutive Wissen, dass er ein Traum ist. Freud [1900a]: 334, 470, 544; Nietzsche 1988: 38; Lacan 1987: 82.

6 Siehe dazu Lacan [1955–56]: 293 ff.; vgl. Žižek 2006a: 37.

7 Trio Lepschi, CD »mit links«, s. www.triolepschi.at

8 Ich bin Mona Hahn, Wien, dankbar für die Diskussion dieser Fragen

im Rahmen des Forschungsprojekts »Transferences: Psychoanalysis – Art – Society«.

9 »Ich meine nur, jedenfalls hatte der römische Kaiser unrecht, welcher einen Untertanen hinrichten ließ, weil dieser geträumt hatte, daß er den Imperator ermordet. Er hätte sich zuerst darum bekümmern sollen, was dieser Traum bedeutete; sehr wahrscheinlich war es nicht dasselbe, was er zur Schau trug. Und selbst wenn ein Traum, der anders lautete, diese majestätsverbrecherische Bedeutung hätte, wäre es noch am Platze, des Wortes von Plato zu gedenken, daß der Tugendhafte sich begnügt, von dem zu träumen, was der Böse im Leben tut.« (Freud [1900a]: 587)

10 Siehe Platon, Politeia 266a: »[…] das Erzeugnis der Malkunst […], gleichsam ein Traum, für Wachende zubereitet.«

11 Siehe Platon, Politeia 597e: »Des dritten Erzeugnisses Vorsteher von dem Wesen ab nennst du also Nachbildner.«

12 Siehe Platon, Politeia 599d–e: »Lieber Homer, […] sag uns, welche Stadt durch dich zu einer besseren Verfassung gekommen ist.«

13 Siehe Platon, Politeia 386a ff.; 605c ff.

14 In Politeia 571c–572b entwirft Platon freilich die Möglichkeit, durch Anregung der Vernunft (Logos) vor dem Einschlafen und durch Beschwichtigung der übrigen Seelenkräfte des Begehrens (Eros) und des Zornes (Thymos), zu verhindern, dass »ruchlose Gesichter in den Träumen zum Vorschein kommen«.

15 Siehe dazu Platon, Politeia 576b: »So laß uns den Schlechtesten noch einmal kurz zusammenfassen. Es ist aber doch der, welcher, wie wir einen Träumenden beschrieben, ein solcher im Wachen ist.«

16 Da die Musik, wie in der Antike überdeutlich wurde, Massen in Raserei zu versetzen vermag, wird sie sowohl bei Platon als auch bei Aristoteles zu einem zentralen Gegenstand der politischen Theorie. Mit vergleichbarem Ernst wurde sie wohl erst wieder rund 2400 Jahre später, von den Theoretikern der Popmusik, z. B. in »spex«, behandelt.

17 Siehe Aristoteles, Politik 1341b–1342a. Vgl. dazu auch die klare, englische Übersetzung in Bernays 1979: 157.

18 Siehe dazu Miggelbrink 1999; vgl. Grunberger/Dessuant 2000: 117 ff.; Sloterdijk 2006: 25.

19 Siehe dazu Freud [1908d]: 18: »Unsere Kultur ist ganz allgemein auf der Unterdrückung von Trieben aufgebaut. Jeder Einzelne hat ein Stück seines Besitzes, seiner Machtvollkommenheit, der aggressiven

und vindikativen [rachgierigen] Neigungen seiner Persönlichkeit abgetreten; aus diesen Beiträgen ist der gemeinsame Kulturbesitz an materiellen und ideellen Gütern entstanden. […] das Stück Triebbefriedigung, auf das man verzichtet hatte, wurde der Gottheit zum Opfer gebracht; das so erworbene Gemeingut für ›heilig‹ erklärt.«

20 Marx [1844]: 381.

Literatur

Louis Althusser (1965): »Préface: du Capital à la philosophie de Marx«, in: Althusser, L./Balibar, E.: Lire le Capital I, 2. Aufl., Paris 1969; S. 9–85.

Aristoteles (1995): Politik, Philosophische Schriften, Bd. 4, Hamburg.

Jacob Bernays (1979): »Aristotle on the Effect of Tragedy«, in: J. Barnes, M. Schofield, R. Sorabji (eds.): Articles on Aristotle, 4. Psychology and Aesthetics, London, S. 154–165.

Emile Durkheim (1994): Die elementaren Formen des religiösen Lebens, Frankfurt am Main.

Sigmund Freud (1900): Die Traumdeutung, Studienausgabe, Bd. II, Frankfurt am Main 1989.

Sigmund Freud (1908): Die ›kulturelle‹ Sexualmoral und die moderne Nervosität, in: Ders.: Studienausgabe, Bd. IX, Frankfurt am Main 1989, S. 9–32.

Sigmund Freud (1912–13): Totem und Tabu, in: Ders.: Studienausgabe, Bd. IX, Frankfurt am Main 1993, S. 287–444.

Sigmund Freud (1930): Das Unbehagen in der Kultur, in: Ders.: Studienausgabe, Bd. IX, Frankfurt am Main 1993, S. 191–270.

Natalia Ginzburg (1995): Das imaginäre Leben, Berlin.

Béla Grunberger/Pierre Dessuant (2000): Narzißmus, Christentum, Antisemitismus. Eine psychoanalytische Untersuchung, Stuttgart.

Dashiell Hammett (1974): Der Malteser Falke, Zürich.

Jacques Lacan (1946): Vortrag über die psychische Kausalität, in: Ders.: Schriften, Bd. III, 2. Aufl., Weinheim u. Berlin 1986.

Jacques Lacan (1955–56): Le Séminaire, Livre III: Les Psychoses, Paris.

Jacques Lacan (1987): Die vier Grundbegriffe der Psychoanalyse. Das Seminar, Buch XI, 3. Aufl., Weinheim u. Berlin.

Karl Marx (1844): Zur Kritik der Hegelschen Rechtsphilosophie. Einleitung, in: Karl Marx, Friedrich Engels: Werke (MEW), Bd. 1, Berlin 1970, S. 378–391.
Ralf Miggelbrink (1999): Der zornige Gott. Eine systematisch-theologische Untersuchung zu einem Motivkomplex biblischer Theologie in praktischer Absicht, Habil.-Schr., Innsbruck.
Michel de Montaigne (1998): Essais, Erste moderne Gesamtübersetzung von Hans Stilett, Frankfurt am Main.
Friedrich Nietzsche (1988): Die Geburt der Tragödie. Oder: Griechenthum und Pessimismus, in: Kritische Studienausgabe, hg. V. G. Colli u. M. Montinari, Bd. I, München u. a., S. 9–156.
Blaise Pascal (2004): Les Provinciales, Pensées et opuscules divers, Paris.
Platon (1984): Politeia, in: Ders.: Sämtliche Werke, Bd. 3, Reinbek, S. 67–310.
Peter Sloterdijk (2006): Zorn und Zeit. Politisch-psychologischer Versuch, Frankfurt am Main.
Zhuangzi (2005): Das höchste Glück. Reden und Gleichnisse, Frankfurt am Main.
Slavoj Žižek (1999): »Die brennende Frage, Hundert Jahre Traumdeutung lehren: Wachsein ist feige, in: Die Zeit, Nr. 49, 2. 12. 1999, S. 50; siehe auch: http://www.zeit.de/1999/49/199949.traumdeutung_.xml
Žižek, Slavoj (2000): »Die Substitution zwischen Interaktivität und Interpassivität«, in: R. Pfaller (Hg.): Interpassivität. Studien über delegiertes Genießen, Wien u. New York.
Žižek, Slavoj (2006): The Parallax View, Cambridge/MA u. London.

JÖRG BLECH

»Wir schonen uns zu Tode«

Leibesübungen verheißen genau das, wonach das Volk lechzt: körperliche und geistige Fitness. Nach jedem Jahreswechsel strömen reuige Bewegungsmuffel, ihren guten Vorsätzen getreu, zu Tausenden in die Fitnessstudios. Und doch: Bei der Verwirklichung des Traumes täuschen sich viele selbst. Zwar behaupten 60 Prozent der erwachsenen Bundesbürger in Befragungen, sie seien sportlich aktiv. In Wahrheit jedoch erreichen nur 15 bis 20 Prozent der Bevölkerung ab dem 40. Lebensjahr jene Dosis an Bewegung, die der Gesundheit hilft.[1]

Der Bundes-Gesundheitssurvey offenbarte: Etwa 65 Prozent der 50- bis 59-jährigen Frauen und 60 Prozent der Männer desselben Alters sind kaum mehr in der Lage, die Treppe drei Stockwerke hochzugehen. Von den 30- bis 59-jährigen Frauen und Männern treiben mehr als die Hälfte überhaupt keinen Sport. Mehr als 65 Prozent der über 40 Jahre alten Männer sowie mehr als 70 Prozent der Frauen dieser Altersgruppe gelten als inaktiv.[2]

Dabei haben schon Denker der Antike erkannt, wie abträglich das Nichtstun fürs Befinden ist. Plato bezeichnete die Heilkunde und die Gymnastik als Schwesterkünste. Von den Ärzten erwähnt Hippokrates (460 bis 375 v. Chr.) die Gymnastik des Öfteren und lobt den präventiven Wert von Spazierengehen, Reiten, Laufen, Fingerkampf und Ringen. Jahrhunderte später sagte der Dichter und Schriftsteller Johann Gottfried Herder

(1744–1803) über den Wert der Bewegung: »Unseren vielorganischen Körper mit all seinen Sinnen und Gliedern empfingen wir zum Gebrauch, zur Übung. Ohne diesen stocken unsere Lebenssäfte, unsere Organe werden matt; der Körper, ein lebendiger Leichnam, stirbt lange vorher, ehe er stirbt. Er verwest eines langsamen, elenden, unnatürlichen Todes.«[3]

So eindrücklich die Worte des Dichters waren, im Grunde wiederholten sie bloß, was der einfache Mann und die einfache Frau bereits ahnten: dass nämlich der widernatürliche Mangel an Bewegung die Organe verkümmern lässt. Wer rastet, der rostet; Müßiggang ist aller Laster Anfang; aber: sich regen bringt Segen – diese Sprichwörter werden seit Generationen überliefert.

Es ist nur so, dass diese Weisheiten gerade nicht weiter beherzigt werden. Das Volk, zumindest gewichtige Teile davon, schert sich kaum mehr, was ihm der Volksmund zu sagen hat. Nach dem Zweiten Weltkrieg und nach den Entbehrungen des Wiederaufbaus hat sich in den Gesellschaften der westlichen Welt eine Daseinsform breitgemacht, die es bis dahin in menschlichen Kulturen nicht gab: die Sedentarität – sesshafte Lebensweise und körperliche Inaktivität.

Viele Bürger der wohlhabenden Nationen haben sich in den vergangenen Jahrzehnten von körperlicher Ertüchtigung abgewandt, als wäre selbige eine Krankheit wie die Pest. In deutschen Kurorten standen nach dem Zweiten Weltkrieg zumeist passive Maßnahmen wie Massagen, Packungen, Trinkkuren und Bäder auf der Tagesordnung. Die öffentliche Meinung durchlief in den 50er und 60er Jahren des vorigen Jahrhunderts einen Wandel, der aus den Werken des Arztes und Autors Peter Steincrohn spricht. Im Erbauungsbuch *Wie man faul, gesund und fit wird* befindet der Doktor: »Bewegung ist unnütz und kann ausgesprochen gefährlich sein.«[4]

Außerhalb des Buches sah die Welt etwas anders aus. Was die

allgemeine Abkehr von auch nur moderater Bewegung für Folgen hatte, ließ sich damals in kaum einem Land der Erde besser ablesen als in Westdeutschland. Aufgrund des Wirtschaftswunders wurde weiten Teilen der Bevölkerung binnen kürzester Zeit eine Lebensweise beschert, die von Sitzen und Liegen geprägt war. Von der Währungsreform 1948 an stieg die Zahl der tödlichen Herzinfarkte Jahr für Jahr. Die Zahl aller Todesfälle durch Herz-Kreislauf-Erkrankungen nahm innerhalb von zwei Jahren von 80 000 auf 183 000 zu.

Dass die allgemeine Hinwendung zur Trägheit hinter dieser Epidemie steckte, konnten sich viele Mediziner zunächst gar nicht vorstellen. Wie der große Rest der Bevölkerung waren auch sie schnell bei der Ansicht angelangt, Bewegungsmangel sei so etwas wie der Normalzustand. Die Medizinprofessoren Hans Kraus und Wilhelm Raab schrieben damals:

Es sei so weit, dass »wir Ärzte als normal akzeptieren, was noch vor einem Jahrhundert als unterhalb normal, abnorm oder gar krank angesehen worden wäre. Höflich akzeptieren wir die Tatsache, dass Männer und Frauen mit Ende dreißig nicht rennen können, dass sie übergewichtig sind, dass sie ›auf ihre Herzen aufpassen‹ müssen, dass sie Diäten benötigen und dass sie ein ganzes Sortiment von kleineren oder größeren orthopädischen Beschwerden haben. Wir beobachten gelassen, dass sie unter nervöser Anspannung stehen und dass sich diese Anspannung auf ihre Körper überträgt. Ebenso gleichmütig bleiben wir angesichts der Tatsache, dass aus Babyspeck ›Teenager-Fett‹ wird, das sich schließlich als Erwachsenenspeck niederlässt. Auf der anderen Seite halten wir Menschen, deren körperliche Aktivitäten jenen früherer Generationen oder jenen in weniger industrialisierten Ländern ähneln, für übernatürlich oder außergewöhnlich. Wir empfinden den niedrigen Puls eines Athleten als etwas Außerordentliches. Wir sprachen über Sportlerherzen, als seien diese krankhaft, bis bewiesen wurde, dass diese Herzen in den meisten Fällen bloß außergewöhnlich stark sind. Wir sind überrascht von der vergleichsweise niedrigen Muskelspannung, der spontanen Gewichtskontrolle, der besseren Muskelkraft und -beweglichkeit, der größeren Atemkapazität und höheren Ausgeruhtheit der gut trainierten, aber nicht übertrainierten Sportler. Und wir selbst pflegen gemütlich unseren eigenen sesshaften Lebensstil, nachdem wir solche Leute für außergewöhnlich erklärt haben, was sie in der Tat sind.«

Die vorstehenden Zeilen entstammen einem 1961 erschienenen Buch, das einen ganz neuen Typus von Krankheiten ins Bewusstsein der Menschen rufen wollte: die Hypokinetosen oder Bewegungsmangelkrankheiten.[5] Der Kölner Sportmediziner Wildor Hollmann erkannte seinerzeit als einer der Ersten: Die sich ausbreitende Automatisierung und die damit einhergehende Bewegungsarmut waren der Grund für die Herzinfarktepidemie im Nachkriegsdeutschland. Es war die Zeit, in der Begriffe wie »Wohlstandsbauch«, »Faulenzerherz« oder »Inaktivitätsatrophie« Eingang in den Jargon der Ärzte fanden. Studien wurden aufgelegt, in denen der Einfluss körperlicher Arbeit auf das Herzinfarktrisiko untersucht wurde. Und siehe da: Die geringste Mortalität ergab sich für die Berufe, die mit körperlicher Schwerarbeit verbunden waren. Unter Büroarbeitern war die Häufigkeit, den Herztod zu sterben, drei- bis viermal so hoch. Das Ergebnis der Forschung kam 1967 einer Sensation gleich: »Nicht harte körperliche Arbeit schädigt die Koronarien und das Herz – sondern der Mangel an körperlicher Arbeit.«[6]

Ähnlich gravierend, so erkannte die Forschung weiter, war der Einfluss der Inaktivität auf den Schlaf des Menschen. Sie bringe die Leistungsfähigkeit des vegetativen Systems durcheinander und mache »Schlaf- und Verdauungsstörungen mit zu den häufigsten Beschwerden des zivilisierten Menschen unserer

Zeit«, hielt Harald Mellerowicz vom Institut für Leistungsmedizin in Berlin fest. Mit einer Mischung aus Zynismus und Ingrimm warnte der Professor: »Die Rumpfmuskulatur wird unfähig, ihre natürlichen Haltefunktionen zu erfüllen. Es entwickeln sich Haltungsschwächen, Haltungsfehler und Fehlentwicklungen der Wirbelsäule und des Brustkorbs, die nicht ohne Rückwirkungen auf den Kreislauf und Atemapparat bleiben. Diese Haltungsfehler sind nicht nur unschön, sondern sie lösen eine ganze Kette von weiteren Entwicklungs-, Gesundheits- und Leistungsstörungen aus. Es kommt zu Fehlentwicklungen des Thorax, der Lungen, der Kreislauforgane und des Beckens. Infolge der Fehlbelastung treten Abnutzungs- und Aufbrauchserscheinungen besonders an den Wirbelgelenken früher auf. Sie können die Erwerbsfähigkeit vermindern und zu Frühinvalidität führen.«[7]

Die harschen Worte, niedergeschrieben vor einigen Jahrzehnten, sind verpufft. Den aktuellen Krankenstatistiken lässt sich entnehmen, dass Bewegungsmangelkrankheiten und ihre Frühsymptome einen großen Prozentsatz des Krankenguts der Kliniken und der praktischen Ärzte ausmachen. Keine Generation hat sich je so wenig bewegt wie jene der jetzt lebenden Menschen. Die Experten der Weltgesundheitsorganisation WHO in Genf stufen 60 Prozent der Weltbevölkerung als bewegungsfaul ein. 41 Prozent würden sich nicht einmal zwei Stunden pro Woche moderat bewegen; 17 Prozent seien nachgerade in körperlicher Inaktivität erstarrt. Jedes Jahr stürben deshalb zwei Millionen Menschen eines frühen Todes, etwa an Brustkrebs, Zuckerkrankheit (Typ-2-Diabetes) oder Herz-Kreislauf-Erkrankungen. Allein in den USA verursache das Herumtherapieren an trägen und tatenlosen Bürgern jedes Jahr Kosten in Höhe von 75 Milliarden Dollar.[8]

Die Menschen haben keine bewusste Wahl getroffen, faul zu sein. Verantwortlich für den Stillstand sind vielmehr Verlockungen der modernen Zeit, die sich allerorten aufgetan haben. Als in den 50er Jahren der Fernseher Einzug in die Haushalte hielt, änderte sich schlagartig das Freizeitverhalten ganzer Gesellschaften. Die körperlichen Anforderungen, die wir in Arbeit, Haushalt und Freizeit zu bewältigen haben, sind immerfort geschrumpft, bis hin zur »Nichtexistenz in industrialisierten und urbanisierten Gesellschaften«, so William Haskell von der Stanford University in Kalifornien.[9] Seiner Ansicht nach gibt es ein Mindestmaß an Aktivität, das zu erfüllen nötig ist, um ein zufriedenes und wirkungsvolles Mitglied der Gesellschaft zu sein.

Das betrifft zunehmend die Kinder. Unter ihnen breitet sich eine große Bewegungsarmut aus, weil sich ihre Bewegungswelten ändern. Sie spielen nicht mehr auf der Straße, sondern leben in einer verinselten Umwelt, in der sie sich nicht mehr frei bewegen können. Vielen älteren Menschen war es in der Kindheit noch selbstverständlich, aus eigener Kraft, zu Fuß oder mit dem Fahrrad, in die Schule zu gelangen. Heute dagegen verteilen Grundschulleiter und Elternbeiräte Flugblätter, in denen sie die Väter und Mütter ermahnen, den Nachwuchs nicht mit dem Auto bis vors Schultor zu karren.

Wie auch immer sich das verwöhnte Kind in die Lehranstalt begibt, dort wird es, statistisch gesehen, körperlich immer weniger gefordert. Je nach Region fällt bis zu einem Drittel der Sportstunden aus, weil Lehrer fehlen oder krank sind. In den Pausen hat das Smartphone die Rolle übernommen, die einst der Fußball innehatte. Die trägen Vertreter der Generation XXL verleben eine Indoor-Jugend. Sie gehen lieber online als zu Fuß. Zehn Jahre alte Kinder gestalten ihre eigene Homepage – zur gleichen Zeit fällt es ihnen schwer, zu springen, zu klettern oder etwa Ball zu spielen.[10]

Die Verschlechterung von Kondition und Koordination wird von Sportlehrern bezeugt, und man kann sie in den Ergebnislisten der Bundesjugendspiele nachlesen. Die Forscher Johannes Hebebrand und Klaus Bös haben 54 Studien ausgewertet und kommen zu dem Schluss, dass sich die motorische Leistungsfähigkeit in Deutschland lebender Kinder in den vergangenen Jahren um zehn Prozent verringert hat. Als 1976 in Heidelberg zehn Jahre alte Schüler zu einem Sechs-Minuten-Lauf aufbrachen, kamen sie im Durchschnitt 1024 Meter weit. Als 20 Jahre später in Regensburg und in Frankfurt genauso alte Jungen den Lauf unternahmen, schafften sie es im Durchschnitt nur 876 Meter weit. In anderen Studien führten Grundschulkinder Tagebuch darüber, wie sie den Tag verbringen. Das Ergebnis zeigte Folgendes. Liegen: neun Stunden; Sitzen: neun Stunden; Stehen: fünf Stunden; Bewegung: eine Stunde.[11] Die Abschaffung der Bewegung beschränkt sich nicht auf junge Städter. Aus dem Schwarzwald berichtet der niedergelassene Allgemeinarzt Wilhelm Niebling: »Viele Kinder hier können tatsächlich nicht mehr rückwärts balancieren.«

»Das Klicken mit der Maustaste stärkt vielleicht die Muskulatur des rechten Zeigefingers, wird aber auf absehbare Zeit keine olympische Disziplin« – mit diesen Worten versuchte der damalige Bundespräsident Johannes Rau die deutsche Jugend zu mehr körperlicher Ertüchtigung zu ermuntern. Zur gleichen Zeit erforschten Anthropologen den Fernsehkonsum junger Menschen in den USA und vermeldeten: Kinder zwischen acht und 18 Jahren verbrachten jeden Tag im Durchschnitt vier Stunden vor der Mattscheibe.

Berücksichtigt man Computerspiele und alle weiteren sitzenden Tätigkeiten, dann sind es jeden Tag fünf Stunden und 20 Minuten – schon allein aus Zeitgründen bleibt da kaum noch Zeit zum Spielen im Freien.

Das Aufkommen neuer Kommunikationstechniken hat dazu geführt, dass die Menschen auch in der Arbeitswelt immer weniger Energie verbrauchen, oftmals auf eine subtile Art und

Weise. Während das weitgehende Verschwinden harter Arbeit aus der Berufswelt eine Zäsur darstellte, stehlen die digitalen Techniken unsere Bewegung, ohne dass wir es merken. Dank Smartphone, Internet, Fax und E-Mail entfällt zunehmend die Notwendigkeit, persönlich am Arbeitsplatz zu erscheinen, immer häufiger arbeitet man von zu Hause aus.

Bequemt man sich dennoch ins Büro, besteht dank allgemeiner Vernetzung kein Anlass mehr, den eigenen Schreibtisch zu verlassen. Per E-Mail oder Telefon kann man mit allen im Haus kommunizieren. Das Erstellen, Vervielfältigen und Versenden von Schriftstücken lässt sich elektronisch direkt vom Bürostuhl aus bewerkstelligen. Die automatische Wahlwiederholung des Telefons verringert sogar den Energieaufwand fürs Tippen der Nummern.

Über einen Zeitraum von Tagen oder Wochen betrachtet, scheinen die Folgen für die Gesundheit unerheblich zu sein. Doch über Monate und Jahre hinweg, so der kalifornische Bewegungsforscher William Haskell, machen diese kleinen Verringerungen des Energieverbrauchs den Braten im Wortsinn fett.

Haskell hat das am Beispiel eines 60 bis 70 Kilogramm schweren Beamten ausgerechnet.[12] Stellen wir uns vor, der Mann habe die Wahl: Entweder er druckt seine Schriftstücke aus und bringt sie dem betreffenden Kollegen persönlich vorbei. Dazu muss er sich jede Stunde einmal erheben und insgesamt zwei Minuten langsam gehen. Oder er sitzt die ganze Zeit vor dem Computer und verschickt alles per E-Mail. Die letztere Variante würde den Energieverbrauch in einem Jahr um einen Brennwert verringern, der 500 Gramm Fett entspricht. Damit führt das E-Mailen zu einer schleichenden Fettleibigkeit: Nach zehn Jahren hat der Beamte fünf Kilogramm mehr auf den Rippen.

Fatalerweise ist vielen Menschen in den westlichen Gesellschaften nicht bewusst, dass es ihnen gar nicht anders ergeht als dem Beamten. Den unmerklichen Niedergang der Körperstrukturen und den allmählichen Verlust der Leistungsfähigkeit sehen viele mit der Zeit sogar als willkommene Entschuldigung dafür, den Zustand der Unbeweglichkeit beizubehalten.

Wie die Verringerung des Energieverbrauchs die Konstitution der Arbeitnehmer verändert hat, wurde wissenschaftlich kaum dokumentiert. Gleichwohl spüren viele Menschen, dass ihr Job eine Fettfalle sein kann. Den Stress und die Belastung im Büro, das ergibt sich aus Umfragen, sehen viele als Grund fürs eigene Dickwerden.[13] Forscher haben verglichen, was Büroangestellte sowie Jäger und Sammler an Kalorien verbrauchen. In den 70er Jahren haben sie dazu Daten von Machiguenga-Indianern in Peru erhoben, die damals noch ursprünglich lebten. Ein Indianer verbrennt demnach jeden Tag 60 Kilokalorien pro Kilogramm Körpergewicht – bei einem US-Bürger mit sitzender Tätigkeit liegt der Vergleichswert bei nur 32. Beachtlich ist auch der Unterschied bei Frauen. Während eine Machiguenga-Indianerin jeden Tag 45 Kilokalorien pro Kilogramm Körpergewicht umsetzt, verbraucht eine im Sitzen arbeitende US-Amerikanerin 25. Generell geben Forscher folgende Formel aus: In der modernen Welt hat sich der Kalorienverbrauch um rund 40 Prozent verringert.[14]

Die augenfälligste Folge ist die sich auf dem ganzen Globus ausbreitende Fettleibigkeit. Nicht nur in reichen Staaten wie Deutschland, USA, Kuwait oder Australien ist sie auf dem Vormarsch. Auch in den wohlhabenden Schichten ärmerer Länder wie Thailand ist sie nicht zu übersehen. Inzwischen leben auf unserem Planeten mehr dicke Menschen als dünne. Indes: Eine unstrittige Grenze, wie viel Fett eigentlich als krankhaft bezeichnet werden muss, gibt es nicht. Allenfalls eine Richtschnur liefert der so genannte Body-Mass-Index (BMI). Er errechnet sich nach der Formel: Gewicht (in Kilogramm) durch das Quadrat der Körpergröße (in Metern). Wer einen Wert zwischen 25 und 30 hat, der ist nach den Kriterien der WHO übergewichtig. Wer einen BMI von 30 oder mehr hat, der gilt als fettleibig oder, medizinisch vornehm ausgedrückt, als adipös.

Es lässt sich trefflich darüber streiten, ob die Definitionen der WHO zu streng sind oder nicht. Aber dass sich die Übergewichtigkeit ausbreitet, kann wohl nicht in Abrede gestellt werden. Männliche US-Bürger waren 1970 durchschnittlich 8,7 Kilogramm schwerer als Männer gleichen Alters und gleicher Größe, die man 1863 gewogen hatte.[15] Die schulärztliche Eingangsuntersuchung in Hamburg hat vor einiger Zeit ergeben, dass 12,1 Prozent der Jungen und 11,5 Prozent der Mädchen Übergewicht haben – 30 Jahre zuvor traf das nur auf vier Prozent der Hamburger Schüler zu.[16] Beispiel Bundeswehr: Der Anteil der Wehrpflichtigen über 90 Kilogramm hat sich binnen 40 Jahren versechsfacht. Beispiel Britische Armee: Neuerdings genügt nur noch ein Drittel der 16-Jährigen den Gewichtsvorgaben, zwei Drittel sind zu schwer. Anfang 2006 hat die Armeeführung reagiert und die Aufnahmebedingungen gelockert. Seither können auch Männer mit einem BMI von bis zu 32 Soldat werden. Die alte Grenze lag bei 28.

Das Gewicht eines jeden Menschen wird durch seine Energiebilanz bestimmt. Wie die Energie in den Körper kommt, ist einfach: Die Kalorienaufnahme hängt davon ab, wie viel Nahrung er zu sich nimmt und woraus diese besteht. Der Verbrauch der Kalorien dagegen ist vielschichtiger und unterliegt vier Faktoren. Erstens wird eine bestimmte Zahl von Kalorien benötigt, um die Lebensvorgänge in Zellen, Geweben und Organen zu erhalten. Zweitens braucht es Energie für die Verdauung der Nahrung. Drittens werden Kalorien verbrannt, um die Körpertemperatur aufrechtzuerhalten. Viertens schließlich wird Energie für die Bewegung des Körpers benötigt. Die drei ersten Faktoren sind weitgehend fixiert. Bleibt Punkt vier – es ist der Gebrauch der Muskeln, mit dem ein jeder von uns die Energiebilanz beeinflussen kann.

Wer sich regt, verbraucht Energie; und wer mehr Energie verbraucht, als er zu sich nimmt, der verliert unweigerlich Gewicht. Für viele Mitglieder der sesshaften Gesellschaften trifft der umgekehrte Fall zu: Die Verringerung der körperlichen Aktivität führt zu einem Überschuss an Energie, der unweigerlich als Fett abgelagert wird. Angenommen, ein 70 Kilogramm schwerer Mann, der jeden Morgen stets einen Kilometer weit geht, würde diese Morgenrunde fortan ausfallen lassen, aber genauso viel essen wie immer. Nach nur einem Jahr wird er mehr als zwei Kilogramm Fett zusätzlich am Leib haben.[17]

Das kann Formen annehmen, die es so in der Steinzeit nicht gegeben hat. Der Schüler Paul aus Nordrhein-Westfalen beispielsweise hat in den ersten 15 Jahren seines Lebens jeden Monat durchschnittlich 820 Gramm an Körpergewicht zugelegt. Als ich ihn in einem Rehazentrum traf, war er 1,77 Meter groß und wog 157,6 Kilogramm – mehr als die Hälfte seines Körpers bestand aus Fett.[18] In der Biologie ist eine solche Konstellation selten. Die Pfuhlschnepfe schlägt sich im Sommer an der Küste Alaskas den Bauch mit Muscheln voll, bis Speck 55 Prozent des gesamten Körpergewichts ausmacht. Dann aber tritt der tapfere Zugvogel eine Reise an, die ihn 11 000 Kilometer über den Pazifischen Ozean hinweg bis nach Neuseeland führt. Sein Fett dient ihm als Treibstofftank, und er bewältigt die Strecke nonstop in vier bis fünf Tagen.

Menschen mit gewaltigen Fettpanzern dagegen werden kränklich und können sich am Ende gar nicht mehr bewegen. Den Drei-Zentner-Menschen Paul etwa plagten Beschwerden, für die er mit seinen 15 Jahren noch viel zu jung war: Der Schüler hatte eine Fettleber und einen dermaßen hohen Blutdruck, dass er häufig aus der Nase blutete. In seinem Körper zirkulierten zu viele Harnsäuremoleküle – Vorboten einer Gicht. Fettgewebe schnürte Pauls Hals ein, so dass er beim Schlafen nicht mehr richtig Luft holen konnte – die Atmung setzte zeitweilig aus. Seine Füße waren immensem Druck ausgesetzt, er hatte deshalb ausgeprägte Plattfüße. Seine Schuhgröße war zwei bis drei Nummern größer, als sie bei Normalgewicht wäre.

Vor einiger Zeit musste die Hamburger Feuerwehr ausrücken und eine Frau mit einem Kran aus ihrer Wohnung im dritten Stock hieven. Sie war 250 Kilogramm schwer und musste wegen eines Zuckerschocks ins Krankenhaus. In Düsseldorf hat die Feuerwehr für solche Fälle Rettungswagen angeschafft mit besonders stabiler Trage und hydraulischer Hebebühne.

In amerikanischen Freizeitparks, etwa Sea World in San Diego, gehört es inzwischen zum Alltag, dass einige der Besucher zu dick sind, um den Park aus eigener Kraft zu durchschreiten. Sie parken auf den Behindertenparkplätzen, die besonders nahe zum Eingang liegen. Ist der kurze Weg zum Kassenhäuschen geschafft, stehen Elektrofahrzeuge bereit, wie sie die Firma Afikim Electric Mobilizers fertigt. Ursprünglich waren die Vehikel für zwei bis drei gehbehinderte Greise konzipiert. Seit einiger Zeit werden die Fahrzeuge für eine gewichtigere Klientel umgerüstet. Der Rahmen ist verstärkt; die Sitze wurden durch einen einzigen Schalensitz ersetzt: für Fahrer, die an die 250 Kilogramm wiegen können.[19]

Fluggesellschaften wiederum registrieren einen höheren Treibstoffverbrauch, weil das Durchschnittsgewicht der Passagiere in den letzten Jahren gestiegen ist. Überdies bekommen sie es mit Kunden zu tun, die zwei Sitze brauchen, aber nur einen bezahlen wollen. Auf einem Flug von England nach Kalifornien erlitt eine junge Frau innere Blutungen, weil sie von einer fettleibigen Sitznachbarin eingequetscht worden war. Als die verletzte Frau mit Klage drohte, fand die Fluggesellschaft sie mit 13 000 Pfund Sterling ab.

Die Ausbreitung des Übergewichts und der Fettleibigkeit auf

der ganzen Welt führen viele Wissenschaftler darauf zurück, dass die Betroffenen zu viel essen. Doch in den USA blieb die durchschnittliche Kalorienaufnahme von 1909 bis 1970 konstant und scheint in der Folgezeit sogar leicht gesunken zu sein. Dennoch haben die US-Bürger im Durchschnitt an Gewicht zugelegt – weil sie immer weniger Energie durch körperliche Bewegung verbrennen.[20]

Wie hoch der Kalorienverbrauch für den Muskeleinsatz vor einigen Jahrhunderten, also vor der Industriellen Revolution, war, ist nicht weiter bekannt. Was allerdings Jäger und Sammler angeht, liegen die Schätzungen bei 1000 Kilokalorien pro Tag allein für die körperliche Bewegung. Zur gleichen Zeit nahmen sie 3000 Kilokalorien zu sich – ein Verhältnis von 3 zu 1. Ein bewegungsarmer Mensch aus unserer Zeit nimmt weniger zu sich, nämlich nur 2400 Kilokalorien. Allerdings verbraucht er mit seinen Muskeln nur 300 Kilokalorien – dieses Verhältnis liegt bei 8 zu 1. Das bedeutet: Trotz der im Vergleich zu den Urahnen verringerten Kalorienaufnahme verbrennt ein körperlich wenig aktiver Mensch eine viel geringere Energiemenge mit seinen Muskeln. Tag für Tag ergibt sich ein Überschuss von 100 Kilokalorien – dieser Überschuss ist ein ganz maßgeblicher Grund für das Übergewicht heutiger Menschen.

Anmerkungen

1 Dieter Jeschke und Karlheinz Zeilberger: »Altern und körperliche Aktivität«, in: Deutsches Ärzteblatt, 2004, 101, S. A789–A798.

2 Die repräsentative Erhebung des Bundes-Gesundheitssurveys stammt aus dem Jahr 1998. Vgl. www.rki.de/nn–197060/DE/Content/GBE/Erhebungen/Gesundheitssurveys/BGSurveys/bgsurveys—node.html?—nnn=true

3 Zitiert nach: H. Mellerowicz: »Bewegungsmangel – und seine Folgen«; in: Öff. Gesundh.-Wesen, 1967, 29(11), S. 512–519.

4 Steincrohns Bücher wurden ins Deutsche übertragen. Ich zitiere aus der englischen Originalausgabe, vgl. Peter Steincrohn: How to Be Lazy, Healthy, and Fit. New York 1968.

5 Hans Kraus und Wilhelm Raab: Hypokinetic Disease – Disease produced by lack of exercise. Springfield, Illinois 1961.

6 H. Mellerowicz: »Bewegungsmangel – und seine Folgen«, in: Öff. Gesundh.-Wesen, 1967, 29(11), S. 512–519.

7 Ebd.

8 Die Kosten für körperliche Inaktivität in den USA beziehen sich auf das Jahr 2000. Vgl. http://www.who.int/dietphysicalactivity/publications/facts/pa/en/

9 William Haskell: »Sport, Bewegung und Gesundheit«, in: Der Orthopäde, 2000, 29, S. 930–935.

10 Der Spiegel (Nr. 51/2000).

11 Einen Überblick über den aktuellen Bewegungszustand von Kindern hat die Ärztin Ulrike Korsten-Reck von der Medizinischen Universitätsklinik in Freiburg zusammengestellt. Vgl: Ulrike Korsten-Reck: »Sport zur Prävention und Therapie von Übergewicht bei Kindern«, in: Deutsches Ärzteblatt, 2007, 104 (1–2), S. A35–A39.

12 William Haskell: »Sport, Bewegung und Gesundheit«, in: Der Orthopäde, 2000, 29, S. 930–935.

13 Spiegel online vom 31. August 2006.

14 William Haskell: »Sport, Bewegung und Gesundheit«, in: Der Orthopäde, 2000, 29, S. 930–935.

15 S. Boyd Eaton and Stanley Eaton: »An evolutionary perspective on human physical activity: implications for health«, in: Comp Biochem Physiol A Mol Integr Physiol., 2003, 136(1), S. 153–159.

16 Hamburger Abendblatt vom 1. 12. 2006.

17 Frank Booth und Darrell Neufer: »Exercise Controls Gene Expression«, in: American Scientist vom Januar 2005.

18 Paul war einer der Patienten des Rehazentrums Insula in der Nähe von Berchtesgaden. Vgl. Der Spiegel Nr. 51/2000.

19 The Boston Globe vom 26. Dezember 2006.

20 S. Boyd Eaton and Stanley Eaton: »An evolutionary perspective on human physical activity: implications for health.«, in: Comp Biochem Physiol A Mol Integr Physiol., 2003, 136(1), S. 153–159.

KLAUS BRINKBÄUMER

»Eine kurze Geschichte der Völkerwanderungen«

Der Mensch will ein Bett, ein Haus, eine Heimat, und es zieht ihn doch in die Feme, denn er will auch das Abenteuer. Der Mensch ist sesshaft, und er ist ein Reisender. Er will Frieden, aber er führt Krieg, er will, dass andere ihm seine Heimat lassen, doch er vertreibt andere aus deren Heimat.

Die Geschichte der Migration ist die Geschichte einer ewigen Suche. Der Mensch sucht den Ort, an dem er leben kann. Manchmal nur überleben. Manchmal ein besseres Leben leben.

Er geht freiwillig, manchmal, dann geht er fort von dem, was er nicht länger aushalten will, was er verabscheut.

Er verjagt andere, dann bleibt er, und die anderen müssen gehen, oder er wird verjagt, dann muss er gehen, und die anderen bleiben.

Der Mensch sucht Gold, Öl, Diamanten, manchmal nur sauberes Wasser und Reis. Er sucht das Meer, die Sonne, manchmal nur Strom und eine Schule oder ein Stück Erde, das nicht bebt. Frieden und Sicherheit sucht er immer.

Der Mensch ist unterwegs, um unterwegs zu sein, dann ist er ein Nomade oder ein Tuareg.

Geht der Mensch von zu Hause fort, um endlich zu Hause anzukommen, dann zählt er zur Mehrheit der Migranten.

Die Geschichte der Völkerwanderungen ist die Geschichte der Menschheit. Glaubte man der Bibel, dann begänne diese

Geschichte mit der Vertreibung aus dem Paradies, der ersten Heimatlosigkeit des Menschen.

Betrachtet man die Evolution, dann entstand der moderne Mensch vor ungefähr 200 000 Jahren in Afrika, und von dort wanderte er hinaus in die Welt. Nach Asien, nach Amerika, nach Australien, nach Europa, es dauerte, aber irgendwann kam der Mensch auf den Nikobaren im Indischen Ozean an, auf Hawaii und auf Sylt.

Der Sage nach wurde ja schon Rom gegründet, weil Menschen eine Heimstatt suchten: Aeneas, Vater der Ewigen Stadt, war aus den Flammen Trojas geflohen. Und die Kelten wanderten nach Oberitalien, Nordspanien, Portugal und auf den Balkan. Und die Goten, die Gepiden und die Wandalen zogen nach Südrussland und in die Karpaten.

Der Begriff »Völkerwanderung« ist heute ein bisschen heikel. Er stammt von »migratio gentium« ab, aber dieses lateinische »gens« meinte eher die bewaffnete Einheit eines Stammes, also sein Heer, weniger das ganze Volk. Den Begriff »Völkerwanderung« gebrauchten dann deutsche Nationalisten, um die Kraft, die Stärke, die Überlegenheit germanischer Stämme zu untermauern. Und darum bezeichnet »Völkerwanderung« im engen Sinne heute diese Wanderung der Germanen ab dem vierten Jahrhundert: Die Hunnen brachen in Russland ein, die Ostgoten marschierten nach Ungarn und Italien, die Westgoten nach Italien, Frankreich, Spanien, die Franken ins spätere Frankreich. Und 568 kamen die Langobarden nach Italien, und dort entstand die Lombardei.

Im Pazifik brachen die Polynesier auf und fuhren in Kanus Tausende von Kilometern über das offene Meer; im Jahr 1200 war jede bewohnbare Insel zwischen Hawaii und Neuseeland besiedelt. Die Wikinger trieben Handel mit ihren Nachbarn, und dann starteten sie ihre Raubzüge.

Jenseits des Mittelmeers zogen, nach Mohammeds Tod, die

Araber los. Sie besetzten Mesopotamien und den Norden Afrikas. Das Berbervolk der Mauren setzte 711 über nach Spanien. Und ließ sich nieder. Erst 1492, nach dem Fall Granadas, wurden sie aus Europa vertrieben; mit ihnen jagten die Spanier 160 000 Juden aus ihrem Reich. Und im selben Jahr – ein getaufter spanischer Jude finanzierte die Expedition – brach Christoph Columbus auf, um den Seeweg nach Indien zu suchen und die Neue Welt zu finden. Die meisten Ureinwohner starben durch Krankheiten, Kanonen und Kampfhunde, und weil all die Spanier, Portugiesen und Engländer, die nach Amerika emigrierten, dort natürlich Arbeitskräfte brauchten, deportierten sie Sklaven aus Afrika, wo sie (und auch Niederländer und Deutsche) praktischerweise ihre Kolonien hatten. Es war eine gewaltige Spirale, ein einziger Strudel der Umsiedlung. Es war die erste Zwangsmigration von Millionen von Menschen.

Und 60 Millionen Europäer wanderten später aus, die meisten nach Amerika. Freiwillig. Wer nach Australien ging, ging eher unfreiwillig: Australien und Tasmanien waren britische Strafkolonien.

Es kam das 20. Jahrhundert, das Jahrhundert der Flüchtlinge. Immer schon hatte es politische Flüchtlinge gegeben; jene Adligen, die vor der Französischen Revolution fortgelaufen waren, hatten sogar das berühmte Wort erfunden: »Emigrant«. Doch mit den Nationalstaaten des 19. Jahrhunderts war eine neue Qualität des Hasses und der Ausgrenzung aufgekommen. Der falsche Glaube, die falsche Herkunft, die falsche Ideologie – wer nicht dazugehörte, musste gehen, falls er noch rechtzeitig gehen konnte, denn das Jahrhundert der ethnischen Säuberungen begann.

Kofi Annan rief eine »Weltkommission für internationale Migration« ins Leben, aus Deutschland war Rita Süssmuth dabei. Diese Kommission reiste um die Welt und recherchierte und fand heraus, dass Migration das wesentliche Thema der Welt des 21. Jahrhunderts werden könnte, die Daten jedenfalls legen diesen Schluss nahe.

191 Millionen Migranten lebten 2005 auf der Erde (gezählt wurden nur jene, die sich bereits länger als ein Jahr außerhalb ihres Heimatlandes aufhielten); das sind 3 Prozent der Weltbevölkerung, und das ist ein rasanter Anstieg, denn 1970 waren es noch 82 Millionen gewesen und im Jahr 2000 dann 175 Millionen.

48,6 Prozent der Migranten sind Frauen. 64,1 Millionen Migranten leben in Europa einschließlich Russland, das sind 8,8 Prozent der Bevölkerung; 53,3 Millionen leben in Asien, 44,5 Millionen in Nordamerika. Die USA haben 20 Prozent aller Migranten aufgenommen (38,4 Millionen), Russland 6,3 Prozent (12,1 Millionen), Deutschland laut UNO 5,2 Prozent (10,1 Millionen). In winzigen Staaten wie Andorra, Monaco oder Katar bilden Migranten über 60 Prozent der Bevölkerung.*

Warum emigrieren Migranten? Arbeitslosigkeit ist ein Grund, schlechte Bezahlung ein anderer. 45,7 Prozent der Menschen in den Staaten südlich der Sahara verdienen weniger als einen Dollar pro Tag. Die lausige Bildung in der Heimat ist einer der Gründe, die geringe Lebenserwartung ein weiterer: 58 Jahre alt werden Menschen in Staaten mit niedrigen Einkommen, 78 Jahre alt werden sie in der industrialisierten Welt. Und dann sind da: Kriege, Naturkatastrophen, Epidemien, Hunger.

Darum versuchen Migranten von Ost nach West zu kommen und von Süd nach Nord. Der Mensch ist sesshaft – wenn seine Heimat ein Zuhause ist.

* Das Zahlenmaterial entstammt dem Abschlussbericht der ›Global Commission‹ aus dem Jahr 2005.

Wenn nicht – dann geht er.

Willkommen ist er selten. Das Einwanderungsland Australien lagert einen Großteil seiner unwillkommenen Migranten inzwischen aus, bezahlt eine Menge Geld an kleine Südseeinsel-Staaten, damit dort Lager entstehen können, in denen Flüchtlinge jahrelang hausen, auch Kinder, ohne jede Betreuung. Hin und wieder fahren Psychologen hinüber und untersuchen die Insassen; »Schlaflosigkeit, Selbstmordgefahr, Depression, posttraumatisches Stress-Syndrom, tausendfach«, das steht dann in den Kurzmeldungen, aber es kümmert nicht viele Australier. »Der Mensch will seine Ruhe«, das sagt der deutsche Exilforscher Wolfgang Benz.

In Guinea und anderswo in Afrika leben Flüchtlinge in Lagern, die längst wieder Städte geworden sind, 30 000, 40 000 Menschen in Zelten und Hütten, fern von daheim. Und was für ein Leben ist das, wenn der einzige Sinn des Tages darin besteht, für eine Mahlzeit anzustehen? Der Rest: Apathie. Destruktion. Natürlich: Drogen. Prostitution. Gewalt.

Eine Studie, durchgeführt in Tansania, belegte, dass der Handel mit Mädchen in den Monaten Oktober bis Dezember besonders florierte – dann waren Ferien in den Grundschulen und die Kinder auf der Straße. Die International Organization for Migration hat herausgefunden, dass die Frauen, die nach Europa und längst auch nach Nordamerika und Asien verschleppt werden, vor allem aus Nigeria, Ghana, Elfenbeinküste, Senegal, Äthiopien, Kenia, Kamerun, Mali, Gabun und Niger kommen.

Schwester Lea Ackermann, geboren 1937 in Klarenthal bei Saarbrücken, eine Frau mit runder Brille und kurzen grauen Haaren, mit goldenem Kreuz an goldener Kette, ging nach ihrer Banklehre ins Kloster, weil sie nach Afrika wollte; die Mission war ihr Weg dorthin, das wusste sie. Schwester Lea promovierte über »Erziehung und Bildung in Ruanda«, später ging sie nach

Mombasa, sie gründete Solwodi, eine Organisation für den Kampf für Frauen in Notlagen, Prostituierte, Opfer von Menschenhandel. Lea Ackermann sagt: »Es ist in Deutschland so schwer vorstellbar, wie in patriarchalischen Gesellschaften Afrikas Frauen und Kinder leben müssen, wenn der Mann fort ist, wenn sie einmal unter die Armutsgrenze gefallen sind. Durch Prostitution werden die Frauen immer weiter marginalisiert.«

Schwester Lea und ihre Helferinnen bauen Zentren auf, in denen Schulen entstehen, in denen die Mädchen und Frauen Kochen, Frisieren, zunächst einmal Lesen und Schreiben lernen. »Man ahnt gar nicht«, sagt Lea Ackermann, »wie stark der Glaube daran ist, dass in Europa das Geld auf der Straße liegt. Wie stark diese Mythen sind: Schwarz ist Trauer, Weiß ist das Gute. Alle wollen nach Europa. Und wenn es sein muss, eben als Prostituierte. Sie sehen ihre deutschen Freier in Afrika, Sie sehen, diese Männer sind nicht besonders clever und können sich trotzdem Weltreisen leisten – und dann tun sie alles, um dorthin zu gelangen, woher diese dummen, reichen Freier kamen.«

Flüchtlinge, das schrieb Hannah Arendt, sind heimatlos, staatenlos, rechtlos. 40 Millionen Flüchtlinge zogen 1945 durch Europa, ungefähr 14 Millionen Deutsche wurden aus Osteuropa vertrieben. Und bis zum Bau der Mauer, 1961, emigrierten oder flohen Jahr für Jahr 207 000 Menschen aus der DDR in die Bundesrepublik.

Die Konvention der Vereinten Nationen über die Rechtsstellung von Flüchtlingen, kurz: Genfer Konvention, wurde im Sommer 1951 verabschiedet, und ein Flüchtling ist danach jede Person, die sich wegen »begründeter Furcht vor Verfolgung wegen ihrer Rasse, Religion, Nationalität, Zugehörigkeit zu einer bestimmten sozialen Gruppe oder wegen ihrer politischen Überzeugung außerhalb des Landes befindet, dessen

Staatsangehörigkeit sie besitzt, und den Schutz dieses Landes nicht in Anspruch nehmen kann oder wegen dieser Befürchtungen nicht in Anspruch nehmen will«; alle Staaten, die die Konvention unterzeichnen, verpflichten sich, Flüchtlinge nicht in jene Länder und Regionen auszuweisen, in denen sie bedroht sind – dies immerhin setzten die Franzosen durch, welche die anderen an das Schicksal der Juden und damit auch an das eigene Versagen erinnerten.

Es ist natürlich ein edler Text, aber, so ist es immer bei den Vereinten Nationen, es ist jener Text, auf den sich die Unterhändler, die ja immer die Interessen ihrer Nationalstaaten vertreten, gerade noch verständigen konnten. Und schon damals gab es Privilegien und Ausnahmen: Der ursprüngliche Text sprach nur von Flüchtlingen aus Europa; und damit in den Jahren danach möglichst viele Länder unterzeichneten, wurden viele geographische Einschränkungen gestattet. Als Flüchtling gilt für das Flüchtlingshilfswerk der Vereinten Nationen, UNHCR, noch heute nur, wer politisch verfolgt wird: »aufgrund von Rasse, Religion, Nationalität, Mitgliedschaft in einer bestimmten sozialen Gruppe oder politischer Überzeugung«.

Und wer vor Armut flieht, vor Seuchen, vor Dürre, vor Naturkatastrophen – der zählt nicht, der ist kein offizieller Flüchtling. Wer heute vor Terror flieht, vor religiösen Fanatikern, vor paramilitärischen Truppen, die Dörfer niederbrennen – nun, zählt der? Das ist manchmal Auslegungssache, je nachdem, diese so genannte nichtstaatliche Verfolgung wird mal so und mal anders verstanden, das hat mit politischen Bündnissen, mit wirtschaftlichen Interessen und mit öffentlicher Wahrnehmung zu tun.

Es ist der in der Welt der Diplomaten so quälend übliche Streit um Worte: Wann ist ein Massenmord ein Völkermord? Wann erwägt die internationale Gemeinschaft die Androhung von Sanktionen, wann beschließt sie die Androhung von Sanktionen, wann beschließt sie Sanktionen, und wann sanktioniert sie endlich? Oder eben: Wann ist ein Mensch, der aus seiner Heimat flieht, tatsächlich ein Flüchtling?

Und deshalb gibt es heute Ausländer erster und zweiter Klasse. »Flüchtling« ist, offiziell, wer nicht in sein Land zurückkehren kann; »Migrant« ist, wer theoretisch könnte. Unter den 191 Millionen Migranten, die Kofi Annans Kommission gezählt hat, sind nach dieser Definition nur 9,2 Millionen Flüchtlinge. Um Flüchtlinge muss man sich nämlich kümmern, dazu verpflichtet internationales Recht, Migranten gehen ja freiwillig, die darf man sich selbst überlassen. Das Flüchtlingshilfswerk UNHCR hat eine Menge Kraft und Glaubwürdigkeit verloren über die Jahre, was weniger an den Leuten liegt, die dort arbeiten, sondern vor allem am Mandat. »Nicht zuständig«, das sagen die UNHCR-Leute immer wieder, wenn es um die Flucht aus Afrika geht. Nur 4,6 Millionen der 17 Millionen Menschen, die in Afrika auf der Flucht sind, werden vom UNHCR betreut – mit 50 Dollar pro Flüchtling pro Jahr. Die Dritte Welt ist heillos überbevölkert, Aids zerstört Gesellschaften und Familien, Tsunami, Erdbeben, Hungersnöte treiben Menschen in die Fremde – Flüchtende zweiter Klasse, ihre Flucht gilt nicht. Weit über 25 Millionen Menschen in über 50 Ländern irren heimatlos umher, »I. D.P«, »internally displaced person«, das ist das Etikett der Hilfsorganisationen für diese Menschen, und leider sind diese Menschen innerhalb ihrer Landesgrenzen unterwegs – »nicht zuständig«, sagen die UNHCR-Leute. Müssen sie sagen.

Denn das erste Interesse der Staaten, die die Strategien der Vereinten Nationen und ihrer Organisationen vorgeben, ist: so wenige Flüchtlinge in den Statistiken, so wenig Einwanderung, so wenig Asyl wie eben möglich. Es sind Zeiten wirtschaftlicher Enge, es sind Zeiten des Terrors. Und Zeiten der Angst vor dem Terror.

Das deutsche Asylrecht war einst gedacht als Wiedergutmachung und als Kompensation nach dem Zweiten Weltkrieg, als Symbol einer neuen deutschen Liberalität. »Politisch Verfolgte genießen Asylrecht«, Grundgesetz, Artikel 16a, Absatz 1, das ist ein Satz wie ein Fels.

Aber schon 1973 beschloss die damalige SPD/FDP-Regierung einen »Anwerbestopp«, weil ihr der deutsche Arbeitsmarkt »gesättigt« erschien.

Damals kamen neben den Gastarbeitern pro Jahr etwa 100 000 Flüchtlinge in das Gebiet der heutigen EU. Mal waren es mehr, Mitte der siebziger Jahre zum Beispiel, als über eine Million Menschen aus Indochina flohen, die »Boat-People«; dann waren es sehr viel weniger, sie kamen aus Äthiopien, Rhodesien, Sri Lanka, Iran und Irak. 200 000 Menschen beantragten 1976 Asyl in Europa, 1 585 000 waren es fünf Jahre später. »Es galt ein stillschweigendes Laisser-faire, es galt der Grundsatz: Wer's nach Europa schafft, der schafft's«, so sagt es Stefan Telöken von der Berliner Niederlassung des UNHCR, »und dieses Einverständnis ist inzwischen aufgekündigt worden.« Denn in den Achtzigern verdoppelten sich die Zahlen, und in den Neunzigern, während der Balkankriege, kippte die Stimmung. Massenarbeitslosigkeit war ein europäisches und ein deutsches Problem geworden, die Wiedervereinigung kostete Geld, und Energiereserven und Wohlstand, das zeigte sich langsam, können endlich sein. Flüchtlinge werden meist zugleich als Opfer wie als Bedrohung wahrgenommen, und das Gefühl, dass Europa sich vor der Bedrohung schützen müsse, setzte sich durch.

Es gab natürlich nicht weniger Krisen in der Welt, es gab Irak, Tschetschenien, Ruanda, Sierra Leone, Liberia, Somalia, und es gab Hungersnöte in Äthiopien und anderswo. Aber Flüchtlinge waren nun immer weniger Opfer und immer stärker Bedrohung. Dabei brauchte niemand so sehr eine Lobby, so sehr ein

Sprachrohr wie die Schwächsten, denn wer keine Lobby hat, der kriegt auch nichts. In Afrika gab der UNHCR 1989 ein Zehntel dessen aus, was er auf dem Balkan investierte.

Auf dem Balkan waren die Medien. In Afrika waren Afrikaner.

Franz Josef Strauß erfand den Begriff »Wirtschaftsflüchtlinge«. Christdemokratische Innenminister versuchten die Einwanderung einzuschränken, 1993 beschloss der Deutsche Bundestag mit großer Mehrheit die Einschränkung des Rechts auf Asyl; die Verfahren wurden beschleunigt, die Hürden für die Anerkennung höher, und Bewerber erhielten kein Geld mehr und durften trotzdem nicht arbeiten, selbst nach der Anerkennung nicht. Und noch immer sagte der Sozialdemokrat Otto Schily: Das Asylrecht »ufert aus«. Die hessische CDU des Roland Koch hatte fulminanten Erfolg mit ihrer Propaganda gegen die von SPD und Grünen geplante doppelte Staatsbürgerschaft. Das Zuwanderungsgesetz wurde gefleddert, es ist heute zwar ein Gesetz, doch eher ohne Zuwanderung.

Die Deutungsmacht lag auch hier immer in den Definitionen: Wer ist verfolgt? Wer ist in Gefahr? Wer hatte ein Recht zu fliehen oder auszuwandern? Deutschland war jahrelang das einzige EU-Mitglied, das die Opfer nichtstaatlicher Verfolgung als nicht asylwürdig ablehnte.

Als ob Not sich derart kategorisieren ließe. Als ob ein Tutsi aus Ruanda erst dann ein echtes Opfer wäre, wenn die Hutu die Regierung stellen, nicht aber vorher. Als ob es nicht genauso Teil der Wahrheit wäre, dass die Tutsi sich rächten und deshalb auch Hutu Opfer und Verfolgte waren. Als ob irgendwer in Bonn oder Berlin oder einem der vielen Ämter deutscher Provinz mit diesen sehr feinen, sehr klaren Trennungen dem gerecht würde, was in Afrika, in Asien oder anderswo auf der Welt geschieht.

Belgien, Frankreich, Luxemburg, die Niederlande und

Deutschland unterzeichneten 1985 einen Vertrag auf einem Moselschiff bei einem luxemburgischen Winzerdorf namens Schengen, und dieser Vertrag bewirkte im Wesentlichen zwei Dinge: An den Binnengrenzen gab es immer weniger Kontrollen, und schon bald gab es für EU-Bürger keine Binnengrenzen mehr; die Außengrenzen aber wurden verstärkt zu modernen Burgwällen. Liberalisierung unter seinesgleichen, Protektion gegen Fremde, das ist der Geist von Schengen. Und nach und nach traten fast alle EU-Staaten bei, und heute ist das Schengenland mit 33 Mitgliedern etwas größer, aber quasi deckungsgleich mit der Europäischen Union (Ausnahmen sind zum Beispiel Island oder Norwegen, Schengen-Staaten, doch nicht EU-Mitglieder). Zum Vertrag gehörte vor allem die Einrichtung eines Visumzwangs für viele, vor allem viele afrikanische Staaten; Daten werden gespeichert und ausgetauscht; zuständig für einen Asylantrag ist nun immer das erste Land, das der Bewerber betritt, und alle anderen Schengen-Staaten akzeptieren dann die Entscheidung dieses Landes. Aus Schengen wurde eine EU-Strategie: Asyl- und Ausländerpolitik seien zu »vergemeinschaften«, das steht im neuen EU-Vertrag.

Stefan Telöken arbeitet seit 19 Jahren für das UNHCR, seit 1999 in der Zweigstelle in Berlin-Mitte. Er hatte Schal und Wimpel des 1. FC Köln in seinem Büro aufgehängt, als wir uns trafen, er trug ein weißes Hemd unter blauem Pullover, ovale Brillengläser, die Haare zu beiden Seiten aus der Stirn gekämmt. Stefan Telöken sagte, dass die Schengen-Staaten zügig und konzentriert ihr Ausländer- und Asylrecht anpassten, »und dabei wird überall nach unten korrigiert«.

In der EU-Sprache heißt das »Harmonisierung«, was für ein schönes Wort.

Für die Migranten des 21. Jahrhunderts, die nach Deutschland wollen, sind drei Regeln die Konsequenz:

Die »Herkunftsstaatenregelung« bedeutet, dass Asylbewerber, die aus einem nach deutschem Verständnis sicheren Land wie Ghana oder Senegal kommen, für ihren Einzelfall eine konkrete politische Verfolgung darlegen müssen. Das ist fernab der Heimat meistens nicht möglich. Also werden sie zurückgeflogen.

Die »Flughafenregelung« bedeutet, dass Asylbewerber ohne Pass oder aus sicheren Herkunftsländern im Transitbereich deutscher Flughäfen bleiben müssen, bis über ihren Antrag endgültig entschieden ist. Nach spätestens 19 Tagen muss das Verfahren beendet sein: Ist der Antrag abgelehnt, startet das Flugzeug zurück zum Ausgangspunkt der Reise.

Und dann ist da vor allem die »Drittstaatenregelung«, die bedeutet, dass Ausländer, die aus einem sicheren Drittstaat, also etwa aus Spanien oder Italien, nach Deutschland kommen, keinen Asylantrag mehr stellen und sofort in diesen Drittstaat zurückgebracht werden können. Praktisch für die Bundesrepublik: Sie ist umzingelt von sicheren Drittstaaten. Afrikaner, die per Schiff oder Boot nach Deutschland wollen, müssten nun an Spanien und Portugal, Frankreich, Belgien und den Niederlanden vorbeifahren und bei Cuxhaven an Land gehen, um eine Chance auf Anerkennung in Deutschland zu haben – dann allerdings könnte die Herkunftsstaatenregelung herangezogen werden.

Für Deutschland heißt das: geschlossene Gesellschaft, ihr müsst draußen bleiben. »Es geht also tatsächlich«, sagte Stefan Telöken, »Grenzen können dichtgemacht werden, Migration kann gestoppt werden. Es gibt für Afrikaner so gut wie keine legalen Eintrittsmöglichkeiten für Deutschland mehr.«

Die Zahlen belegen das. 127 937 Menschen bewarben sich 1995 in Deutschland um Asyl. 98 644 waren es 1998. 50 564 waren es 2003, 35 607 waren es 2004, und nur noch 28 914 Asylanträge waren es 2005, das war der tiefste Stand seit 1983. Vor 30 Jahren wurde die Hälfte aller Anträge anerkannt, heute kommt jeder Hundertste durch. Und nur noch jeder tausendste Afrikaner.

32 000 »registrierte Schleusungen« von Nordafrika durchs Mittelmeer verzeichnete das deutsche Innenministerium 2004. Die Industriestaaten sollten sich fragen, »ob nicht durch die Einführung immer neuer restriktiver Maßnahmen gegenüber Asylsuchenden viele Frauen, Männer und Kinder, die vor Verfolgung fliehen, vor verschlossenen Türen stehen«, sagt der UN-Flüchtlingskommissar Antönio Guterres; die Zahlen zeigten jedenfalls, dass die Diskussion »über ein wachsendes Asylproblem nicht der Realität entspricht«.

Und natürlich versuchen die Migranten es weiterhin. Wenn Politiker legale Migration erschweren, kommen die Migranten auf illegalen Routen; wenn der ehrliche Weg zum Grundrecht Asyl verbaut ist und wenn der Visumzwang schon die legale Einreise verhindert, dann ebnen die als kriminell gebrandmarkten Schlepper die Wege.

Es ist menschlich. Migranten träumen. Sie wollen Frieden. Sie wollen leben.

Der Abstand zwischen Arm und Reich wird immer größer. Vor 50 Jahren verdienten die Menschen in den reichsten Ländern der Erde 50-mal so viel wie jene in den ärmsten; heute verdienen sie 130-mal so viel. Natürlich ist das attraktiv. Es lockt. Es ist eine Folge der Globalisierung, dass in der armen Welt von heute bekannt ist, wie die reiche Welt lebt. Natürlich halten arme Menschen es nicht für gottgegeben, dass Europa reich und unerreichbar und Afrika arm und bis zum baldigen Tod ihre Heimat sein muss. Wer verfügt, dass der Geburtsort eines Menschen auch sein Wohnort zu sein hat? Dass Analphabeten Analphabeten bleiben müssen, dass der Mensch ohne Strom und Wasser nicht ein Recht hätte, aufzuschließen zu dem modernen Menschen, für den Computer, Mobiltelefon und tägliche Flüge längst nichts mehr sind, worüber er nachdächte?

Dass der arme Mensch dem reichen Menschen nicht mal mehr begegnen soll?

Schaden Migranten unseren Gesellschaften? Wenn sie nicht integriert werden, nicht toleriert werden, wenn sie mit dieser ganzen gewaltigen Scheinheiligkeit behandelt werden, dann jedenfalls profitiert niemand von Migration. Wenn sie außerhalb der Sozialsysteme leben, dann kosten sie eine Menge Geld und zahlen keine Steuern. Aber so muss es nicht sein. 50 Prozent der Migranten arbeiten, das war eines der Ergebnisse der Weltkommission, und sie tragen ungefähr zwei Billionen Euro zur Wirtschaftsleistung der Gastländer bei. Von 1990 bis 2000 waren Migranten für 89 Prozent des Bevölkerungswachstums in Europa verantwortlich, ab 2010 werden es 100 Prozent sein; ohne Migration wäre die Bevölkerung des Kontinents im Zeitraum von fünf Jahren um 4,4 Millionen Menschen geschrumpft. Migranten seien »risikobereit, belastbar, kreativ«, sagt Rita Süssmuth; und sie tragen auch aus der Ferne die Lasten ihrer Heimatländer: 150 Milliarden Dollar schickten sie 2004 über Banken zurück (das ist fast das Dreifache der weltweit gezahlten Entwicklungshilfe) und noch einmal geschätzte 300 Milliarden auf anderen Wegen. In Somaliland, dem Norden jenes zerstörten Staates, der einstmals Somalia war, verdoppeln die Rücküberweisungen die Haushaltseinkünfte, in Lesotho machen sie 27 Prozent des Bruttoinlandprodukts aus.

Man müsste nur die Bedürfnisse zusammenlegen: das europäische Interesse an einem Ausgleich der demographischen Entwicklung und an einer Lösung der Rentenkrise mit dem afrikanischen (und asiatischen) Interesse an Auswanderung. Und dann müssten Quoten her. Regeln. Fairness. Und Ehrlichkeit. Es brauchte eine Migrationspolitik ohne doppelten Boden. Und statt Milliarden für den Schutz vor Migranten auszugeben, müssten die Ursachen der Migration bekämpft werden. Kofi Annan, Generalsekretär der Vereinten Nationen, verlangt eine

»Politik der gesteuerten Einwanderung«. »Einwanderer brauchen Europa, aber Europa braucht auch Einwanderer«, meint Annan, und über die vielen Toten im Atlantik und im Mittelmeer sagt er: »Diese stille Krise der Menschenrechte beschämt unsere Welt.«

Afrika gilt Politologen heute als Kontinent der acht Ks: Kriege, Krisen, Korruption, Kriminalität, Konflikte, Krankheiten, Kapitalflucht, Katastrophen. Der Schweizer Soziologe Jean Ziegler spricht von einem »Floß in der Nacht«, einem Kontinent, der langsam hinter dem Horizont unserer Wahrnehmung verschwindet. Afrika werde als »Sozialfall der Weltgesellschaft« wahrgenommen, schreiben Rainer Tetzlaff und Cord Jakobeit.

Aber kann Europa einen zerfallenden Kontinent in unmittelbarer Nähe wirklich weiter zerfallen lassen? Liegt es nicht längst im Wesen der Globalisierung, dass Terror und Kriege, Umweltkatastrophen und Krankheiten automatisch alle angehen?

Kann man die vielen Afrikaner, die auf dem Weg nach Norden sind, wirklich aussperren? Ertrinken lassen? Kriminalisieren? Ignorieren?

Auch der Tübinger Ethnologe Thomas Hauschild plädiert für eine »kontrollierte Einwanderungspolitik«, und er schreibt: »Versuchen wir, die Migranten auch als Gesandte und Pioniere zu sehen, denen wir, wenn es sich ergibt, unter kontrollierten und eindeutigen Bedingungen, eine Chance schuldig sind. Warum müssen Asylbewerberheime immer zu einer Dämmerexistenz verdammen? ... Es wirkt manchmal, als sei hier schon vor lauter Angst jedes menschliche Maß des nachbarschaftlichen Lebens verlorengegangen, als imaginierten wir den Zaun von Melilla schon in unseren Vorgärten.« Bundespräsident Horst Köhler, der den Kontinent von seiner früheren Arbeit für den Internationalen Währungsfonds kennt, spricht von »Scheinheiligkeit und Heuchelei in den Industrieländern« und sagt: »Wenn wir es ehrlich meinen mit ethischen Kategorien der Menschlichkeit auf diesem Globus, können wir diesen Kontinent nicht vergessen oder fallen lassen.« Die Realität aber ist, dass Amerika und Europa nicht wirklich hinsehen und noch immer Männer wie Äthiopiens Premier Meles Zenawi oder Ruandas Präsidenten Paul Kagame zu »Hoffnungsträgern« erklären und mit Millionen päppeln, obwohl ebendiese noch immer jede Opposition unterdrücken und Mord- und Armuts-Gesellschaften schaffen, die natürlich wieder neue Flüchtlinge produzieren.

Es braucht, so nannte es der kanadische Philosoph und Politiker Michael Ignatieff, »a revolution of moral concern«, »eine Revolution moralischen Interesses«. Aber selbst das genügte noch nicht, denn »kein Jahrhundert hatte bessere Normen und schlimmere Wirklichkeiten« als das zwanzigste, das schreibt der Amerikaner David Rieff; es brauchte wirkliches Verstehen der Ursachen von Migration und dann Handlungen, die mehr wären als der Freikauf von schlechtem Gewissen.

Warum aber werden vor allem Afrikaner so ungern aufgenommen in Europa? Warum so gehässig, so aggressiv? Der Historiker Wolfgang Benz, Jahrgang 1941, ist Leiter des Zentrums für Antisemitismusforschung in Berlin. Er saß in seinem Büro im neunten Stock am Ernst-Reuter-Platz, als ich ihn besuchte, ein weißhaariger Mann im gestreiften Hemd zwischen Büchern und Stapeln von Papieren. Benz hat ein Buch über den Umgang mit Flüchtlingen herausgegeben, und er sagte: »Man braucht Bildung und Wohlstand, um tolerant sein zu können. Je weniger Bildung, je mehr soziale Schwierigkeiten, desto anfälliger sind die Menschen für schlichte Erklärungen. In einer Bevölkerung, die Erklärungen sucht für ihre Schwierigkeiten und keine rationalen Erklärungen bekommt, setzt sich sehr schnell die Überzeugung fest, es werde den Fremden, also Unberechtigten, etwas geschenkt, was uns gehört.«

Uns. Den Weißen. Die sich wappnen gegen: *sie.* Die Schwarzen.

Und so werden Vorurteile zu Feindbildern, wird der Zigeuner zum Vergewaltiger, der Jude zum Abzocker, der Pole zum Dieb, und der Afrikaner kann nicht lesen, ist ja sowieso eine Art Affe und will nur unsere Sozialleistungen. Wolfgang Benz sagte, in Deutschland gebe es zwei Varianten der Wahrnehmung afrikanischer Einwanderer: »Sie sind heimtückisch und verschlagen oder sie sind treu und ein bisschen doof – jedenfalls sind sie Menschen zweiter Klasse, denen man erst einmal Werte wie Arbeit vermitteln muss. Dass man nicht mehr *Neger* sagen darf, ist inzwischen akzeptiert, aber irgendwie sind Afrikaner ja doch primitive Kerle mit geringeren Lebensrechten.«

Vladimir Nabokov schrieb, dass der Blick des Exilanten »für alle Zeiten rückwärts gerichtet« sei. Mandla Langa schrieb, dass Exilanten gebrandmarkte Kreaturen seien, »verkrüppelt, ihre Gedanken blockiert an diesem einen schicksalhaften Moment des Bruchs«.

Flüchtlinge sind nicht immer Helden. Manchmal, immer wieder, sind Flüchtlinge von heute die Täter von gestern, Hutu zum Beispiel, nun von Tutsi gejagt.

Flüchtlinge sind aber immer Menschen, die die Träume ihrer Jugend hinter sich lassen müssen und sehr viel mehr: ihr Haus, ihre Freunde, ihre Familie, ihre Stadt, ihre Sprache, ihre Arbeit, ihren Besitz, ihre Sicherheit, ihr ganzes bisheriges Leben.

Wer diese Menschen stigmatisiert, macht sie zu Menschen, die uns etwas nehmen wollen. Das ist der Sinn der Stigmatisierung. Als Großbritannien die Migration zu fürchten begann, schrieb zunächst die *Daily Mail* von der »Invasion der Zigeuner«, und bald machten alle mit, sogar der *Economist*, der von »kommenden Horden« sprach.

Der Fremde, der so beschrieben wird, weckt kein Mitgefühl, den darf man abweisen. Denn der macht Angst.

»Angst vor Besitzverlust, Angst vor dem Absturz, Angst vor dem Verlust von Sicherheit«, sagte Wolfgang Benz, »und darum stempelt die Mehrheit eine Minderheit als Fremde ab: damit sie sie ablehnen kann. Wer also hat Angst vorm schwarzen Mann? Alle.«

Es gab wenig zu essen im Flüchtlingslager im Niemandsland. Regen fiel, kalt war es, der Dezember brach an.

Aber es gab auch freundliche Menschen in Europa. Menschen vom Roten Kreuz brachten Nahrung und Decken. Ein Reporter tauchte auf, schrieb über die Verlorenen der Wüste, und zwei Tage nach dem Reporter kamen die Menschenrechtsorganisation, die Anwälte, andere Reporter.

John war einer der Sprecher des Camps, reden konnte er, und als die Soldaten kamen, die spanischen und die marokkanischen, um zu verhandeln, da sagte er zuerst: »Legt die Waffen nieder, sonst reden wir nicht.« Dafür liebten ihn die anderen im Camp, und weil John sonntags die Messe für sie las, nannten sie ihn »Hallelujah«.

Zweieinhalb Monate vergingen. 300 Flüchtlinge hockten dort, saßen fest und froren, weil Politiker sich nicht darüber einigen konnten, was mit ihnen geschehen sollte. Und dann kam eine Nacht, in der niemand aufzupassen schien. Das alles dauerte ihm zu lange, es war so verdammt hoffnungslos, und diese Nacht wählte John, um zu fliehen. Er rannte hinaus aus dem Niemandsland, hinein nach Europa, hinein nach Ceuta.

NILS MINKMAR
»Die Götter von Dudweiler«

Vom Zusammenhang zwischen Islamismus und Freibädern

Ich war lange nicht mehr im Saarland gewesen. Nun war ich hier sogar im Taxi unterwegs, das hatte es noch nie gegeben. Meine erste Station war ein Friseurladen am Ende einer kleinen Straße in Herrensohr, einem historischen und entlegenen Teil von Dudweiler. Der Laden war gleichsam in der Zeit geliert, nicht antik und längst nicht mehr modern, in einem zeitlichen Zwischenreich alter Werbefotos, in dem jederzeit Damen mit Föhnwelle für ihren Flug mit der Concorde nach Dreiwetter-Taft verlangen könnten. Eine Kundin wartete mit Folie im Haar. Wie immer in solchen Läden gab es auch einen kleinen Hund, der sein Körbchen im Schaufenster hatte. Ich war der x-te Besucher, der hier nach dem Nachbarn fragte.

Der Friseur erzählte mir freundlich seine Beobachtungen mit den seltsamen Nachbarn und dass der junge Mann im weißen Gewand manchmal CDs verbrannt habe, im Hinterhof. Wer verbrennt schon CDs? Da habe er zu seiner Frau gesagt: »Das werre jo kenn Al-Qaida-Sache gewähn sinn?«

Doch. Es sind solche Sätze, die einem das Herz gefrieren lassen. Man denke an die Madrilenen, die ihren Nachbarn, den marokkanischen Besitzer des Handyladens, spontan verteidigten und alle Anschuldigungen als absurd zurückwiesen, bis seine Schuld an den Attentaten des Bahnhofs Antiocha erwiesen war.

Terrorismus ist eine Form von Bürgerkrieg: Jeder ist verdächtig. Freund und Feind sind nicht mehr so einfach zu unterscheiden. Aber wie klang das: islamistische Terroristen in Dudweiler?

Daniel, ein Saarländer saarländischer Herkunft aus Neunkirchen, war tief in den militanten Islamismus hineingeraten. Er wurde zusammen mit zwei anderen Genossen der sogenannten Sauerlandgruppe festgenommen, als sie Sprengsätze so weit präpariert hatten, dass sie zuschlagen konnten. Amerikanische Soldaten, die aus der Disco kamen, sollte es treffen.

Ein weiterer Saarländer, Eric, hat den Weg von Daniel sogar noch schneller absolviert, mit 19 konvertierte er im Januar 2007 zum Islam, zog mit ihm zusammen. Kurz vor der heißen Phase der Bombenbastler wurde er jedoch ins Ausland geschickt, heute warnen Steckbriefe an allen deutschen Einrichtungen in Pakistan und Afghanistan vor ihm. In wenigen Monaten vom guten Schüler zum untergetauchten Islamisten, der womöglich als Deutscher deutsche Opfer am Hindukusch zu machen sucht, das ist eine Volte, auf die, so Annette Ramelsberger in der *Süddeutschen Zeitung*, die Ermittler nicht vorbereitet gewesen waren.

Hatte auch Eric in Dudweiler gewohnt? Oder gehörte er nur zu den häufigen Besuchern, die im Keller irgendetwas anstellten, was, wie der Friseur mit Genuss am gruseligen Detail erzählte, nachts einen metallischen Klang erzeugte?

Gehen Sie doch rüber, sagte der Friseur, ist alles offen.

Tür und Eingang waren völlig verwahrlost, das war selbst für die Standards dieser armen Gegend eine trostlose Ecke. Hier hatte seit vielen Jahren eine kleine Hinterhof-Moschee ihren Sitz, deren Beziehung zu den islamistischen Terroristen zum Zeitpunkt meines Besuchs nicht ganz klar war.

Ich lief vorsichtig durch die Gänge. In einem mit gewelltem Kunststoff überdachten Innenhof, der zu einem typisch saarländischen Anbau führte, lagen einige Kinderdreiräder herum, eines davon in Polizeifarben. Wer auch immer hier spielte, in den letzten Tagen hatte er Gelegenheit gehabt, wenn schon nicht die Räuber, so doch *in extenso* die Gendarmen zu studieren. Die Wände waren bemalt, jemand hatte versucht, eine Art mediterranes Panorama darzustellen, das machte aber alles nur noch trauriger.

In der Nähe des Hauses gab es einen kleinen Laden, den man komplett ins Museum hätte tun können, mit einer vollmechanischen Kasse und Regalen, auf denen in Augenhöhe sechs Ananas-Konservendosen zu einer Pyramide getürmt waren, als sei dies die allerneueste Entwicklung auf dem Lebensmittelsektor. Zwei alte Damen waren darin mitgealtert. Sie waren sehr liebenswürdig und sogar stolz auf die Moschee in der Nähe. Einmal, erzählte mir die Dame hinter der Kasse, habe sie Besuch gehabt, an einem Freitag, und als der dann aufgebrochen ist, sei die ganze Straße voller Autos und Männer in langen Gewändern gewesen. Da habe sie mal zeigen können, dass durchaus »was los« sei in Herrensohr.

Ich nahm in einem der Baumarktplastiksessel im Innenhof der Moschee Platz und wartete, eigentlich versuchte ich, den Schock zu verarbeiten. Im Nachbarhaus fütterte eine Dame ihre Katze und bereitete das Mittagessen vor.

Plötzlich hörte ich Stimmen. Durch den Gang, durch den auch ich gekommen war, kam eine Gruppe von Personen. Ich richtete mich auf, schließlich hatte mich niemand eingeladen. Ich hörte das typische Rascheln eines Stadtplans. Ernsthafte Journalisten aus Hamburg hatten sich hierher verirrt und staunten über die Komplexität, das Durcheinander und die allgemeine Rumpeligkeit dieses saarländischen Anbaus.

Es waren sicher so viele Journalisten in einer Woche da gewesen wie in der ganzen Geschichte des Stadtteils nicht, seit die Industrialisierung aus dem Dorf eine Kleinstadt gemacht hat. Hier war nicht das Ende, eher eine tiefe Falte in der Textur der Welt. Irgendwelche imperialistischen Institutionen, einen reaktionären oder christlich-missionarischen Geist oder einen anderen Eifer würde man hier, wenige Kilometer vom Haus Ludwig Harigs entfernt, vergeblich suchen.

Der saarländische Schriftsteller hat unermüdlich über die regionale Lebenskunst geschrieben, jene saarländische Art zu leben und zu denken, die die Gegensätze zur Kenntnis nimmt und sich dann für ein Drittes entscheidet, wo Opportunismus als Kunst, die richtige Gelegenheit zu erkennen und zu nutzen, geschätzt wird, Antipoden versöhnt und weniger der Fortschritt, die Gipfel und Extreme als das Runde des Lebens im Blick gehalten werden. Harig wohnt in Sulzbach, der Terrorist hatte sich Dudweiler ausgesucht, das, auch in Harigs Schriften, immer schon als der weltzugewandtere Stadtteil gegolten hatte. Eine bestimmte Bushaltestelle, an der die Bewohner des Studentenwohnheims, darunter traditionell viele aus dem frankophonen Afrika, auf den Bus zum Unigelände warteten, war für Harig sogar der internationalste Fleck im ganzen Saarland.

Doch der liegt am anderen Ende von Dudweiler, wo es sonnig und hell ist. Hier, in Dudweiler Nord braucht man schon ein gesundes Gemüt, um nicht in Depressionen zu verfallen. Wie kommt einer von hier aus auf den Gedanken, in den weltweiten Dschihad zu ziehen und mit einer Bombe möglichst viele US-Soldaten zu töten? Freunde, die über die Region geforscht haben, betonen, von den persönlichen familiären Umständen einmal abgesehen, den Wandel der Lebensstile, den Mangel an Sicherheiten in einer Gesellschaft, die auf Industriearbeit einerseits und Landwirtschaft andererseits beruhte. Nun sind beide Standbeine längst arthritisch und wacklig. Das rechtfertigt aber alles Mögliche – dass einer in die Welt hinausziehen will oder Popstar zu werden sich anschickt. Es bugsiert einen nicht in Richtung Islam.

Woanders wäre er womöglich Skinhead geworden, zu einer anderen Zeit ein Linksterrorist, aber in unserer Zeit hat sich eben der radikale Islam als absolutes Gegenmodell zu einer lebenswerten freiheitlichen Gesellschaft entwickelt.

Jeder Fernsehzuschauer weiß das. Wir vermuten und erwarten ihn ausgehend von Pakistan, im Maghreb, in Ägypten und Saudi-Arabien, in Ländern also, in denen sich seit vielen Jahrzehnten eine komplexe Lage aus Frustrationen und Hass entwickelt hat und deren Regierungen unsere Verbündeten sind. Wir wissen, dass der Terrorismus in der ganzen Welt verbreitet ist und wandert. Aber von Neunkirchen nach Dudweiler?

Dass ich gleich hingefahren bin, hatte nichts damit zu tun, dass noch Gefahr bestanden hätte oder dass ich über besondere Kontakte verfügte, die mir über Daniels Umtriebe Auskunft hätten geben können. Mich trieb ein Unbehagen, das nach Augenschein verlangte: Man möchte die Orte seiner Kindheit nicht mit internationalem Terrorismus in Verbindung gebracht sehen. Hinzu kam, dass Dudweiler mir immer als der Inbegriff, der Nullpunkt menschlicher Harmlosigkeit vorgekommen war, fern von jeglicher politischen, ökonomischen oder gar ästhetischen Ambition. Das klassische Industriedorf, Ende des 19. Jahrhunderts zur Größe einer Stadt herangewachsen, hatte immer etwa Unbeholfenes. In den achtziger Jahren war das eigentliche Zentrum durch einen rosafarbenen Gebäudekomplex ersetzt worden, in dem eine leere Ladengalerie über einer ebenfalls leeren Tiefgarage – zugleich ein Atombunker von riesigen Dimensionen – wacht.

Hinzu kam die religiöse Dimension der Sache.

In der Grundschule in Dudweiler hatte ich schließlich zum ersten Mal einen gesehen, der es mit der Religion wirklich ernst meinte. Seitdem ist in meinem Hirn die Erwähnung religiöser

Themen und Begriffe immer mit dem Bild einer ziemlich scheußlichen grüngrauen Kirche und der unsympathischen Figur eines strengen katholischen Geistlichen verbunden, der meinen Klassenkameraden Religionsunterricht erteilt, während ich, davon befreit, in der letzten Reihe Blätter vollmale. Die Kinder, die aus seinen Unterweisungen kamen oder zur Kommunion mussten, kamen immer seltsam bleich wieder hervor, offenbar war diese Angelegenheit recht aufwühlend. Für uns Kinder spielte das aber keine Rolle, die evangelischen oder katholischen Familien waren als solche gar nicht erkennbar. Bei älteren Leuten hingen die Kreuze an der Wand wie alte Familienbilder von Männern in Wehrmachtsuniformen, es war genau, wie Paul Veyne in seinem Buch über die konstantinsche Konversion schreibt: Wir bewohnen noch ein Haus, das einmal Christen bewohnt haben, ihre Musik, Bilder und Devotionalien liegen noch herum, aber wir glauben nicht mehr an ein Leben nach dem Tode oder die jungfräuliche Geburt.

Der Kodex der akzeptierten Verhaltensregeln war dennoch breit und spezifisch zugleich: Es sollte gerecht zugehen, Ältere sollten nicht gegen die Kleineren, sondern in ihrer Altersklasse kämpfen, keine Waffen, kein Blut und weder Spucken noch an den Haaren ziehen. Das ging auch ohne göttlichen Verweis. Die Klasse und der Schulhof waren seltsam gemischt: die Kinder der normalen Dudweiler Ureinwohner mit den Kindern derer, die wegen der Nähe der Universität dorthin gezogen waren. Aber das mischte sich ganz gut, so war schließlich der Geist der Zeit. Eines Tages kam meine Mutter von einem Elternabend zurück und eröffnete mir, meine Freunde und ich würden uns von nun an jeweils um ein Kind kümmern, das es in der Schule schwerer hat. So wurde aus Gerald, einem dunkelhäutigen Mitschüler, mein Schützling. Wir hatten uns bis dahin allerdings erfolgreich ignoriert, und entsprechend verklemmt war dann auch unser ganzes Verhältnis. Bei anderen lief es besser.

Was es auch immer für Sorgen und Nöte gegeben haben mochte, Religion spielte nicht die allergeringste Rolle. Die Prozession zu Sankt Martin ist mir als nachdrückliches Ereignis in Erinnerung, nicht nur wegen des Pferdes, der tiefen Schwärze der Novembernacht, in der die beim örtlichen Spielwarenladen gekauften runden Laternen warm leuchteten, auch wegen der überschießenden Bedeutung, wegen der guten Sache, die mit der Legende verbunden war. Die Moral aber – ein Mantel in einer kalten Nacht – war höchst irdisch.

Der allgemeine und, wie wir heute wissen, auch einigermaßen gut verteilte Aufschwung, der sich in den 70er Jahren entfaltet hatte, ließ wenig Muße für Blicke in den Himmel, es sei denn, um neue Fluggeräte zu erspähen. Ist es meine nachträgliche Erinnerung, dass mir ein Junge auf der Straße den Mond zeigte und sagte, heute sei Mondlandung?

Neue Gimmicks, Farben und der immerwährende Fortschritt hielten auch unsere Nachbarn auf Trab, reiche wie arme, linke wie rechte. Auch auf die Gefahr hin, das Dudweiler von damals zu idealisieren, eine besonders fromme Zeit war es nicht.

Nun saß ich leicht benommen herum und versuchte, mir einen Reim zu machen. Links und rechts, oben und unten, das waren die Achsen, die meine Perspektive bestimmten, so ging es ja eigentlich allen. Der Islamismus hat uns aus einem toten Winkel erwischt.

Warum wird jemand überhaupt Terrorist? Die Harvardprofessorin Louise Richardson hat das für ihr wichtiges Buch *Was Terroristen wollen* erforscht. Der klassische Terroristenwerdegang beginnt, wie bei jedem anderen Beruf auch, in einer Terroristenfamilie: Iren, die Brüder, Onkel oder Eltern im Kampf um die Unabhängigkeit verloren haben, finden leicht zur IRA bzw. umgekehrt, die IRA findet sie. Richardson spricht von den drei R, die Terroristen um- und antreiben: Der Wunsch nach Rache ist der stärkste. Dazu gesellt sich die Erwartung von Ruhm, aus der Masse der Geknechteten als Widerstandskämpfer herauszutreten. Und schließlich das Kalkül, mit einem Terroranschlag die übermächtige Gegenseite zu einer Reaktion zu provozieren, die meistens aber nicht präzise definiert wird, irgendein Schlag halt. Terroristen haben, so Richardson, nie ein genaues Bild von der Zukunft, einer zukünftigen Staats- und Gesellschaftsordnung. Hätten sie es, wie Martin Luther King, würden sie keinen zerstörerischen Terrorkrieg betreiben.

Daniel fällt in eine ganz neue Unterkategorie des Terrors von Aktivisten, die erst global radikalisiert werden, also per Internet oder über Bekannte den weltweiten Kampf kennenlernen und dann lokal agieren, sich zum Beispiel eine Disco im deutschen Südwesten suchen, wo amerikanische Soldaten verkehren. Richardson nennt diese Leute, die in kein bekanntes Raster passen, eine »ernst zu nehmende Eskalation der terroristischen Bedrohung«.

Mein Landsmann wurde nicht von israelischen Siedlern vertrieben, hat keine Freunde oder Verwandte im Dschihad verloren und kann auch nicht auf die beklemmenden Umstände nach dem UN Arab Development Report verweisen, dass also die oppressive Stimmung eines westlich geförderten, autoritären Regimes in ihm den Protestwillen geweckt habe – bei aller Distanz zur saarländischen Landesregierung, der Ministerpräsident heißt nicht Peter Mubarak.

Aus dem Saarland war er bis nach Pakistan gereist, um Kontakte zu den entsprechenden Kreisen zu bekommen. Seine deutschen Kollegen um Fritz Gelowicz aus Ulm hatten sich der IJU angeschlossen, die wiederum von westlichen Geheimdiensten observiert wurde. Auch in Pakistan, wo er hingereist war, um eines der berüchtigten Terrorlager zu besuchen, ist der Zusammenhang zwischen Islamisten und Geheimdiensten aus historischen Gründen nur schwer zu entwirren, schließlich hat der pakistanische Dienst die islamischen Mudschahedin seinerzeit gegen die Sowjets erfunden und in Stellung gebracht. Was aber wiederum nicht heißt, dass alle pakistanischen Behörden immer Agenten der Taliban sind: Die Witwe des ermordeten Journalisten des *Wall Street Journal*, Daniel Pearl, hat immer betont, wie sehr ihr ein Offizier der pakistanischen Polizei geholfen hat.

Aus dem Saarland ins große Spiel, schnell hatte sich Daniel darin verheddert.

Seine Sauerland-Gruppe war monatelang, womöglich von Anfang an, observiert worden, selbst auf dem G8-Gipfel in Heiligendamm hatte es darüber Gespräche zwischen Bush und Merkel gegeben. Inzwischen gibt es Stimmen, die die ganze Gruppe, wie es ja auch bei der rechtsextremen NPD der Fall gewesen war, für völlig unterwandert halten, so dass der Staat über jeden Schritt der jungen Leute im Bilde war. Seitdem wird die Frage gestellt, wie echt die Bedrohung überhaupt war.

Das wird der Prozess zeigen.* An der Entschlossenheit der jungen Männer bestand jedenfalls kein Zweifel.

Dieses Zimmer, tief in einem Rückzugsgebiet, und dann doch die Kontakte zum weltweiten Dschihad, aus diesem tiefen Kontrast bezog er wohl eine perverse Genugtuung. Ich stelle ihn mir vor, wie er sich in der Abgeschiedenheit der Nachmittage von Dudweiler, deren Länge ich gut kenne, in Tagträumen und Monologen ergeht, ewige R-Gespräche mit sich selbst. Gering war sein Selbstbewusstsein zum Schluss nicht: Auf den Bildern von der Überstellung nach Karlsruhe ist er der Einzige, der sein Gesicht ohne Skimaske kenntlich zeigt.

* Der Prozess gegen die Sauerland-Gruppe endete im März 2010 mit vier Verurteilungen. Die Gruppe wurde zeitweilig von 500 Beamten rund um die Uhr beschattet.

Er suchte keinen Dialog. Was hätten wir ihm auch zu sagen gehabt?

Der Islamismus schwappte 1979 auf die Bildfläche, seitdem stehen ihm unsere politischen Eliten, aber auch weite Teile der Öffentlichkeit unverändert ratlos gegenüber. Er kam beinahe zeitgleich in zwei völlig unterschiedlichen Formen auf die Fernsehschirme: Die iranische Revolution wurde von einer schiitischen Clique gekapert, die sich die ausgeprägten antiamerikanischen und religiös-traditionalen Gefühle im Lande zunutze machte. Das ging gegen den Westen, der den Märchenprinzen auf dem Pfauenthron gestützt und sogar bewundert hatte. Die vielen schahfeindlichen Exiliraner sahen sich in einer ungemütlichen Zwickmühle, viele wollten weder das Khomeiniregime noch den Schah. Und in Afghanistan, das zu Weihnachten von der Roten Armee erobert worden war, begannen Mudschaheddin, mit ihrem Heimatland auch ihr religiöses Bekenntnis zu verteidigen.

Der Islamismus war nicht einfach zu lesen: Auf der einen Seite eine antikolonialistische Befreiungsbewegung, auf der anderen ein brutales Unterdrückungsmittel, das zwanghaft vor allem die Frauen und Mädchen ins Visier nahm und zum Gegenstand völliger Willkür machte. Bürgerliche Freiheiten galten nichts, und die Juden waren an allem schuld. Trotzdem war das Denken damals derart auf die Dialektik des Kalten Kriegs ausgerichtet, dass man annahm, eine Bewegung, die gegen so vieles war, müsse auch für etwas gut sein, und sei es, um Widersacher im Westen zu ärgern. Als einer der berühmtesten Fürsprecher der neuen Bewegung tat sich daher der französische Philosoph Michel Foucault hervor. Sein Freund, der Althistoriker Paul Veyne, schob das später auf einen einigermaßen kindischen Wunsch des Philosophen, das Pariser Intellektuellenmilieu zu schocken. Nach einem Besuch beim Ajatollah hätte er die politischen Pläne des Alten zwar als völligen Wahnsinn bezeichnet, öffentlich äußerte er aber Verständnis und Neugier für diese revolutionäre Urkraft. Foucault wurde wegen dieser Provokationen auch von iranischen Oppositionellen überfallen, umso weniger dachte er daran, damit aufzuhören. Veyne kommentiert das freundlich mit einem: Nobody is perfect.

Im Ernst konnte weder ein revolutionsbegeisterter Linker noch ein religionsfreundlicher Konservativer im Westen den Islamismus begrüßen, er fand im Westen, im Unterschied zu so vielen anderen antikolonialistischen Befreiungsbewegungen, kaum Unterstützung. Iran war irritierend, aber ansonsten war diese Entwicklung eigentlich egal. Warum es zu dieser Rückbesinnung auf die wortwörtliche Interpretation des Korans und der Hadithe kam, interessierte niemanden, es waren schließlich orientalische Länder, in denen die Uhren bekanntlich anders gehen. Ein Land wie Marokko wurde ja ganz bewusst als ein Traumkönigreich konzipiert.

Der fortschreitende politische Islamismus, der von einer kleinen Gruppe von Männern im Ägypten der 1920er Jahre entwickelt und vor allem von Sayed Qtub fortentwickelt worden war, machte rasche Fortschritte: Er setzte wenig voraus, knüpfte an Altbekanntes und den tiefen Glauben an und bot ein Ventil, wo die politischen, publizistischen und assoziativen Äußerungs- und Willensbildungsmöglichkeiten versperrt waren. Je mehr der Islamismus den Leuten gefiel, desto stärker wurde er zum Vorwand der herrschenden Despoten, ihren Zugriff auf Volk und Land zu festigen. Solche Ungerechtigkeiten wiederum spielten den Islamisten in die Hände – eine blutige Abwärtsspirale, die bis heute anhält. Wobei trotz des entsetzlichen Wütens der Islamisten in USA und Europa, gegen Touristen und Soldaten, festgehalten werden muss, dass die allermeisten, weit über 90 Prozent der Opfer dieses Konflikts Muslime selbst sind.

Es läuft bis heute so. In der amerikanischen *Vanity Fair* –

nicht zu verwechseln mit dem Farbmagazin gleichen Titels aus Berlin – fand sich der erschütternde Bericht über die geheimen Zuwendungen der amerikanischen Regierung für die Sicherheitstruppe der Fatah, der einst rein terroristischen Truppe, jetzt aber, weil von den palästinensischen Wählern verlassen, mehr dem Westen und nominell zumindest einem Frieden mit Israel zuneigend, unser Verbündeter. Der Artikel bestand aus Zeugenaussagen von Männern, die von den Fatah-Leuten gefoltert worden waren, und Nachweisen über die Geldflüsse. Es ist das ewige Spiel, hier sehr gut im Kleinformat zu betrachten: Gegen die gruselige Hamas, die die Palästinenser nun mal wie ihnen angepriesen, frei gewählt haben, bewaffnen und munitionieren wir den Sicherheitsapparat der Fatah, der zentrale Chefs oder Spione der Hamas quält und tötet – oder eben solche, die er dafür hält. Diese Form der schwarzen Diplomatie macht den Westen im Nahen Osten seit Jahrzehnten unglaubwürdig. Man hat ihn da, bei aller Liebe und Bewunderung zu einzelnen Aspekten der populären und höheren Kultur, als politischen Agenten einfach satt.

Die Prinzipien, die wir gerne und völlig zu Recht auch von Islamisten einfordern – Meinungsfreiheit, Toleranz, Freizügigkeit – wurden zuerst von jenen Regimen verraten, die wir so clever gefördert haben, um im Nahen Osten Ruhe zu schaffen. Und ans Öl zu kommen. Erinnert sich noch jemand an Jürgen W. Möllemann und seinen Spruch, bei der Frage der Lieferung der Panzer an Saudi-Arabien solle man nur mal den Namen des Geräts, Leo, umgekehrt aussprechen?

Das schlechte Gewissen vieler Machthaber führte dann dazu, dass sie uns irgendwann verrieten. Am virulenten Antisemitismus dieser Leute – die saudischen Könige hatten lange für ihre Besucher eine Ausgabe der Protokolle der Weisen von Zion bereit – störte sich freilich lange Zeit niemand.

Hinzu kam der Reichtum. In den späten 70er Jahren konnte

jeder Tourist erkennen, wie sich die berühmten Ölscheichs überall in den schönen Gegenden Europas, vor allem aber, historische Sehnsucht nach der Größe der Kalifatszeiten, an der andalusischen Küste große Paläste bauen ließen. Die Residenz des saudischen Königs in der Nähe von Marbella war die exakte Replik des Weißen Hauses, nur größer. Diese Bereicherung durch Öl hat beispielsweise seitdem noch wahnsinnigere Dimensionen angenommen. Sie ging aber nicht mit dem Ausbau des Landes einher, in arabischen Ländern entstand keine bürgerliche Gesellschaft, Bildung war zur Erlangung von Wohlstand weder erwünscht noch nötig.

Die charismatische Wirkung der bin-Laden-Legende erklärt sich auch vor diesem Hintergrund: Hier war einer, der sein Leben im Reichtum einer großen saudischen Familie aufgab, um in Afghanistan zu kämpfen. Genauer durfte man freilich nicht hinschauen, denn weder war sein Reichtum so groß, wie es später hieß, noch waren seine Kämpfer besonders effektiv – in einer unter Afghanen berühmten Anekdote hatte ein einziger Wachposten der regulären afghanischen Armee ausgereicht, einen Angriff der völlig desorganisierten, mit viel zu langen Zündkabeln herumfuchtelnden arabischen Gastkämpfer zurückzuschlagen. Usama selbst lag bei dieser wie bei anderen Attacken mit Migräne in seinem Quartier.

Das alles zählte nicht, allein der asketische Lebensstil und der Wunsch, für eine gute Sache sein Leben zu riskieren, machten aus Usama eine singuläre Figur.

Die schlechte Bildung und mangelnde Artikulationsfähigkeit in arabischen Ländern, in denen keine Meinungsfreiheit herrschte, in Zeiten vor Al Dschasira also, nutzte uns. Wie will man etwa einem kritischen Bürger des Iraks vernünftig klarmachen, dass maßgebliche europäische Staaten, allen voran Frankreich mit Jacques Chirac und Chevènement, Saddam mehr als unterstützten, ihn verwöhnt haben und ihm in seinem wahnsinnigen Krieg gegen den Iran beistanden, ohne an das Schicksal der irakischen Bevölkerung zu denken?

Dieser erste Golfkrieg ist ein im Westen weitgehend vergessener Wahnsinn. Heute stellt er sich als eine Art Sandkastenspiel in der schlimmsten Tradition der imperialen Kolonialkriege dar: Man ließ Heere von Wehrdienstleistenden aufeinander los, um die überschüssigen Energien der beiden riesigen Länder zu binden und zu schauen, ob den Iranern nicht Einhalt geboten werden könne. Rumsfeld war damals schon dabei und schüttelte Saddam die Hand.

Fast mit bloßem Auge konnte man das Anwachsen der sichtbar religiösen Menschen in den Maghreb-Staaten beobachten. Missionare der Muslimbrüder und diverser anderer Gruppen machten sich in Wohnvierteln breit, wo sie bald auf große Unterstützung durch eine Bevölkerung trafen, der jeder andere Weg der politischen Willensbildung versperrt war. Aber auch weil der Islamismus manche überzeugende Idee enthielt, eine Art dritten Weg versprach, zwischen der Allianz aus Kapitalismus und Militär einerseits und dem sozialistischen, antikolonialistischen Kampf, für den die PLO zu stehen vorgab – und weil er die lokalen männlichen Ehrvorstellungen stützte, die den Leuten wenigstens geblieben waren. Auch wenn man nicht viel vorzuweisen hatte: Auf Frauen und Juden konnte man immer noch herabblicken.

Ein befreundeter Familienvater, in Algerien geboren und in Marseille lebend, erzählte einmal, wie in den 80er Jahren auch dort die ersten Prediger im Dampfbad unterwegs waren. Einer hätte so auf ihn eingeredet, dass sein Kopf sich gedreht habe, »ganz schwindlig« sei ihm gewesen. Weil der so gut reden konnte. Selbst sein halbwüchsiger Sohn, der danebenstand, habe schon begonnen, ihn zu bewundern. Da riss sich unser Freund mit dem Kind los und steuerte entschlossen ein Bistro an: »Ich bestellte mir ein kühles Bier. In der Situation ist mir nichts anderes eingefallen, um wieder einen klaren Kopf zu bekommen, und es hat auch herrlich gewirkt.«

Die Anekdote ist mir nicht nur wegen der verantwortungsbewussten Haltung des Vaters in Erinnerung, der sein Exil eben nicht zu kompensieren suchte durch besonders frommen Eifer. Die Frage stellt sich, was in Ländern geschieht, in denen eben keine zivile Gegenwelt die Tür geöffnet hält für Vater und Sohn, sondern wo sie, aus dem Bad kommend, in der Teestube nur auf noch mehr solcher Eiferer und Prediger treffen.

BYUNG-CHUL HAN

»Krise der Freiheit«

Ausbeutung der Freiheit

Die Freiheit wird eine Episode gewesen sein. Episode heißt Zwischenstück. Das Gefühl der Freiheit stellt sich im Übergang von einer Lebensform zur anderen ein, bis sich diese selbst als Zwangsform erweist. So folgt auf die Befreiung eine neue Unterwerfung. Das ist das Schicksal des Subjekts, das wörtlich Unterworfensein bedeutet.

Wir glauben heute, dass wir kein unterworfenes *Subjekt*, sondern ein freies, sich immer neu entwerfendes, neu erfindendes *Projekt* sind. Dieser Übergang vom Subjekt zum Projekt wird vom Gefühl der Freiheit begleitet. Nun erweist sich dieses Projekt selbst als eine Zwangsfigur, sogar als eine *effizientere Form der Subjektivierung und Unterwerfung*. Das Ich als Projekt, das sich von äußeren Zwängen und Fremdzwängen befreit zu haben glaubt, unterwirft sich nun inneren Zwängen und Selbstzwängen in Form von Leistungs- und Optimierungszwang.

Wir leben in einer besonderen historischen Phase, in der die Freiheit selbst Zwänge hervorruft. Die Freiheit des *Könnens* erzeugt sogar mehr Zwänge als das disziplinarische *Sollen*, das Gebote und Verbote ausspricht. Das *Soll* hat eine Grenze. Das *Kann* hat dagegen keine. Grenzenlos ist daher der Zwang, der vom *Können* ausgeht. Wir befinden uns somit in einer paradoxen Situation. Die Freiheit ist eigentlich die Gegenfigur des

Zwanges. Frei sein heißt frei von Zwängen sein. Nun erzeugt diese Freiheit, die das Gegenteil des Zwanges zu sein hat, selbst Zwänge. Die psychischen Erkrankungen wie Depression oder Burnout sind der Ausdruck einer tiefen Krise der Freiheit. Sie sind ein pathologisches Zeichen, dass heute die Freiheit vielfach in Zwang umschlägt.

Das Leistungssubjekt, das sich frei wähnt, ist in Wirklichkeit ein Knecht. Es ist insofern ein *absoluter Knecht*, als es ohne den Herrn sich freiwillig ausbeutet. Ihm steht kein Herr gegenüber, der ihn zur Arbeit zwingt. Es verabsolutiert das *bloße Leben* und *arbeitet*. Das bloße Leben und die Arbeit sind zwei Seiten einer Medaille. Die Gesundheit stellt das Ideal des bloßen Lebens dar. Diesem neoliberalen Knecht ist die Souveränität, ja die Freiheit jenes Herrn fremd, der Hegels Dialektik von Herr und Knecht zufolge nicht arbeitet und *nur genießt*. Diese *Souveränität des Herrn* besteht darin, dass er sich über das bloße Leben erhebt und dafür sogar den Tod in Kauf nimmt. Dieser *Exzess*, diese exzessive Lebens- und Genussform ist dem arbeitenden, um das bloße Leben besorgten Knecht fremd. Entgegen Hegels Annahme macht die Arbeit ihn nicht frei. Er bleibt weiterhin ein Knecht der Arbeit. Hegels Knecht zwingt auch den Herrn zur Arbeit. Hegels Dialektik von Herr und Knecht führt zur Totalisierung der Arbeit.

Das neoliberale Subjekt als Unternehmer seiner selbst ist nicht fähig zu Beziehungen zu anderen, die *frei vom Zweck* wären. Zwischen Unternehmern entsteht auch keine zweckfreie Freundschaft. Frei-sein bedeutet aber ursprünglich *bei Freunden sein*. Freiheit und Freund haben im Indogermanischen dieselbe Wurzel. Die Freiheit ist im Grunde ein *Beziehungswort*. Man fühlt sich wirklich frei erst in einer gelingenden Beziehung, in einem beglückenden Zusammensein mit anderen. Die totale Vereinzelung, zu der das neoliberale Regime führt, macht uns nicht wirklich frei. So stellt sich heute die Frage, ob wir die

Freiheit nicht neu definieren, neu erfinden müssen, um der verhängnisvollen Dialektik der Freiheit, die diese in Zwang umschlagen lässt, zu entkommen.

Der Neoliberalismus ist ein sehr effizientes, ja intelligentes System, die Freiheit selbst auszubeuten. Ausgebeutet wird alles, was zu Praktiken und Ausdrucksformen der Freiheit gehört wie Emotion, Spiel und Kommunikation. Es ist nicht effizient, jemanden gegen seinen Willen auszubeuten. Bei der Fremdausbeutung fällt die Ausbeute sehr gering aus. Erst die Ausbeutung der Freiheit erzeugt die höchste Ausbeute.

Interessanterweise definiert auch Marx die Freiheit vom gelingenden Verhältnis zum Anderen her: »Erst in der Gemeinschaft [mit Anderen hat jedes] Individuum die Mittel, seine Anlagen nach allen Seiten hin auszubilden; erst in der Gemeinschaft wird also die persönliche Freiheit möglich.«[1] Frei sein heißt demnach nichts anderes als *sich miteinander realisieren*. Die Freiheit ist ein Synonym für die gelingende Gemeinschaft.

Die individuelle Freiheit stellt für Marx eine List, eine Tücke des Kapitals dar. Die »freie Konkurrenz«, die auf der Idee der individuellen Freiheit beruht, ist nur die »Beziehung des Kapitals auf sich selbst als ein anderes Kapital, d. h. das reelle Verhalten des Kapitals als Kapital«.[2] Das Kapital betreibt seine Fortpflanzung, indem es sich vermittels der freien Konkurrenz auf sich selbst als ein anderes Kapital bezieht. Es kopuliert mit dem Anderen seiner selbst vermittels der individuellen Freiheit. Während man miteinander frei konkurriert, vermehrt sich das Kapital. Die individuelle Freiheit ist insofern eine Knechtschaft, als sie vom Kapital zu seiner eigenen Vermehrung vereinnahmt wird. Das Kapital beutet also die Freiheit des Individuums aus, um sich fortzupflanzen: »Nicht die Individuen sind frei gesetzt in der freien Konkurrenz, sondern das Kapital.«[3]

Vermittels der individuellen Freiheit verwirklicht sich die *Freiheit des Kapitals*. Somit wird das freie Individuum zum Geschlechtsteil des Kapitals degradiert. Die individuelle Freiheit verleiht dem Kapital eine »automatische« Subjektivität, die es zu aktiver Fortpflanzung antreibt. So »wirft« es fortgesetzt »lebendige Junge«.[4] Die individuelle Freiheit, die heute eine exzessive Form annimmt, ist letzten Endes nichts anderes als der *Exzess des Kapitals selbst.*

Diktatur des Kapitals

Marx zufolge geraten die Produktivkräfte (menschliche Arbeitskraft, Arbeitsweise und materielle Produktionsmittel) auf einer bestimmten Stufe ihrer Entwicklung in Widerspruch mit den herrschenden Produktionsverhältnissen (Eigentums- und Herrschaftsverhältnisse). Der Widerspruch entsteht, weil die Produktivkräfte sich immer fortentwickeln. So erzeugt die Industrialisierung neue Produktivkräfte, die in Widerspruch geraten mit feudalähnlichen Eigentums- und Herrschaftsverhältnissen. Dieser Widerspruch führt zu gesellschaftlichen Krisen, die auf Änderung der Produktionsverhältnisse drängen. Er wird durch den Kampf des Proletariats gegen die Bourgeosie beseitigt, der eine kommunistische Gesellschaftsordnung hervorbringt.

Entgegen Marx' Annahme lässt sich der Widerspruch zwischen Produktivkräften und Produktionsverhältnissen nicht durch eine kommunistische Revolution aufheben. Er ist *unaufhebbar.* Gerade aufgrund dieses ihm innewohnenden permanenten Widerspruches weicht der Kapitalismus in die Zukunft aus. So *mutiert* der industrielle Kapitalismus zum Neoliberalismus und Finanzkapitalismus mit postindustrieller, immaterieller Produktionsweise, statt in den Kommunismus umzuschlagen.

Der Neoliberalismus als eine Mutationsform des Kapitalismus formt aus dem Arbeiter einen *Unternehmer.* Nicht die kommunistische Revolution, sondern der Neoliberalismus beseitigt die fremdausgebeutete Arbeiterklasse. Jeder ist heute ein *selbstausbeutender Arbeiter seines eigenen Unternehmens.* Jeder ist Herr und Knecht in einer Person. Auch der Klassenkampf verwandelt sich in einen *inneren Kampf mit sich selbst.*

Nicht die kooperierende »Multitude«, die Antonio Negri zum postmarxistischen Nachfolger des »Proletariats« erhebt, sondern die *Solitude* des für sich isolierten, mit sich selbst kämpfenden, sich selbst freiwillig ausbeutenden Unternehmers macht die gegenwärtige Produktionsweise aus. So ist es ein Irrtum, zu glauben, dass die kooperierende »Multitude« das »parasitäre Empire« abwirft und eine kommunistische Gesellschaftsordnung hervorbringt. Dieses marxistische Schema, an dem Negri festhält, wird sich wieder als Illusion erweisen.

Im neoliberalen Regime existiert eigentlich kein Proletariat, keine Arbeiterklasse, die vom Eigentümer der Produktionsmittel ausgebeutet würde. In der immateriellen Produktion besitzt jeder ohnehin sein Produktionsmittel selbst. Das neoliberale System ist kein Klassensystem im eigentlichen Sinne mehr. Es besteht nicht aus Klassen, die sich zueinander antagonistisch verhielten. Darin besteht gerade die Stabilität dieses Systems.

Die Unterscheidung von Proletariat und Bourgeoisie lässt sich heute nicht mehr aufrechterhalten. Der Proletarier ist wörtlich jemand, der als einzigen Besitz nur seine Kinder hat. Seine Selbstproduktion ist auf die biologische Reproduktion beschränkt. Heute wird dagegen die Illusion verbreitet, jeder sei als ein sich frei entwerfendes Projekt zu einer *grenzenlosen Selbstproduktion* fähig. Strukturell unmöglich ist heute die »Diktatur des Proletariats«. Heute sind alle von einer Diktatur des Kapitals beherrscht.

Das neoliberale Regime verwandelt die Fremdausbeutung in die Selbstausbeutung, von der alle ›Klassen‹ betroffen sind.

Diese klassenlose Selbstausbeutung ist Marx gänzlich fremd. Sie macht gerade die soziale Revolution unmöglich, die auf der Unterscheidung zwischen Ausbeutenden und Ausgebeuteten beruht. Und aufgrund der Vereinzelung des sich selbst ausbeutenden Leistungssubjekts formiert sich kein *politisches Wir*, das zu einem gemeinsamen Handeln fähig wäre.

Wer in der neoliberalen Leistungsgesellschaft scheitert, macht sich selbst dafür verantwortlich und schämt sich, statt die Gesellschaft oder das System in Frage zu stellen. Darin besteht die besondere Intelligenz des neoliberalen Regimes. Sie lässt keinen Widerstand gegen das System aufkommen. Im Regime der Fremdausbeutung ist es dagegen möglich, dass die Ausgebeuteten sich solidarisieren und sich gemeinsam gegen die Ausbeuter erheben. Auf dieser Logik beruht ja Marx' Idee der »Diktatur des Proletariats«. Sie setzt aber repressive Herrschaftsverhältnisse voraus. Im neoliberalen Regime der Selbstausbeutung richtet man die Aggression vielmehr *gegen sich selbst*. Diese Autoaggressivität macht den Ausgebeuteten nicht zum Revolutionär, sondern zum Depressiven.

Heute arbeiten wir nicht mehr für unsere eigenen Bedürfnisse, sondern für das Kapital. Das Kapital erzeugt eigene Bedürfnisse, die wir fälschlicherweise als unsere eigenen Bedürfnisse wahrnehmen. Es stellt eine neue *Transzendenz*, eine neue Subjektivierungsform dar. Wir werden wieder aus der Immanenzebene des Lebens herausgeworfen, wo das Leben sich auf sich selbst bezöge, statt sich einem äußeren Zweck zu unterwerfen.

Die Emanzipation von der transzendenten Ordnung, das heißt von den religiös begründeten Prämissen, zeichnet dic moderne Politik aus. Erst in der Moderne, in der transzendente Begründungsressourcen keine Gültigkeit mehr hätten, wäre eine Politik, eine vollständige Politisierung der Gesellschaft möglich. Handlungsnormen wären damit ganz frei verhandelbar. Die Transzendenz wiche dem *gesellschaftsimmanenten Diskurs*. So hätte sich die Gesellschaft aus sich selbst, rein aus ihrer *Immanenz* heraus neu aufstellen können. Diese Freiheit wird aber in dem Moment wieder aufgegeben, in dem das Kapital zu einer *neuen Transzendenz*, zu einem *neuen Herrn* aufsteigt. Die Politik gerät dadurch erneut in eine Knechtschaft. Sie wird ein Handlanger des Kapitals.

Wollen wir wirklich frei sein? Haben wir nicht Gott erfunden, um nicht frei sein zu müssen? Gegenüber Gott sind wir alle schuldig. Die Schuld vernichtet aber die Freiheit. Die Politiker machen heute die hohe Verschuldung dafür verantwortlich, dass ihre Handlungsfreiheit massiv eingeschränkt sei. Wenn wir schuldenfrei, das heißt ganz frei sind, müssen wir wirklich *handeln*. Womöglich verschulden wir uns permanent, damit wir nicht handeln müssen, das heißt nicht *frei* sein, nicht *verantwortlich* sein müssen. Sind hohe Schulden nicht ein Beweis dafür, dass wir es noch nicht vermögen, frei zu sein? Ist das Kapital nicht ein *neuer Gott*, der uns wieder zum Schuldigen macht? Walter Benjamin begreift den Kapitalismus als eine Religion. Er sei der »erste Fall eines nicht entsühnenden, sondern verschuldenden Kultus«. Da es keine Möglichkeit der Entschuldung gibt, perpetuiert sich der Zustand der Unfreiheit: »Ein ungeheures Schuldbewußtsein, das sich nicht zu entsühnen weiß, greift zum Kultus, um in ihm diese Schuld nicht zu entsühnen, sondern universal zu machen.«[5]

Diktatur der Transparenz

Das digitale Netz wurde am Anfang als ein Medium unbegrenzter Freiheit gefeiert. Der erste Werbeslogan von Microsoft »Where do you want to go today?« suggerierte die grenzenlose Freiheit und Mobilität im Web. Diese anfängliche Euphorie erweist sich heute als eine Illusion. Die grenzenlose Freiheit und Kommunikation schlagen nun in totale Kontrolle und Überwachung um. Auch die sozialen Medien gleichen immer mehr digitalen Panoptiken, die das Soziale überwachen und gnadenlos ausbeuten. Kaum haben wir uns aus dem disziplinarischen Panoptikum befreit, da begeben wir uns schon in ein neues, noch effizienteres Panoptikum hinein.

Die Insassen des Benthamschen Panoptikums wurden zum Disziplinierungszweck voneinander isoliert und dürfen nicht miteinander sprechen. Die Bewohner des digitalen Panoptikums hingegen kommunizieren intensiv miteinander und entblößen sich freiwillig. So bauen sie aktiv *mit* am digitalen Panoptikum. Die digitale Kontrollgesellschaft macht intensiv Gebrauch von der Freiheit. Sie ist nur möglich dank freiwilliger Selbstausleuchtung und Selbstentblößung. Der digitale Big Brother *lagert* seine Arbeit gleichsam an seine Insassen *aus*. So erfolgt die Preisgabe von Daten nicht auf Zwang, sondern aus innerem Bedürfnis heraus. Darin besteht die Effizienz des digitalen Panoptikums.

Auch die Transparenz wird im Namen der Informationsfreiheit gefordert. In Wirklichkeit ist sie nichts anderes als ein *neoliberales Dispositiv*. Sie kehrt alles gewaltsam nach außen, um es *Information* werden zu lassen. Mehr Information und Kommunikation bedeutet in der heutigen immateriellen Produktionsweise mehr Produktivität, Beschleunigung und Wachstum. Die Information ist eine Positivität, die aufgrund fehlender Innerlichkeit *kontextunabhängig zirkulieren kann*. So lässt sich der Kreislauf von Information beliebig beschleunigen.

Geheimnis, Fremdheit oder Andersheit stellen Hindernisse für eine grenzenlose Kommunikation dar. Daher werden sie im Namen der Transparenz abgebaut. Die Kommunikation wird beschleunigt, wenn sie geglättet wird, das heißt, wenn alle Schwellen, Mauern und Klüfte beseitigt werden. Auch Personen werden entinnerlicht, denn die Innerlichkeit behindert und verlangsamt die Kommunikation. Die Entinnerlichung der Person erfolgt aber nicht gewaltsam. Sie findet als freiwillige Selbst-Entblößung statt. Die Negativität der Andersheit oder Fremdheit wird entinnerlicht zur Positivität der kommunizierbaren, konsumierbaren Differenz oder Diversität. Das Dispositiv der Transparenz erzwingt eine totale Äußerlichkeit, um den Kreislauf von Information und Kommunikation zu beschleunigen. Offenheit dient letzten Endes zur entgrenzten Kommunikation, denn Geschlossenheit, Verschlossenheit und Innerlichkeit blockieren die Kommunikation.

Eine totale Konformität ist eine weitere Folge des Transparenz-Dispositivs. Zur Ökonomie der Transparenz gehört es, Abweichungen zu unterdrücken. Die Totalvernetzung und Totalkommunikation wirkt schon *als solche* einebnend. Sie erzeugt einen Effekt der Konformität, als *würde jeder jeden überwachen*, und zwar *vor* jeder Überwachung und Steuerung durch Geheimdienste. Heute findet die Überwachung auch ohne Überwachung statt. Die Kommunikation wird wie von unsichtbaren Moderatoren geglättet und auf das allgemeine Einvernehmen heruntergeregelt. Diese *primäre, intrinsische* Überwachung ist viel problematischer als die *sekundäre, extrinsische* Überwachung durch Geheimdienste.

Der Neoliberalismus macht aus dem Bürger einen Konsumenten. Die Freiheit des Bürgers weicht der Passivität des Konsumenten. Der Wähler als Konsument hat heute kein wirkliches Interesse an der Politik, an der aktiven Gestaltung der Gemeinschaft. Er ist weder gewillt noch fähig zum gemeinsamen, politischen Handeln. Er *reagiert nur passiv* auf die Politik, indem er nörgelt, sich beschwert, genauso wie der Konsument gegenüber den Waren oder Dienstleistungen, die ihm nicht gefallen. Auch die Politiker und Parteien folgen dieser Logik des Konsums. Sie haben zu »*liefern*«. Damit verkommen sie selbst zum *Lieferanten*, der die Wähler als Konsumenten oder Kunden zufriedenzustellen hat.

Die *Transparenz*, die man heute von den Politikern fordert, ist alles andere als eine *politische* Forderung. Verlangt wird nicht die Transparenz für *politische* Entscheidungsprozesse, für die sich kein Konsument interessiert. Der Imperativ der Transparenz dient vor allem dazu, die Politiker zu entblößen, zu demaskieren oder zu skandalisieren. Die Forderung nach Transparenz setzt die Position eines skandalisierenden Zuschauers voraus. Sie ist nicht die Forderung eines engagierten Bürgers, sondern eines passiven Zuschauers. Die Partizipation erfolgt in Form von Reklamation und Beschwerde. Die Transparenzgesellschaft, die von Zuschauern und Konsumenten bevölkert ist, begründet eine *Zuschauerdemokratie*.

Die informationelle Selbstbestimmung ist ein wesentlicher Teil der Freiheit. Schon in dem bekannten Volkszählungsurteil des Bundesverfassungsgerichts von 1984 heißt es: »Mit dem Recht auf informationelle Selbstbestimmung wären eine Gesellschaftsordnung und eine diese ermöglichende Rechtsordnung nicht vereinbar, in der Bürger nicht mehr wissen können, wer was wann und bei welcher Gelegenheit über sie weiß.« Es war allerdings eine Zeit, in der man glaubte, dem Staat als Herrschaftsinstanz gegenüberzustehen, der den Bürgern gegen deren Willen Informationen entreißt. Diese Zeit ist längst vorbei. Heute entblößen wir uns freiwillig ohne jeden Zwang, ohne jede Verordnung. Wir stellen freiwillig alle mögliche Daten und Informationen über uns ins Netz, ohne zu wissen, wer was wann und bei welcher Gelegenheit über uns weiß. Diese Unkontrollierbarkeit stellt eine ernst zu nehmende Krise der Freiheit dar. Angesichts der Daten, die man freiwillig um sich wirft, wird außerdem der Begriff des Datenschutzes selbst obsolet.

Wir steuern heute auf das Zeitalter digitaler Psychopolitik zu. Sie schreitet von passiver Überwachung zu aktiver Steuerung fort. So stürzt sie uns in eine weitere Krise der Freiheit. Betroffen ist nun der freie Wille selbst. Big Data ist ein sehr effizientes psychopolitisches Instrument, das es erlaubt, ein umfassendes Wissen über die Dynamiken der gesellschaftlichen Kommunikation zu erlangen. Dieses Wissen ist ein *Herrschaftswissen*, das es möglich macht, in die Psyche einzugreifen und sie auf einer präreflexiven Ebene zu beeinflussen.

Die Offenheit der Zukunft ist konstitutiv für die Freiheit der Handlung. Big Data macht aber Prognosen des menschlichen Verhaltens möglich. Die Zukunft wird dadurch berechenbar und steuerbar. Die digitale Psychopolitik verwandelt die Negativität der freien Entscheidung in die *Positivität des Sachverhaltes*. Die *Person* selbst positivisiert sich zur *Sache*, die quantifizierbar, messbar und steuerbar ist. Frei ist aber keine Sache. Sie ist allerdings *transparenter* als die Person. Big Data kündigt das Ende der Person und des freien Willens an.

Jedes Dispositiv, jede Herrschaftstechnik bringt eigene Devotionalien hervor, die zur Unterwerfung eingesetzt werden. Sie *materialisieren* und stabilisieren die Herrschaft. *Devot* heißt unterwürfig. Das Smartphone ist eine digitale Devotionalie, ja die *Devotionalie des Digitalen* überhaupt. Als Subjektivierungsapparat fungiert es wie der Rosenkranz, der in seiner Handlichkeit auch eine Art Handy darstellt. Sie dienen beide zur Selbstprüfung und Selbstkontrolle. Die Herrschaft steigert ihre Effizienz, indem sie die Überwachung an jeden einzelnen delegiert. *Like* ist digitales Amen. Während wir *Like* klicken, unterwerfen wir uns dem Herrschaftszusammenhang. Das Smartphone ist nicht nur ein effektiver Überwachungsapparat, sondern auch ein mobiler Beichtstuhl. Facebook ist die Kirche, die globale Synagoge (wörtl. Versammlung) des Digitalen.

Anmerkungen

1 Karl Marx/Friedrich Engels: Die deutsche Ideologie, MEW, Bd. 3, S. 74.
2 Karl Marx: Grundrisse der Kritik der politischen Ökonomie, MEW, Bd. 42, S. 545.
3 Ebd.
4 Karl Marx: Das Kapital, MEW, Bd. 23, S. 169.
5 Walter Benjamin: Kapitalismus als Religion, in: Gesammelte Schriften, Band VI, Frankfurt am Main 1992, S. 100–103, hier: S. 100.

CONSTANZE KURZ/FRANK RIEGER

»Das digitale Ich – Praktische Wege zu einer neuen digitalen Mündigkeit«

Innerhalb kurzer Zeit hat sich das Netz von einer esoterischen technischen Spielwiese zum zentralen Informationsraum entwickelt. Die Wahrnehmung der Identität, der Eigenschaften, des Rufs und der Fähigkeiten eines Menschen wird immer stärker von seinem digitalen Abbild bestimmt, von dem, was man über ihn aus Suchmaschinen, Datenbanken, Fotosammlungen und Profilseiten erfährt. Es gilt also, mit diesen neuen Gegebenheiten souverän und mündig umzugehen. Ein grundlegendes Verständnis der Mechanismen und ihre aktive Verwendung, aber auch weise Beschränkung und bewusstes Abwägen von Datenkosten und tatsächlichem Nutzen sind die Wege zum Ziel.

Mündigkeit ist die Befähigung zum selbständigen, eigenverantwortlichen Handeln. Die Änderung der Spielregeln, Gepflogenheiten und Mechanismen des Alltags durch das Heraufziehen des vernetzten Digitalzeitalters hat viele Menschen an ihrer Mündigkeit zweifeln lassen. Das hat auch mit der Komplexität der Technologien zu tun, deren Funktionsweise immer schwerer zu durchschauen ist. Es entstehen Zweifel an der eigenen Kompetenz, technische Entwicklungen einschätzen zu können. Auch die Wahrnehmung der neuen entstehenden Risiken ist dadurch beeinflusst.

Die Geschwindigkeit der Veränderungen, die Komplexität

der neuen Strukturen und Möglichkeiten und besonders die Risiken für den eigenen souveränen Umgang mit den digitalen Informationen führen zu einer Verunsicherung, die sich nur langsam legt. Die Erarbeitung eines ganz persönlichen Standpunkts, vor allem zur Frage, wie viele und welche Daten jeder über sich preisgeben möchte und welche Vor- und Nachteile er daraus erwartet, wird zum Kern der neuen digitalen Mündigkeit. Es gibt keine allgemeingültigen Regeln, nur wenige Erfahrungen, kein Handbuch, dem man einfach folgt, damit alles wieder einfach und überschaubar wird. Doch es führt kein Weg daran vorbei, sich mit den Risiken und Möglichkeiten vertraut zu machen, seine ganz persönlichen Grundsätze zu entwickeln und diese dann auch durchzusetzen und manchmal auszuhalten.

Nur wenige Menschen wollen tatsächlich als Datenasketen leben, daher muss ein gesunder Mittelweg gefunden werden, die Datenspuren des eigenen Lebens unter Kontrolle zu halten. Vollständiger Verzicht auf die Annehmlichkeiten und Segnungen der Techniken ist nicht das Ziel, sondern das Erreichen einer realistischen Balance. In vielen Aspekten ist jeder Mensch vorrangig Verbraucher. Dass dies Macht impliziert, ist noch nicht jedem klar. Mit der eigenen Geldbörse und der Zweitwährung – Daten – entscheidet der Verbraucher über Wohl und Wehe von Unternehmen. Warum also nicht dort zahlen, wo mit den persönlichen Informationen respektvoll umgegangen wird?

Dabei helfen würde dem mündigen Verbraucher die von der Regierung bereits versprochene Stiftung Datenschutz. Diese könnte die Transparenz und Vergleichbarkeit zwischen Anbietern herstellen, die ein Nutzer braucht, um einfacher und schneller nach sinnvollen Kriterien entscheiden zu können, wem er welche Information anvertraut und welche Datenschutzrisiken er dabei einzugehen bereit ist. Übersichtliche

Darstellungen der oftmals für Laien kaum verständlichen Regelungen in den allgemeinen Geschäftsbedingungen und Datenschutzerklärungen könnten dazu von Juristen der Stiftung Datenschutz erarbeitet werden. Die Stiftung Warentest macht es für Waschmaschinen, Gartengeräte oder Babyschaukeln vor. Eine Stiftung Datenschutz muss natürlich auch Negativurteile vergeben können und nicht nur nichtssagende Gütesiegel. Das persönliche Kosten-Nutzen-Verhältnis und seine Prioritätenliste muss der Datengeber allerdings für sich selbst bestimmen.

Den sozialen Spielraum herausfinden

Es gibt im vernetzten Leben kaum absolute Kategorien von »richtig« oder »falsch«. Jeder entscheidet für sich, ob er mit billigen Gebrauchtwagen vom etwas undurchsichtigen Händler am Rande der Stadt gute Erfahrungen gemacht hat oder nur mit Neuwagen vom autorisierten Werksvertreter zufrieden sein wird. In der digitalen Welt verlieren sich aber die Anhaltspunkte, nach denen wir üblicherweise Risiken einschätzen. Einer virtuellen Verkaufsplattform oder Webseite sieht man nicht mehr an, ob der Autohändler aus einer dunklen Bruchbude an der Ausfallstraße operiert oder in einem glitzernden Neubau residiert.

Es muss natürlich jeder für sich selbst entscheiden, ob er ein Problem damit hat, dass viele vieles über ihn wissen können – oder er doch lieber ein wenig vorsichtiger mit seinen Daten umgeht. Mitbedacht werden müssen allerdings die »Kollateralschäden«, die man anderen Menschen durch die eigene freiwillige Datenweggabe zufügen kann. Die persönlichen Datentransparenzvorstellungen anderen zu oktroyieren stellt sich dabei nicht selten als Trugschluss heraus. Das schwule Großstadtpärchen findet es vielleicht anregend und risikolos, sich im

Latex-Dress ganz offen auf einer Dating-Plattform zu präsentieren. Für jemanden mit ähnlichen Neigungen, der aus einer schwäbischen Kleinstadt kommt, sieht die Lage möglicherweise ganz anders aus, er und vielleicht auch seine Familienangehörigen brauchen vermutlich deutlich mehr Diskretion. Die letztjährige Studie »Gaydar« des Massachusetts Institute of Technology (MIT) wies darauf hin, dass diese Diskretion auch unbewusst ausgehebelt werden kann. Die Forscher hatten zeigen können, dass ihre Algorithmen die sexuelle Orientierung der Facebook-Nutzer nur anhand ihrer Freundeslisten vorhersagen konnten.

Das kleine Beispiel macht schon einen wichtigen Grundsatz deutlich: Man sollte sich über den sozialen Spielraum klarwerden, in dem man sich ganz real bewegt. Die impliziten und expliziten Normen des eigenen sozialen Umfelds sind ein erster wichtiger Anhaltspunkt für das, was man von sich und anderen im Netz preiszugeben bereit sein sollte. Die Annahme, der Nachbar oder die Chefin würde sich schon nicht auf der gleichen Dating-Plattform oder virtuellen Fetisch-Nische herumtreiben wie man selbst, ist möglicherweise leichtsinnig.

Der Unterschied zu früheren sozialen Normen: Hätte man den Nachbar in einem Sex-Shop oder beim Pokerturnier getroffen, wäre das Diskretionsbedürfnis früher wahrscheinlich ein gegenseitiges gewesen. Im Internet hingegen kann jeder sehen, ohne gesehen zu werden – auch über längere Zeiträume hinweg. Jugendliche entdecken diese Regel häufig, wenn ein Erziehungsberechtigter wider Erwarten die wilden Partybilder auf Facebook oder StudiVZ findet, die dort sorgenfrei hochgeladen wurden. Schlimmer noch, wenn es zur Gewissheit wird, dass Mama längst über den Tadel in der Schule und alles über die erste Liebe in den Sommerferien gelesen hat. Der Schock, dass plötzlich auch die nächste Verwandtschaft, vor allem die mit der Erziehungsberechtigung, die eigene Facebook-Seite oder den kleinen Nischenblog liest, der doch eigentlich nur für die Freunde gedacht war, sitzt dann oft tief.

Man kann im Internet nicht mehr davon ausgehen, nicht gefunden zu werden, wenn man nicht explizite Mittel der Informationskontrolle, wie Zugangsbeschränkungen, Pseudonymisierung oder Anonymisierung, benutzt. Doch nicht nur der Zugang zur Information kann asymmetrisch sein, auch die Weitergabe kann erfolgen, ohne dass auf den Autor der Zeilen geschlossen werden kann. Wer aus der Schulklasse oder dem Kollegenkreis die kompromittierenden Fotos von der ausschweifenden Weihnachtsfeier hochgeladen hat, muss also nicht feststellbar sein.

Es gibt die Theorie, dass die Gesellschaft insgesamt transparenter, toleranter, verständnisvoller oder auch ignoranter gegenüber exzentrischem Verhalten, bunterem Liebesleben, bizarren Hobbies und abweichenden Ansichten wird, sobald das allgemeine Ausmaß des Nicht-normal-Seins für jedermann sichtbar wird. Mit vollkommener Transparenz des Einzelnen käme auch die tolerante, offene Gesellschaft, in der niemand mehr wegen seines Andersseins diskriminiert wird, so die romantische Vorstellung.

Was die Protagonisten dieser Idee verkennen: Sie mag für einen kleinen, privilegierten Teil der Menschheit zutreffen, der in ohnehin toleranten – oder auch ignoranten – Großstädten und Milieus lebt. Für viele andere kann ein zwangsbeglückender Transparentmachungswahn schnell in die soziale oder persönliche Katastrophe führen. Dazu muss man nicht einmal Oppositionelle in politisch unerfreulichen Regimes als Beispiel heranziehen. Die Fälle von unerwünschter Offenlegung der allzu persönlichen Vorlieben, Details des Berufslebens oder der familiären Umstände können auch hierzulande gefährlich werden.

Die Serie von Selbstmorden junger Homosexueller in den

USA, die per Internetvideo von Bekannten zwangsgeoutet wurden, ist ein deutlicher Hinweis darauf, dass die Idee einer »Post-Privacy«-Gesellschaft, in der jeder folgenlos alles über alle wissen kann, nur ein realitätsfernes Gedankenexperiment ist. Der soziale Spielraum, den der Einzelne hat, ist geprägt von den spezifischen Vorstellungen von Moral, Ethik und auch der Religion seines Umfelds, seiner Erziehung, seinem Job und durch emotionale Bindungen, er ist nicht verallgemeinerbar und muss von jedem selbst herausgefunden und in seinem Sinne beeinflusst und berücksichtigt werden.

Datenkosten und -nutzen abwägen

Digitale Mündigkeit heißt jedoch eben nicht, zum Netzeremiten zu werden und die vielen neuen Möglichkeiten aus lauter Angst vor Problemen und Risiken nicht zu nutzen. Ein erster wichtiger Schritt ist, bei jedem Anlass kurz zu überlegen, ob und wem gegenüber es gerade wirklich notwendig ist, Informationen preiszugeben, die eine Zuordnung zur eigenen Person ermöglichen – und welchen Gegenwert man dafür bekommt. Grundsätzlich sollte man es vermeiden, seinen Realnamen überhaupt zu verwenden, soweit dies möglich ist: Ein paar virtuelle Identitäten mehr als im realen Leben sind durchaus erstrebenswert und eröffnen manchmal erst Möglichkeiten.

Besonders bei statistisch seltenen Namen muss man eine Abwägung treffen, wann er angegeben wird oder nicht. Die Verwendung des eigenen Namens ist schließlich nur dann wirklich erforderlich, wenn ein Rechtsgeschäft zustande kommen soll, das nicht anonym oder pseudonym abgeschlossen werden kann. Die Adresse oder die Telefonnummer sind nur dann wirklich vonnöten, wenn eine Lieferung erfolgen soll oder Rückfragen üblich und sinnvoll sind. Oft genug verlangen die

Webformulare der einzelnen Anbieter sogar das Geburtsdatum, wofür es de facto keinerlei Begründung außer Datengier gibt, denn eine Bestätigung der Volljährigkeit muss das konkrete Datum nicht einschließen.

Das sind einfache Grundregeln. Sie basieren auf dem Wissen, dass die eigenen Daten einen finanziellen Wert haben, den es nicht ohne Grund zu verschenken gilt. Schwierig aber ist diese Abwägung bei Daten, die wir implizit oder gar unbemerkt nebenbei freigeben, etwa auf Profilseiten in sozialen Netzwerken, durch die Urlaubsbilder in Fotodiensten, Fragen zu Krankheiten in Betroffenenforen oder durch Suchbegriffe, Mobiltelefon-Tracking oder die Kombination von Online-Aktivitäten.

Elefantengedächtnis

Ein grundlegendes Problem ist das Elefantengedächtnis des Netzes. Ein Konzept des Vergessens, wie wir es bei Menschen kennen und zuweilen schätzen, ist hier nicht vorgesehen. Niemand kann vorhersagen, was mit den einmal preisgegebenen Informationen passiert und, vor allem, wer sie aus welchen Gründen mit anderen Daten in Zusammenhang bringt. Die kommerziellen Anbieter sichern sich in der Regel juristisch ab, um sich den legalen Zugriff auf alles Hochgeladene zu sichern. Facebook schreibt beispielsweise in seinen Geschäftsbedingungen schon lange fest, das unwiderrufliche Nutzungsrecht an allen veröffentlichten Daten, Bildern und Videos zu haben. Das gilt seit 2009 sogar für Nutzer, die ihren Account löschen.

War es heute noch risikolos, seine Bilder unter einem Phantasienamen bei Facebook oder der Foto-Plattform Flickr hochzuladen, wo sie unter den vielen Millionen anderen Bildern zu verschwinden scheinen, können durch die Weiterentwicklung von Gesichtserkennungstechnologien in Zukunft eine Vielzahl von Personen automatisch identifiziert werden. Bereits heute gibt es funktionierende Algorithmen, mit denen sich relativ gut alle Freunde innerhalb des eigenen Online-Fotoalbums automatisch erkennen lassen.

Längst erlaubt die Google-Bildersuche das Filtern von Fotografien danach, ob ein oder mehrere Gesichter abgebildet sind. Der nächste, bereits angekündigte Schritt ist die algorithmische Suche nach männlichen oder weiblichen Gesichtern, ebenso wie die Unterscheidung nach dem ungefähren Alter des Abgebildeten. Da dies bereits in sehr naher Zukunft Realität sein wird, gilt es, dies heute schon beim Hochladen von Fotografien von Menschen im Hinterkopf zu haben.

Vor wem will ich was verbergen?

Die kritische Frage bei der Suche nach einer eigenen Balance, einem sinnvollen Umgehen mit den eigenen Daten ist: Was ist mir wirklich wichtig, welche Informationen will ich unbedingt für mich behalten? Die Definition dieses Kernbereiches wird nie statisch sein, sondern sich naturgemäß im Laufe des Lebens ändern. Zumindest ab und zu darüber zu reflektieren, wo man gerade die Grenzen zieht, gegenüber wem man welche Dinge keinesfalls offenlegen möchte, ist ein wichtiger Teil des Weges zur digitalen Mündigkeit.

Sich zu vergegenwärtigen, von wem möglicherweise Bedrohung, Unannehmlichkeiten oder soziale Probleme ausgehen könnten, ist Teil der Übung. Seinem Arzt oder Therapeuten vertraut man Dinge an, die man seinem Chef niemals offenbaren würde. Gute Freunde zeichnen sich eben auch dadurch aus, dass sie peinliche oder kompromittierende Details, die man ihnen preisgibt, für sich behalten. Die Überlegungen, welche Informationen bei wem gut aufgehoben sind, werden nicht einfacher, je mehr soziale Netzwerke Teil unseres Lebens werden und je größer die Möglichkeiten werden, aus nebenbei oder unabsichtlich hinterlassenen Daten Rückschlüsse zu ziehen. Es hilft, die eigenen Absichten, die persönliche Definition des Kernbereiches aufzuschreiben, auch um später besser den eigenen Alltag reflektieren zu können. Ist die Gegenleistung, die ich für die Datenpreisgabe bekommen habe, wirklich adäquat? War es der kleine Verstoß gegen die selbstgestellten Regeln wirklich wert? Um sich dabei nicht in die eigene Tasche zu lügen, helfen ein paar Notizen.

Die Privatsphäre-Implikationen immer mitzudenken kann dann schnell zur Gewohnheit werden, die einen nicht stärker belastet als das gewohnte Aufpassen im Straßenverkehr oder die persönliche Hygiene. Wenn man öfter kritisch nachfragt, wozu ein Geschäft das Geburtsdatum erfassen will oder was die genauen Überwachungsfunktionen des neuen Computersystems am Arbeitsplatz sind, kann man auch zum Vorbild werden. Denn die meisten Menschen denken über solche Probleme nur nach, wenn sie konkret damit konfrontiert werden. Und wenn häufiger Kunden nachfragen, was die Datenerfassung soll, und sich beschweren, steigen die Chancen, dass sie eingestellt wird.

Werbe-Einflüsterungen widerstehen

Das Ziel von Werbung ist es, Wünsche zu wecken und uns zum Kauf von Produkten und Dienstleistungen zu verleiten. Menschen sind manipulierbar, Bedürfnisse lassen sich generieren. Das geschieht traditionell oft indirekt, über die Beeinflussung unserer Präferenz für bestimmte Marken durch Plakate, Fernsehwerbung, Zeitungsanzeigen, Radiospots oder auch durch Banner oder Filmchen auf Webseiten. Discounter und Direktvermarkter versuchen hingegen, ganz direkt einen Kaufanreiz durch Anpreisen eines bestimmten Produktes – meist mit günstig erscheinendem Preis – zu schaffen.

Schon immer waren die Werber bemüht, ihre Avancen möglichst gezielt anzubringen. Bisher geschieht das durch Platzierung im entsprechenden Umfeld, also durch Auswahl der entsprechenden Webseite, Zeitschrift oder Sendezeit. Doch nun kann man die Gewohnheiten der Nutzer im Netz genau verfolgen, was erstmals die Möglichkeit bietet, Werbung individuell zuzuschneiden und hochgradig zielgenau zu schalten. Mehr und mehr verschwimmt dadurch die Grenze zwischen Empfehlungen, Werbung, Suchergebnissen und Orientierungshinweisen.

Kaum eine Information ist noch garantiert werbefrei, und wir stehen erst am Anfang dieser Entwicklung. Gerade in sozialen Netzwerken ist es nur noch schwer möglich, herauszufinden, ob ein begeisterter oder abfälliger Erfahrungsbericht über ein Produkt oder eine Dienstleistung tatsächlich echt, eine subtile Werbebotschaft oder Gegenkampagne eines Konkurrenten ist. Da es noch wenig soziale Normen und Regeln dafür gibt, ist die Gefahr groß, dass ganze virtuelle Freundeskreise zur permanenten digitalen Tupperware-Verkaufsparty mutieren.

Eine weitere wesentliche Frage, die es zur Erlangung der digitalen Mündigkeit zu beantworten gilt, ist daher, wie gut wir wirklich noch den Einflüsterungen der Werbung widerstehen und tatsächlich noch freie Entscheidungen fällen können. Je subtiler die Werbebotschaft, je weniger sie als solche erkennbar ist, desto eher fallen wir darauf herein. Da die Grenzen des optischen Flächenbombardements sowohl im öffentlichen Raum als auch auf Webseiten mittlerweile erreicht sind, verlagert sich der Fokus mehr und mehr auf die Kontamination des täglichen persönlichen Informationsstroms. Längst geht es im Netz nicht mehr nur um Partizipation, Informationsaustausch und Unterhaltung. Es ist die Spielwiese vielfältiger kommerzieller Anbieter, die mit jedem Jahr mehr zum bloßen Wirtschaftsraum degradiert.

Google will zukünftig das Mobiltelefon zum Begleiter des alltäglichen Lebens ausbauen, das aus der aktuellen Geo-Position sowie aufgezeichnetem und automatisch ausgewertetem Kommunikations- und Suchverhalten von sich aus vorausahnt, was der Nutzer als Nächstes tun will – und entsprechend mit Werbung durchsetzte Empfehlungen ausspricht. Empfohlen wird dann selbstverständlich in erster Linie das Restaurant, das dafür an Google bezahlt, nicht das, welches die besten Bewertungen erhalten hat. Irgendwoher müssen die stetig steigenden Gewinne des Unternehmens von zuletzt fast zwei Milliarden Dollar pro Quartal im Jahr 2010 ja kommen. Bereits seit der Gründung von Google sind Umsatzzuwächse im zweistelligen Prozentbereich zur Regel geworden.

Die bisher übliche Ausrede, dass Werbung doch so schlimm gar nicht sei, wird spätestens dann zur Farce, wenn man einen kritischen Blick auf die Unmengen sinnlosen Plunders wirft, der sich binnen weniger Jahre bei habituellen Online-Shop-Impulskäufern oder eBay-Junkies anhäuft. Die äußerst niedrige Kaufschwelle, kombiniert mit entlohnten Empfehlungen, Bewertungen oder gekauften Suchergebnis-Platzierungen, verringert die natürliche Hemmung, jedem Kaufimpuls sofort nachzugeben und die eigenen Bedürfnisse und Finanzen im festen Blick zu behalten. Die enorme Zunahme an Privatinsolvenzen zeigt diesen Trend seit Jahren.

Das Herausfiltern von Werbung, um noch unverfälschte, unkontaminierte, im besten Sinne unabhängige Informationen zu bekommen, wird – wie schon in den »alten« Medien – im digitalen Raum eine Alltagsaufgabe. Hier wird derjenige, der mit seinen Daten sparsam umgeht, belohnt: Denn je weniger Informationen man über sich preisgibt, desto weniger gezielt, personalisiert und manipulierend kann die Werbung sein, desto einfacher wird auch das Erkennen oder Ignorieren. Wenn Google & Co die Netzklicker nicht über Dutzende Webseiten hinweg virtuell verfolgen und identifizieren können, werden zwangsläufig nur relativ allgemeine und nicht personalisierte Einflüsterungsversuche möglich, die nicht sehr wirksam sind.

Entsprechend ist die Wahl des sozialen Netzwerks und anderer Kommunikationsplattformen im Netz sowie die Handhabung der dortigen Privatsphäre-Optionen nicht nur eine persönliche Entscheidung, sondern eine nach außen sichtbare Haltung zur eigenen digitalen Privatsphäre. Die voreingestellten oder empfohlenen Optionen ohne Änderungen zu übernehmen empfiehlt sich dabei nicht. Diese sind in der Regel so ausgelegt, dass die Benutzer dazu animiert werden, mehr Fotos, Texte, Freundeslisten oder Statusmeldungen freizugeben.

Besonders gut zu beobachten war dies bei den nach heftiger Kritik Ende 2009 geänderten Optionen bei Facebook: Der Öffentlichkeit wurde die umfangreiche Neugestaltung als Verbesserung der Kontrolle durch den Nutzer und als Fortschritt in puncto Datenschutz verkauft. In Wirklichkeit aber empfahlen die neuen Standardeinstellungen die erweiterte Freigabe der Benutzerdaten. Anders als vor der Änderung der Privatsphäre-Optionen sind nun Name, Profilbilder, Wohnort, Geschlecht, Freundeskreis und alle Seiten, von denen man angegeben hat, dass man sie gern frequentiert, öffentlich einsehbare Informationen. Gerade Letzteres verdient Bedacht, denn besonders die Fan-Seiten verweisen auf politische Haltungen, Kaufinteressen und private Vorlieben.

Es lohnt sich also gleich beim Einrichten eines Mitgliedskontos, die Einstellungen in Ruhe durchzusehen und dabei bei aller Freude über die neuen Interaktionsmöglichkeiten nicht zu vergessen, dass ein kommerzieller Anbieter eben keine freundschaftliche Community ist, sondern ein Unternehmen mit Geschäftsmodell. Entdeckt man Vorgaben, die schon anfangs Unbehagen erzeugen, hilft konsequentes Handeln: Es lohnt sich vielleicht der Vergleich mit den Konkurrenten.

Phantasiedaten

Eine der einfachsten und wirkungsvollsten Methoden, die eigenen digitalen Identitäten zu bewahren, ist die Verwendung von Phantasiedaten. Bei Lichte betrachtet ist in den wenigsten Fällen tatsächlich die abgefragte Menge an persönlichen Daten notwendig, zu deren Eingabe allerorten aufgefordert wird. Das echte Geburtsdatum in einer Online-Community anzugeben, dafür gibt es höchstens in jugendschutzrelevanten Fällen einen Grund. Beim Online-Shoppen, wenn tatsächlich Güter geliefert werden, also ein Paket korrekt zugestellt werden muss, gibt es einen guten Grund für den Anbieter, Adresse und Name nachzufragen, nicht jedoch den Berufsstand, Schulabschluss oder gar das Jahreseinkommen. Die Telefonnummer mag manchmal erforderlich sein, um dem Paketdienst zu helfen.

In praktisch allen anderen Fällen – zum Beispiel bei sozialen Netzwerken, Webforen, Online-Abonnements, Club-Mitgliedschaften etc. – ist es empfehlenswert, plausible Phantasiedaten zu verwenden. Auch wenn der Anbieter selbst kein Schindluder mit den anvertrauten Daten treibt, so bleibt ein erhebliches Restrisiko bei der freiwilligen Datenmehrangabe. Datenbanken gehen jeden Tag verloren, oft durch technische Inkompetenz oder Schlamperei, aber auch durch gezielte kriminelle Aktivitäten und korrupte Mitarbeiter. Die Datensätze werden dann auf dem grauen Markt meistbietend verkauft, nicht selten an Kriminelle, die sie dann für den Identitätsdiebstahl missbrauchen können. Auch nicht selten werden bis dato ehrliche Anbieter durch Konkurrenten übernommen, die weniger Skrupel beim

Umgang mit den Nutzerdaten haben. In diesen Fällen schützt die Angabe von Phantasiedaten am effektivsten vor Schaden.

Es mag erst einmal etwas ungewohnt erscheinen, so eine Webseite »anzulügen«. Schaut man jedoch genauer hin, ist das Verhältnis vieler Anbieter zur Wahrheit bereits von vornherein etwas gespalten. Fragt man etwa nach, wozu bestimmte detaillierte Datensätze denn eigentlich benötigt werden, kommen in der Regel Antworten wie »Das gibt der Computer so vor« oder »Damit wir Sie von Menschen mit dem gleichen Namen unterscheiden können«. In Wahrheit geht es jedoch oft um präzise Personalisierung und die schnöde Steigerung des Wertes des Datensatzes. Je mehr Detaildaten enthalten sind, desto besser für den Unternehmenswert.

Gerade soziale Netzwerke machen es dem Benutzer aber häufig schwer, durchgehend mit Phantasiedaten zu operieren. Zum einen verbieten sie in ihren Geschäftsbedingungen die Nutzung schlichtweg, wenn man seinen Realnamen nicht angibt. Zum anderen möchte man ja schließlich von den ehemaligen Klassenkameraden gefunden werden oder für die Bekanntschaft von gestern Abend ein gutes Bild abgeben, mit schönem Foto, vielen Freunden und vorzeigbaren Hobbys. Auch hier ist es jedoch empfehlenswert, die Menge der echten Daten zu begrenzen und Vorsicht walten zu lassen. Auch diejenigen, über die man schreibt oder deren Gesichter auf den eigenen hochgeladenen Fotos zu sehen sind, sollten dabei nicht vergessen werden.

Besonders kritisch sind Umfragen, Gewinnspiele, Verlosungen und ähnliche Methoden, die ausschließlich darauf abzielen, möglichst genaue Datensätze zu erzeugen. Schon in der Offline-Welt dienten diese Veranstaltungen der eher halbseidenen Erfassung der Daten von Leichtgläubigen. Hatte sich aber in den letzten Jahren allmählich auch bis ins letzte Dorf herumgesprochen, dass die Teilnahme an Gewinnspielen nie zum Gewinn, aber immer zur Bombardierung mit Katalogen, lästigen Anrufen und Werbeschreiben für noch mehr Gewinnspiele führt, ist diese Erkenntnis im Online-Bereich noch zu wenig verbreitet, zumal nicht jedes Gewinnspiel noch wie ein solches aussieht. Sie verkleiden sich heute als nützliche Dienste oder bunte Pausenspielchen. Die Mechanismen sind jedoch genau die gleichen – nur das Risiko des Missbrauchs ist höher. Generell gilt online wie auch im Offline-Leben: Wenn ein Angebot zu gut aussieht, ist es höchstwahrscheinlich auch nicht echt.

Die Freunde nicht verraten

Gerade in vernetzten und verwobenen Systemen wie Facebook, die davon leben, dass die Nutzer ihre Daten gegenseitig ergänzen, benutzen, kommentieren und modifizieren, ist besondere Vorsicht geboten. Nicht nur die eigenen Daten gilt es zu behüten, allzuleicht wird auch das Leben von Freunden und Bekannten – ob absichtlich oder unabsichtlich – in Mitleidenschaft gezogen.

Die einfachsten Fälle sind das Eintragen des Namens zu Bildern – das sogenannte Tagging. Allzu schnell wird hier der guten Ordnung halber alles und jeder erfasst, der auf einem Partybild festgehalten wurde. Ob es demjenigen recht ist, für jeden sichtbar zu dieser Zeit an diesem Ort in Gesellschaft dieser Personen dokumentiert zu sein, während er sich vielleicht ein wenig gehenlässt, darüber machen sich viele keine Gedanken. Die Folgen für das Privatleben des Dritten können aber verheerend sein.

Viele Menschen haben ganz private Gründe, warum sie nicht mit bestimmten anderen Menschen, Gruppen oder Situationen assoziiert werden möchten – sei es inhaltlich, zeitlich oder geographisch. Es gehört sich einfach nicht, sie ohne ihr Einverständnis zu verdaten und zu erfassen. Genauso wenig gehört es sich, sie unter Weitergabe ihrer E-Mailadresse in einem sozialen Netzwerk einzutragen, um die Bonuspunkte für »Freunde einladen« zu erhalten. Jemanden ohne sein explizites Einverständnis bei Foursquare oder Facebook Places an einem Ort »einzuchecken« ist ein übler Verstoß gegen die digitalen Höflichkeitsregeln.

Beispielhaft kann auch die Verwendung von Google Mail betrachtet werden. Als Benutzer stimmt man mit der Annahme der Nutzungsbedingungen der inhaltlichen Auswertung aller E-Maildaten zu. Inhalte und Adressen werden also automatisiert durchleuchtet, um passende Werbung vermarkten zu können. Nun mag es dem einzelnen Nutzer vielleicht nicht wichtig sein, ob seine E-Mailnachrichten in dieser Art weiterverarbeitet werden, entweder weil er darauf achtet, für welche Zwecke er diesen Anbieter benutzt, oder weil ihm schlicht nicht bekannt ist, dass Google Einblick in die Inhalte nimmt. Der Empfänger oder Beantworter einer Google-Mail-Nachricht ist jedoch Datenlieferant wider Willen. Sein Kommunikationspartner zwingt ihn dazu, ihre Kommunikation gegenüber Google offenzulegen und sie dadurch verwertbar zu machen. Noch schlimmer sind Unternehmen und Institutionen, die auf Googles Mailservice umsteigen, nur weil sie die Mühen einer eigenen E-Mail-Infrastruktur scheuen. Sie zwingen damit alle, die mit ihnen in Kontakt stehen, ihre Kommunikation gegenüber Google offenzulegen. Facebook macht Google auf diesem Gebiet nun auch Konkurrenz und geht noch einen Schritt weiter: Alle Nachrichten, auch die aus anderen E-Mail-Systemen, sollen auf der Facebook-Seite zusammenlaufen, um dort besser analysier- und verwertbar zu sein.

Manchmal ist allerdings das bloße Einrichten eines Mitgliedkontos und das Aufnehmen von Bekannten und Kollegen in die eigenen Freundeslisten bereits der unvermeidliche Schritt zur

Weitergabe von deren Daten. Insbesondere Facebook ist dafür berüchtigt. Die vielen angebotenen Zusatzdienste und Spiele auf der Plattform haben nämlich den Verrat der Datengeheimnisse inklusive. Die Entwickler der kleinen Programme (Apps) erhalten auf Wunsch automatisch die Erlaubnis zum Zugriff nicht nur auf die eigenen Daten des Profils, sondern auch auf die aller Menschen im Freundeskreis.

Mit dieser Änderung der Privatsphäre-Optionen im Dezember 2009 hat Facebook unter dem Gesichtspunkt der Weitergabe von Informationen von Dritten an Dritte – nämlich die Daten der Freunde an die namenlosen Entwickler der Apps – erneut einen Damm gebrochen. Denn es hatte zuvor noch der Grundsatz gegolten, dass jeder über seine Daten, sein Gesicht, seinen Aufenthaltsort, seine Assoziierbarkeit mit anderen über seine Facebook-Einstellungen selbst bestimmt. Auch wenn es gelegentlich dumme Zufälle gibt, diese können nicht als Ausrede für die Verstöße gegen elementare Daten-Benimmregeln gelten.

Freunde laden auch nicht die Bilder ihrer »Freunde« in kompromittierenden Situationen ins Internet hoch. Gerade jüngeren Menschen müssen diese Regeln explizit erklärt werden, im Zweifel auch mit entsprechenden sozialen Sanktionen im Freundeskreis. Bewährt haben sich zum Beispiel Absprachen, dass auf Parties ab Mitternacht einfach keine Bilder mehr gemacht werden. Und wer sich nicht daran hält, wird nächstes Mal nicht mehr eingeladen.

Pseudonyme

Ein seit alters bewährtes Mittel zur Bewahrung der eigenen Souveränität und zugleich der Risikominimierung ist die Verwendung von Pseudonymen. Sie sind überall dort geeignet, wo man die Vorteile der Attributierung des eigenen Handelns mit einem anderen Namen wahrnehmen will. Schriftsteller oder Reporter, die über heikle oder gefährliche Stoffe schreiben, nutzen seit Erfindung des Buchdrucks solche Pseudonyme. In vielen Kulturen ist auch die Verwendung von Kampfnamen üblich. Sie sollen die Familie – die ja den gleichen Namen trägt, der oft auf den Herkunftsort verweist – vor der Rache des Gegners oder vor Kidnapping schützen. Der Ruf heldenhafter Taten wird mit einem selbstgewählten Namen verknüpft, der oft auch noch das Selbstbild des Trägers reflektiert.

Im Internet heißen sie nicht mehr Kampfnamen, doch gehörte die Verwendung von sogenannten Nicknames – neudeutsch für Spitznamen – schon von Anbeginn zur Netzkultur. Ob nun Kurz- oder Koseform des eigenen Vornamens, inspiriert durch Romanfiguren oder zufällig entstandene Silben-Kombinationen, Netzbewohner nutzen die Möglichkeit, sich mehrere Identitäten zuzulegen, schon immer. Die Abtrennung der Informationen, die zur Identifikation der eigenen Person führen können, von der zweiten Kerneigenschaft einer Identität – die Wiedererkennbarkeit und Zuordenbarkeit zu vergangenen Äußerungen und Taten – öffnet Freiheits- und Spielräume. Politische Äußerungen, Meckern über den Chef, Erkundungen in außergewöhnlichere Sphären der menschlichen Natur: Wann immer man eine fortlaufende Diskussion führen oder eine Vertrauensbeziehung zu anderen aufbauen möchte, ist ein Pseudonym hilfreich.

Doch auch für die Verwendung von Pseudonymen gibt es ein paar Grundregeln. Die erste ist, keinen Namen zu wählen, der einfache Rückschlüsse auf die reale Identität erlaubt, insbesondere auch nicht für Menschen, die einen gut kennen. Der zweite Grundsatz ist, für jeden Service möglichst ein anderes Pseudonym zu verwenden.

Häufig ist man nicht der Einzige, der mehrere Dienste im Netz benutzt, und auch die Anbieter tauschen Daten untereinander aus. Wenn nun das Pseudonym im Nutzernamen überall gleich verwendet wird, ist die Zusammenführung der Daten einfach. Auch für Neugierige, Privatschnüffler und Stalker, die gern wissen wollen, wer sich hinter einem pseudonymen Nutzernamen verbirgt, wird damit das Spiel sehr viel einfacher. Wer auf Flickr, Facebook, Twitter, StudiVZ und StayFriends nur überall nach dem gleichen Pseudonym suchen muss, kann problemlos die Daten aus all diesen Quellen zusammenführen und die Puzzlesteine zusammensetzen. So mag zwar auf dem Datingportal nicht viel Verräterisches zu erfahren sein, weil man aufpasst, welche Informationen man dort preisgibt. Wenn aber unter dem gleichen Namen ein Facebook-Profil und eine über Jahre gut gepflegte Bildersammlung bei Google Picasa existieren, fällt es nicht weiter schwer, alles über das Objekt der Begierde zu erfahren.

Der dritte Grundsatz fällt häufig am schwersten: Wann immer man das Gefühl oder Hinweise darauf hat, unter einem Pseudonym könnte sich eine zu große Datenmenge angesammelt haben, ist es an der Zeit, das Pseudonym aufzugeben und sich ein neues zuzulegen, das keine Verbindung zum alten aufweist. Das fällt mitunter schwer, da monate- oder jahrelange Verbindungen verlorengehen können. Doch »verbrannte« Pseudonyme sind nutzlos, ihre Weiterverwendung daher nicht zu empfehlen.

Bei jeder ernsthaften Verwendung von Pseudonymen sollte natürlich auch beachtet werden, dass keine direkten Hinweise auf die tatsächliche Identität erfolgen. Hat das pseudonyme Profil bei Facebook etwa Links auf die offizielle Webseite des eigenen Arbeitsplatzes oder auf einen Blog, der mit dem Realnamen betrieben wird, ist es ein allzu Leichtes, das Pseudonym mit dem dahinterstehenden Menschen zu verbinden. Das geschieht heute bereits automatisiert durch Analyse verwendeter Links über die Zeit.

Entspannt abwarten, ruhig handeln

Jeden Monat kommt eine Vielzahl neuer Online-Dienste auf den Markt, die alles Mögliche versprechen. Mit der Perspektive von jetzt mehr als fünfzehn Jahren Rückschau auf das Netz lässt sich feststellen, dass nur die wenigsten dieser Dienste es tatsächlich schaffen, am Markt zu bleiben und ihre Versprechen einzulösen. Fast alle verschwinden wieder, wenn das Risikokapital aufgebraucht ist und sich einfach keine zahlungswillige Kundschaft einstellen möchte. Ihre Datenbestände werden dann entweder von Konkurrenten aufgekauft oder gar meistbietend im Zuge des Insolvenzverfahrens versteigert. Das passiert auch bei Diensten, die auf dem Höhepunkt ihres kurzen Lebens den Eindruck erwecken, quasi unabdingbar für den digitalen Lifestyle zu sein und alle Nichtmitglieder automatisch zu angestaubten Außenseitern stempeln. Drei oder vier Jahre später sind sie dann sang- und klanglos in der Versenkung verschwunden, nur die Daten der innovationsfreudigen Benutzer sind für immer gespeichert und in den Datenverwertungskreislauf eingeflossen.

Die Erfahrung lehrt, dass gerade bei besonders angesagten neuen Diensten eine gesunde, abwartende Skepsis angebracht ist. Der tatsächliche Nutzen ist anfangs oft schwer einzuschätzen, die Datenkosten und sonstigen Risiken noch nicht abzusehen. Es ist also weise, erst einmal abzuwarten, wie sich ein neuer Service entwickelt, ob die Mitgliedschaft wirklich notwendig ist und wie sich der Ruf des Anbieters in puncto Umgang mit Daten herausbildet.

Gerade bei sozialen Netzwerken ist der Druck aus dem eigenen Umfeld manchmal groß, sich dem gleichen Dienst wie alle Freunde umgehend anzuschließen, dort ein Profil zu erstellen, Bilder hochzuladen oder Positionsinformationen zu offenbaren. Es hilft hier, die Geschichte längst untergegangener oder in der Bedeutungslosigkeit versunkener Services zu kennen. Wer erinnert sich zum Beispiel noch an Orkut, Googles ersten Versuch, ein soziales Netzwerk aufzubauen, das mittlerweile nur noch in Brasilien und Indien von Bedeutung ist. Geocities, einst der größte Anbieter für private, mit den Seiten der Freunde vernetzte Miniwebseiten wurde jüngst komplett eingestellt. Das amerikanische Unternehmen Myspace, einst geradezu der Monopoldienstleister für private Profilwebseiten und mehrere Monate Marktführer, ist außerhalb der Musiker-Szene ebenfalls in der Bedeutungslosigkeit versunken. An Dutzende andere Angebote erinnert sich mittlerweile schlicht niemand mehr, nur die Datenbanken vagabundieren fröhlich durchs Netz. Dazu kommen die kaum noch überblickbaren Übernahmen und Weiterverkäufe der Unternehmen – natürlich inklusive der Datenbestände.

Den eigenen Datenschatten ausleuchten

Die deutschen Datenschutzgesetze enthalten weitreichende Regelungen zum Recht auf Auskunft über unsere persönlichen Daten, die bei Unternehmen und Behörden gespeichert sind. Die Nutzung dieses Auskunftsanspruches bedarf nur eines Schreibens – und leider häufig genug des Nachhakens, wenn das Ansinnen ignoriert wird. Auf den Webseiten der Datenschutzbeauftragten des Bundes und der Länder finden sich Vordrucke mit den korrekten Formulierungen für Auskunftsanfragen, auch formlose Schreiben genügen jedoch. Sehr erhellend ist es schon, sich überhaupt einmal eine Liste mit allen Unternehmen, Organisationen und Behörden zu machen, von denen man annehmen muss, dass sie Daten über einen selbst gespeichert haben. Typischerweise kommen dabei bei einem erwachsenen Deutschen zwischen achtzig und einhundert Stellen zusammen. Wenn man sich dann den Spaß macht, auch noch jeweils den in den Auskünften genannten Datenquellen hinterherzusteigen, hat man schnell eine umfangreiche neue Freizeitgestaltung für Wochen.

Die Auskunftsrechte stoßen dort an ihre Grenzen, wo man entweder schlicht nicht ahnen kann, dass Informationen über einen selbst gespeichert sind, es keinen konkreten Personenbezug wie eine Adresse gibt oder die verarbeitende Stelle im nichteuropäischen Ausland sitzt und gar nicht auf solche Anfragen reagiert. Bei der Auswahl seiner Dienstleister und Plattformen sollte man daher darauf achten, ob diese im Geltungsbereich des deutschen Datenschutzgesetzes beheimatet sind. So antiquiert und angestaubt die derzeitigen Datenschutzregeln vielen erscheinen mögen, sind sie doch ein nützliches Werkzeug für diejenigen, die beschließen, sich um ihre Informationssouveränität zu kümmern.

Für bessere Regulierung und Transparenz aktiv werden

Um als Mensch nicht zum bloßen Objekt, zu einer Ansammlung von verschiedenen Informationshappen zu degenerieren, lohnt es sich, den Datenfressern mit etwas Gegenwehr zu begegnen. Selbstverteidung verhindert, dass alle täglichen Informationsbrocken gesammelt, zusammengeführt und allzu dichte persönliche Profile daraus erstellt werden können. Freiwillige, vor allem korrekte Angaben unter dem eigenen Realnamen sollten einfach auf ein Minimum reduziert werden. Angenehmerweise vermindert das auch gleichzeitig die Gefahr, Opfer des nächsten Datenmissbrauchs zu werden.

Ohne die Hilfe des Gesetzgebers wird dem digitalen Datensammelmoloch aber kaum Einhalt zu gebieten sein. Ihm gilt es

Beine zu machen. Die Karlsruher Verfassungsrichter haben sich in ihren Urteilen seit 1984 immer wieder und zu vielen Aspekten der informationellen Selbstbestimmung geäußert. Die Bundesregierungen jedoch sind vor allem in den letzten Jahren dazu übergegangen, lediglich die verfassungsrechtlichen Mindestforderungen umzusetzen, anstatt die immer wieder mahnenden Worte ernst zunehmen. Die Prinzipien der Datensparsamkeit und Datenvermeidung sowie die strenge Zweckbindung gesammelter Informationen, deren gesetzgeberische Verfeinerung an die neue digitale Welt angepasst werden müssten, fielen allzu oft unter den Tisch. Innenminister der vergangenen Legislaturperioden waren schlicht auf dem Datenschutzauge blind.

Doch die Verbesserung der gesetzlichen Situation hinsichtlich genauer Menschenprofile darf eben nicht nur in Karlsruhe angemahnt werden, sie sollte ebenso von Verbänden, Parteien, NGOs und am Ende von den einzelnen Menschen verlangt werden. Persönlichkeitsprofilierung hinsichtlich sehr privater Informationen gänzlich zu verbieten darf kein Tabu mehr sein, auch wenn die Lobbygruppen privater Datenhändler jammern. Die teils unverhohlenen Drohungen der wehklagenden Datensammler, Arbeitsplätze ins Ausland zu verschieben, sind dabei nur der Hinweis an den Gesetzgeber, auch auf internationale Vereinbarungen zu dringen. Schließlich hat Deutschland als Vorreiter in Sachen Datenschutz einen Ruf zu verlieren.

Einer der vielen Vorschläge ist die fundamentale Umkehrung des heute üblichen Prinzips, dass sich derjenige, dessen Daten gesammelt und verarbeitet werden, aktiv dagegen wehren muss, wenn er es nicht möchte. Angesichts der anschwellenden Datenströme und der zur Angewohnheit gewordenen Haltung in weiten Teilen der Wirtschaft, Daten könnten immer und überall als eine Art Zweitwährung verwendet werden, muss das Paradigma fallen, dass man den Datengeber nicht vorher fragen muss.

Nötig ist eine unaufgeforderte Benachrichtigung der Betroffenen durch die Datenspeicherer und -verarbeiter darüber, was mit ihren Daten geschieht und – falls nötig – an wen sie weitergegeben wurden. Mindestens einmal im Jahr sollen also die Datensammler von sich aus die Datengeber informieren, dass Daten über sie vorhanden sind. Diese können dann die Details der gespeicherten Informationen anfordern und ihre Löschung oder Veränderung verlangen. Natürlich entstehen dadurch bei den Unternehmen und Behörden Kosten. Aber gerade das ist das Ziel: Eine aktive Mitteilungspflicht für Datenfresser ist einer der wenigen denkbaren Wege, um die Profitabilität der Speicherung und Ausbeutung von Datenbeständen zu senken und damit auf das wirklich Notwendige zu reduzieren. Es ist eine Incentivierung, nicht mehr benötigte Datensätze zu löschen.

Aber auch dem Datenmissbrauch muss durch gesetzliche Regulierung besser Einhalt geboten werden. Die lange Reihe der Datenpannen, die in den letzten Jahren bekannt wurde, kann nur ein Ende finden, wenn die Verantwortung klar geregelt wird. Solange nur Bauernopfer oder gar niemand für Datenverfehlungen wie illegalem Weiterverkauf oder missbräuchliche Verwendung haftbar gemacht werden, wird es keinen ausreichenden Anreiz für Firmen geben, ihre Datenschätze besser abzusichern. Abhilfe kann hier eine persönliche Verantwortung der Geschäftsführung schaffen, wie sie in anderen Rechtsgebieten wie dem Umweltschutz oder der Exportkontrolle vorgesehen sind. Es muss den Verantwortlichen klarwerden, dass sie sich nicht hinter ihrer Firma verstecken können, die dann eventuelle, eher symbolische Strafen aus der Portokasse zahlt.

Es ist der Schutz seiner Privatsphäre, der den Menschen vor dem Druck des Konformismus bewahrt, schrieb der Jurist Edward Bloustein schon 1964. Wenn es normal wird, dass jeder jederzeit die Details seines Lebens, seinen Aufenthaltsort und seine intimsten Gedanken in die Welt posaunt, wird es plötzlich auffällig, das nicht zu tun. Von einem derartigen Zustand sind wir als Gesellschaft noch eine Weile entfernt. Dennoch scheint er in Zukunft nicht unrealistisch oder technologisch unmöglich zu sein.

Einzig die Entwicklung der sozialen Normen, der Erwartungen und Bedürfnisse wird bestimmen, ob die liebgewonnene digitale Freiheit zu einem virtuellen Dorf mutiert – inklusive Klatsch und Tratsch und sozialer Verurteilung wegen vermeintlicher Übertretungen von Normen und Regeln sowie einem überaktiven Dorfsheriff. Überwacht und datentransparent sein ist so ähnlich wie Radioaktivität – meist nicht wahrnehmbar, aber mit ungewissen Spätfolgen, die nicht zwingend eintreten, aber durchaus gravierend sein können. Menschen, die gern datenexhibitionistisch leben wollen, sollte es natürlich weiterhin freistehen, ihren Überzeugungen zu folgen. Sie sollten jedoch Abstand davon nehmen, ihren Mitbürgern ihre Ideologie aufzuzwingen oder sie zwangszuverdaten.

Die Macht, die wir Staat, Unternehmen und anderen mit Informationen über uns selbst geben, kann groß sein. Sie abzugeben bedeutet einen Verlust an Optionen, bedeutet Vorhersagbarkeit, Kontrollierbarkeit und normierenden Anpassungsdruck. Die Gegenleistungen, die wir für unsere Daten erhalten, sind meist flüchtig, wenig konkret – oft nur digitale Mogelpackungen. Die Unschärfe der tatsächlichen Kosten führt jedoch dazu, dass wir mit unserer Netzwährung – den Daten – weiterhin Geschäftsmodelle und Sicherheitsphilosophien bevorzugen, tolerieren, unterstützen, für die wir mit echtem Geld niemals bezahlen würden.

Weder Regierungen noch Unternehmen ist jedoch zuzutrauen, dass sie der Versuchung der digital kontrollierten Gesellschaft widerstehen können, wenn sich niemand zur Wehr setzt. Der Weg in die Digitalgesellschaft unter der Herrschaft der Datenfresser ist nicht zwangsläufig. Die Summe unser aller Gewohnheiten, der sozialen Normen, die wir neu entstehen lassen, bestimmt, wohin sich unsere Gesellschaft entwickelt. Es ist nicht einmal so, dass wir liebgewonnene Gepflogenheiten ändern müssen. Fast alles in Digitalien ist neu. Was wir uns heute jedoch angewöhnen, was wir zulassen und was wir ablehnen, bestimmt die Zukunft. Es liegt also an uns allen, an jedem Einzelnen.

ANHANG

STEPHAN RAMMLER

»Von Ikarus lernen«, aus: ›Schubumkehr‹, erschienen im FISCHER Taschenbuch (Band 03079), © S. Fischer Verlag GmbH, Frankfurt am Main 2014, S. 71–89.

Stephan Rammler, geboren 1968, ist Professor für Transportation Design & Social Sciences an der Hochschule für Bildende Künste in Braunschweig und Gründer des Instituts für Transportation Design. Seine Arbeitsschwerpunkte sind die Mobilitäts- und Zukunftsforschung, Verkehrs-, Energie- und Innovationspolitik, Fragen kultureller Transformation und zukunftsfähiger Umwelt- und Gesellschaftspolitik.

EVA HORN

»Zukunft als Katastrophe«, ursprünglich »Schluss«, aus: ›Zukunft als Katastrophe‹, erschienen bei S. FISCHER, © S. Fischer Verlag GmbH, Frankfurt am Main 2014, S. 376–387.

Eva Horn, geboren 1965 in Frankfurt am Main, studierte Germanistik, Allgemeine Literaturwissenschaft, Romanistik und Philo-

sophie in Bielefeld, Konstanz und Paris. Nach der Promotion unterrichtete sie an den Universitäten Konstanz und Frankfurt/Oder sowie an der New York University. Nach der Habilitation war sie Professorin am Deutschen Seminar der Universität Basel und ist gegenwärtig Professorin am Institut für Germanistik der Universität Wien. Im S. Fischer Verlag erschien von ihr außerdem ›Der geheime Krieg. Verrat, Spionage und moderne Fiktion‹ (2007).

ORTWIN RENN

»Warum wir uns vor den systemischen Risiken fürchten, uns aber nicht von ihnen einschüchtern lassen sollten«, aus: ›Das Risikoparadox‹, erschienen im FISCHER Taschenbuch (Band 19811), © S. Fischer Verlag GmbH, Frankfurt am Main 2014, S. 472–489.

Prof. Dr. Dr. hc. Ortwin Renn lehrt Umwelt- und Techniksoziologie an der Universität Stuttgart und ist Direktor des Zentrums für Interdisziplinäre Risiko- und Innovationsforschung an der Universität Stuttgart (ZIRIUS). Renn arbeitete als Wissenschaftler und Hochschullehrer in Deutschland, den USA und der Schweiz. Von 2006 bis 2012 leitete er den Nachhaltigkeitsbeirat von Baden-Württemberg und war Mitglied in der von Bundeskanzlerin Angela Merkel berufenen Ethikkommission ›Zukunft der Energieversorgung‹. Seit 2013 gehört er dem ›Science and Technology Advisory Council‹ an, einem Beraterstab für den EU-Kommissionspräsidenten, und bekleidet das Präsidentenamt der Internationalen Gesellschaft für Risikoanalyse. Renn erhielt viele Auszeichnungen, darunter den Ehrendoktor der ETH Zürich. Mit anderen Autoren zusammen veröffentlichte er u. a.: ›Leitbild

Nachhaltigkeit‹ und ›Risiko: Über den gesellschaftlichen Umgang mit Unsicherheit‹.

UWE WALTER

»Hellenische Krisen«, aus: ›Neue Rundschau 2014/4. Seit wann gehört uns Griechenland?‹, erschienen bei S. FISCHER, © S. Fischer Verlag GmbH, Frankfurt am Main 2014, S. 78–86.

Prof. Dr. Uwe Walter, geboren 1962, ist seit 2004 Professor für Alte Geschichte in Bielefeld. 2013 publizierte er (als Co-Editor) ›Fragmente römischer Memoiren‹, 2014 (als Herausgeber) ›Gesetzgebung und politische Kultur in der römischen Republik‹. Seit 1998 rezensiert er für die ›Frankfurter Allgemeine Zeitung‹.

STEFAN KLEIN

»Nehmen und Geben«, aus: ›Der Sinn des Gebens‹, erschienen im FISCHER Taschenbuch (Band 17860), © S. Fischer Verlag GmbH, Frankfurt am Main 2011, S. 40–59.

Stefan Klein, geboren 1965 in München, ist der erfolgreichste Wissenschaftsautor deutscher Sprache. Er studierte Physik und analytische Philosophie in München, Grenoble und Freiburg und forschte auf dem Gebiet der theoretischen Biophysik. Er wandte sich dem Schreiben zu, weil er »die Menschen begeistern wollte für eine Wirklichkeit, die aufregender ist als jeder Krimi«. Sein Buch ›Die Glücksformel‹ (2002) stand über ein Jahr auf allen deutschen Bestsellerlisten und machte den Autor auch internatio-

nal bekannt. In den folgenden Jahren erschienen die hoch gelobten Bestseller ›Alles Zufall‹, ›Zeit‹, ›Da Vincis Vermächtnis oder Wie Leonardo die Welt neu erfand‹ und ›Der Sinn des Gebens‹, das Wissenschaftsbuch des Jahres 2011 wurde. Stefan Klein lebt als freier Schriftsteller in Berlin. Im Herbst 2014 erschien bei S. FISCHER sein neues Buch ›Träume‹.

BAS KAST

»Was uns zusammenhält«, aus: ›Die Liebe – und wie sich Leidenschaft erklärt‹, erschienen im FISCHER Taschenbuch (Band 16198), © S. Fischer Verlag GmbH, Frankfurt am Main 2006, S. 162–186.

Bas Kast, geboren 1973, studierte Psychologie und Biologie in Konstanz, Bochum und Boston. Eigentlich wollte er Hirnforscher werden, fand es dann aber doch verlockender, sein Leben dem Schreiben zu widmen. Er schrieb für ›Geo‹, ›Nature‹ und für den ›Tagesspiegel‹, wo er bis 2008 Redakteur im Wissenschaftsressort war. 2004 erschien im S. Fischer Verlag sein internationaler Bestseller ›Die Liebe und wie sich Leidenschaft erklärt‹. 2007 folgte ›Wie der Bauch dem Kopf beim Denken hilft. Die Kraft der Intuition‹ und 2012 ›Ich weiß nicht, was ich wollen soll. Warum wir uns so schwer entscheiden können und wo das Glück zu finden ist‹. Zuletzt erschien 2015 ›Und plötzlich macht es KLICK! Das Handerk der Kreativität oder wie die guten Ideen in den Kopf kommen‹. Bas Kast lebt als freier Autor in Berlin und Utrecht.

ANDREAS BERNARD

»Das Verschwinden der Kunst aus der künstlichen Reproduktion«, aus: ›Kinder machen. Neue Reproduktionstechnologien und die Ordnung der Familie. Samenspender, Leihmütter, Künstliche Befruchtung‹, erschienen bei S. FISCHER, © S. Fischer Verlag GmbH, Frankfurt am Main 2014, S. 426–447.

Andreas Bernard, geboren 1969 in München, schreibt für die ›Frankfurter Allgemeine Sonntagszeitung‹ und ist Professor am ›Center for Digital Cultures‹ der Leuphana Universität Lüneburg. 2006 erschien von ihm ›Die Geschichte des Fahrstuhls. Über einen beweglichen Ort der Moderne‹.

ROBERT PFALLER

»Hiergeblieben! Über Nutzen und Nachteil zweiter Welten für die ersten«, aus: ›Zweite Welten. Und andere Lebenselixiere‹, erschienen bei S. FISCHER, © S. Fischer Verlag GmbH, Frankfurt am Main 2012, S. 15–33.

Robert Pfaller, geboren 1962, studierte Philosophie in Wien und Berlin und war nach Gastprofessuren in Chicago, Berlin, Zürich und Straßburg Professor für Kulturwissenschaft und Kulturtheorie an der Kunstuniversität Linz. Seit 2009 ist er Professor für Philosophie an der Universität für angewandte Kunst Wien. Im S. Fischer Verlag sind von ihm ›Das schmutzige Heilige und die reine Vernunft. Symptome der Gegenwartskultur‹ erschienen sowie die vielbeachtete Studie ›Wofür es sich zu leben lohnt. Elemente materialistischer Philosophie‹. Im Januar 2015 erschien bei S. FISCHER sein neues Buch ›Kurze Sätze über gutes Leben‹.

JÖRG BLECH

»Wir schonen uns zu Tode«, aus: ›Neue Rundschau 2013/2. Was dringend getan werden muss‹, erschienen bei S. FISCHER, © S. Fischer Verlag GmbH, Frankfurt am Main 2013, S. 105–109.

Seit seinem Enthüllungsbuch ›Die Krankheitserfinder‹ hat sich Jörg Blech, Jahrgang 1966, als kritischer Medizinjournalist etabliert. Sein Buch hat viele Diskussionen in Gang gebracht, stand auf Platz 1 der Bestsellerliste und liegt in zwölf Sprachen vor. Jörg Blech hat sein Biologie-Diplom in Köln abgelegt und das Schreiben an der Henri-Nannen-Journalistenschule in Hamburg gelernt. Er arbeitete lange im Ressort Wissen der »Zeit« und ist seit 1999 Mitglied der SPIEGEL-Redaktion. Von ihm erschien ›Heillose Medizin‹, ›Die Heilkraft der Bewegung‹ und ›Gene sind kein Schicksal‹ im Fischer Taschenbuch. Zuletzt erschien bei S. FISCHER ›Die Psychofalle. Wie die Seelenindustrie uns zu Patienten macht‹ (2014).

KLAUS BRINKBÄUMER

»Eine kurze Geschichte der Völkerwanderungen«, aus: ›Der Traum vom Leben. Eine afrikanische Odyssee‹, erschienen im FISCHER Taschenbuch (Band 17086), © S. Fischer Verlag GmbH, Frankfurt am Main 2008, S. 110–115; 248–260.

Klaus Brinkbäumer, geboren 1967, schreibt seit 1993 für den SPIEGEL. Für seine Reportagen aus Krisengebieten wurde er mehrfach ausgezeichnet, zuletzt 2007 mit dem Egon-Erwin-Kisch-Preis. Brinkbäumer ist Co-Autor der Bestseller ›11. Septem-

ber. Geschichte eines Terrorangriffs‹ und ›Die letzte Reise. Der Fall Christoph Columbus‹. Zuletzt erschien mit ›Der Traum vom Leben. Eine afrikanische Odyssee‹ »das beste und lesenswerteste Buch zum Thema Migration aus Afrika in deutscher Sprache« (Die Zeit).

NILS MINKMAR

»Die Götter von Dudweiler. Über den Zusammenhang zwischen Islamismus und Freibädern« (Auszug), aus: ›Mit dem Kopf durch die Welt‹, erschienen im FISCHER Taschenbuch (Band 18191), © S. Fischer Verlag GmbH, Frankfurt am Main 2010, S. 113–158.

Nils Minkmar, 1966 in Saarbrücken geboren, besitzt einen deutschen und einen französischen Pass. Während des Studiums an der Universität des Saarlandes amtierte er zwei Semester als AStA-Präsident. 1996 promovierte er in Neuer Geschichte und wurde Redakteur der ZDF-Sendung ›Willemsens Woche‹ in Hamburg. Nach der Einstellung der Sendung folgte eine Phase als freier Journalist und Redakteur der ›Zeit‹; seit Juli 2001 Redakteur im Feuilleton der ›Frankfurter Allgemeinen Sonntagszeitung‹, seit 2012 Feuilletonchef und seit November 2014 Europa-Kulturkorrespondent der ›Frankfurter Allgemeinen Zeitung‹. Seit Mai 2015 schreibt er für den SPIEGEL. Er wurde 2012 als Kulturjournalist des Jahres ausgezeichnet.

BYUNG-CHUL HAN

Byung-Chul Han, geboren 1959, studierte zunächst Metallurgie in Korea, dann Philosophie, Germanistik und katholische Theologie in Freiburg und München. Nach seiner Habilitation lehrte er Philosophie an der Universität Basel, ab 2010 Philosophie und Medientheorie an der Hochschule für Gestaltung in Karlsruhe, und seit 2012 Kulturwissenschaft an der Universität der Künste in Berlin. Im S. Fischer Verlag erscheint 2015 ›Die Errettung des Schönen‹.

CONSTANZE KURZ/FRANK RIEGER

Constanze Kurz, Jahrgang 1974, ist Informatikerin und arbeitet als wissenschaftliche Mitarbeiterin an der Humboldt-Universität zu Berlin am Lehrstuhl »Informatik in Bildung und Gesellschaft«. Ihre Forschungsschwerpunkte sind Überwachungstechnologien wie die Vorratsdatenspeicherung, Ethik in der Informatik sowie Wahlcomputer. Sie ist Sprecherin des Chaos Computer Clubs und technische Sachverständige der Enquête-Kommission ›Internet und digitale Gesellschaft‹ des Deutschen Bundestags.

Frank Rieger, Jahrgang 1971, ist technischer Geschäftsführer eines Unternehmens für Kommunikationssicherheit. Er ist Mitgründer erfolgreicher deutscher Startup-Unternehmen in den Bereichen Datensicherheit, Navigationsdienste und E-Reading. Seit 1990 ist er einer der Sprecher des Chaos Computer Clubs, der immer wieder eindrucksvoll auf Datenmissbrauch aufmerksam macht.